Michael Jürgs

Gestern waren wir doch noch jung

MICHAEL JÜRGS

Gestern waren wir doch noch jung

Eine Liebeserklärung
an aufregende Zeiten

C. Bertelsmann

Der Verlag weist ausdrücklich darauf hin, dass im Text
enthaltene externe Links vom Verlag nur bis zum Zeitpunkt
der Buchveröffentlichung eingesehen werden konnten.
Auf spätere Veränderungen hat der Verlag keinerlei Einfluss.
Eine Haftung des Verlags ist daher ausgeschlossen.

Verlagsgruppe Random House FSC® N001967

1. Auflage
© 2017 by C. Bertelsmann Verlag, München,
in der Verlagsgruppe Random House GmbH,
Neumarkter Str. 28, 81673 München
Umschlaggestaltung: Büro Jorge Schmidt, München
Satz: Uhl + Massopust, Aalen
Druck und Bindung: GGP Media GmbH, Pößneck
Printed in Germany
ISBN 978-3-570-10296-1

www.cbertelsmann.de

INHALT

PROLOG

Ein Mann mit Hund
will seine Erinnerungen verkaufen

Das Gesicht des Mannes ist glatt rasiert. Sein weißes Hemd hängt locker über den Jeans, sein schwarzes Leinenjackett am Lenker des Fahrrads, das hinter ihm an einem Laternenpfahl lehnt. Er steht genau dort, wo oben die Rolltreppe der U-Bahn-Station Heussallee endet, und er fällt auf, weil er vor seinem Bauch einen Kasten trägt, der von einem um seinen Nacken geschlungenen Riemen gehalten wird. Einst boten in halbseidenen Etablissements junge blonde Mädchen in solchen aufklappbaren Bauchläden Zigaretten und Zigarren an. Der Verkäufer hier ist alt, und seine Haare sind grau, aber auch er will eine Ware verkaufen.

»Treten Sie näher«, ruft er, »bei mir finden Sie Geschichten, da drüben«, und mit einer Hand weist er zum Eingang des Museums, »dann die passende Geschichte. Drinnen die Noten, nach denen Sie alle mitsingen können, draußen bei mir die Lieder, die nur ich für Sie anstimmen kann.«

Das klingt ziemlich verschwurbelt, verwirrend und vor allem einstudiert.

Was genau er damit eigentlich sagen will, versteht niemand von den Frauen und Männern, die aus dem U-Bahn-Schacht nach oben schweben, Richtung Haus der Geschichte. Die meisten sind alt wie er. Einige bleiben neugierig vor dem

7

Bauchladen stehen und mustern den Inhalt. Doch darin liegen nur farbige kleine Schachteln und vergilbte Schwarz-Weiß-Fotos. »Hier sind meine Erinnerungen gespeichert«, erklärt er, »wenn Sie was kaufen, werde ich die für Sie ausgraben und Ihnen dann erzählen von den Zeiten, als wir auf den Korken von geöffneten Champagnerflaschen in den Himmel flogen zu fremden Sternen.« Sein Hund, ein struppiger, brauner Mischling, der neben dem Fahrrad liegt, spitzt kurz die Ohren, als hätte er das Plopp der Champagnerkorken tatsächlich vernommen, schläft aber sogleich wieder ein.

Schon wieder so ein hochtrabender Satz. Ob der Alte schon vormittags betrunken ist?, flüstert eine junge Frau ihrem Begleiter zu. »Ich rieche keine Fahne«, antwortet der, »vielleicht ist er nur ein wenig verwirrt«, und tippt sich wie nebenbei an die Stirn. Der Mann mit dem Bauchladen lacht. Er scheint noch gut zu hören. Tippt sich ebenfalls an die Stirn. »Oben ist bei mir alles noch okay. Ich will meine Erinnerungen aber loswerden, hab' zu viele davon, und keinen Platz mehr in meinem Depot«, wobei er sich erneut an die Stirn fährt, »und wo, wenn nicht hier vor dem Haus der Geschichte, müsste es Leute geben, die sich für gute Geschichten interessieren?«

»Zum Beispiel?«, fragt daraufhin sein Gegenüber und schüttelt den Arm seiner Freundin ab, die ihn wegziehen will. »Und wer ist überhaupt mit denen auf den Champagnerkorken gemeint?«

»Das sind die, also wir, also zum Beispiel ich, die mal so jung waren, wie Sie es heute sind«, antwortet er, »halt nur ohne Smartphones und ohne Facebook und ohne Twitter. Die waren noch nicht erfunden. Aber wir haben dadurch nicht weniger erfahren von der Welt.«

»Zum Beispiel?«

»Kommt darauf an, wofür Sie sich interessieren. Politik? Geschichte? Kultur? Skandale? Verbrechen? Liebe? Alles selbst erlebt. Alles abrufbar. Alles hier gesammelt.« Als bei seiner Aufzählung das Wort »Liebe« fällt, dreht sich die junge Frau, die schon den Rheinweg hin zum Eingang des Museums überquert hat, wieder um und kehrt zurück.

»Eine Liebeserklärung?«, fragt sie neugierig. »Eine bestimmte Liebe? Welche große Liebe denn?«

Der Alte kramt in einem der Dutzenden von kleinen Kästchen, die in seinem Bauchladen angeordnet sind wie Zinnsoldaten bei einer Parade. Holt eine Karteikarte heraus, auf der notiert ist »GROSSE LIEBEN und kleine lieben«, setzt sich eine Brille auf und liest vor: »Marianne Faithful hätte ich hier. Oder Grace Kelly. Schon mal was gehört von der? War allerdings lange vor Ihrer Zeit. Yoko Ono? John Lennon? Maria Callas? Ingeborg Bachmann?« Unterbricht seine Aufzählung und sagt: »Sind offenbar eher nicht interessant für Sie, aber«, und liest dann erneut von seinem Zettel ab, »diese Liebe hier, die könnte Sie interessieren. Eine große Liebe. Eine mörderisch große. Petra Kelly und Gert Bastian. Auch nicht? Aber immer wieder gern erlebt: Romy Schneider.«

Da nickt die junge Frau. »Was bekommen wir denn wirklich, wenn wir was kaufen?«, will sie wissen. »Das Museum läuft uns nicht weg, der hier vielleicht schon«, flüstert sie ihrem Mann zu.

»Ganz einfach. Sie sagen mir, welche Geschichte Sie gern hören wollen, ich sage Ihnen den Preis, und wenn wir uns geeinigt haben, dann fange ich an.«

»Fangen Sie an? Womit?«

»Meine Erinnerung aufzublättern.«

»Das ist alles?«

»Das ist alles. Ich erzähle Ihnen, was außer mir niemand er-

9

zählen kann, denn nur ich habe erlebt, was Sie dann zu hören bekommen.«

»Was wäre speziell für mich dabei?«, fragt jetzt doch neugierig der junge Mann.

»Die Fußballweltmeisterschaft 1954. Oder die von 1990. Die Mondlandung. Der Minirock. Eine rote Schreibmaschine. Mao-Jacken. Die erste Herztransplantation. Rusts Einmannflug nach Moskau. Der Tag, an dem Kennedy ermordet wurde. Drei, vier kleine Kriege, ein paar Attentate. Affären von Politikern hier in Bonn oder später in Berlin.«

»Und dafür, dass Sie mir davon erzählen, wollen Sie Geld haben?«

»Ja, dafür muss ich sogar Geld haben. Ich habe außer meinen Erinnerungen nichts, das ich verkaufen könnte. Mein Hund, er heißt nicht von ungefähr Cash, und ich müssen essen und trinken, und unter einer warmen Decke schlafen wollen wir auch. Wir sind zwar beide das, was gemeinhin Straßenköter genannt wird, aber auch die brauchen ein Dach über dem Kopf.« Dabei tätschelt er Cash sanft den Schädel.

»Außerdem sind meine Geschichten echt preiswert angesichts der Tatsache, dass jede einzelne Geschichte wahr ist. Nur ich, niemand sonst, werde sie Ihnen so erzählen können.«

»Auf die Idee könnte aber jeder kommen.«

»Ja. Könnte jeder. Aber erstens muss man was erlebt haben, und zweitens ist noch keiner auf die Idee gekommen, und drittens erzählen zu viele Gutes von sich selbst, statt sich auf gute Geschichten zu beschränken, und viertens...«

»Was, zum Beispiel«, unterbricht ihn der Mann ungeduldig, »kostet es, wenn ich über die Affären von Willy Brandt oder Joschka Fischer oder Gerhard Schröder oder Helmut Kohl mehr wissen will?«

»Dreißig Euro, pro Mann natürlich. Nicht zusammen!«

»Aber warum sollte ich das zahlen, während alle um mich herum, ohne gezahlt zu haben, die Geschichte mithören könnten?«

»Ich flüstere Sie Ihnen ins Ohr, da hört keiner mit, und zudem kann uns kein Anwalt verklagen wegen Verletzung der Privatsphäre von diesem oder von jener.«

»Im Museum«, erwidert der Mann daraufhin und zieht seine Frau in diese Richtung, »gibt es Geschichte umsonst. Eintritt frei. Und alles, was wir dann drinnen sehen, können wir sogar anfassen. Alles haptisch, alles echt. Ihre Geschichten aber sind, wie soll ich sagen: unsichtbar, unfassbar. Und überhaupt, wie kann ich nachprüfen, ob die auch stimmen?«

»Ich gebe Ihnen mein Ehrenwort, dass alles stimmt. Apropos Ehrenwort: Da hätte ich was, das Sie so nie gehört oder gelesen haben. Uwe Barschel und sein Ehrenwort. Über seinen Selbstmord in Genf weiß ich mehr. Ich war indirekt dabei. Für zwanzig Euro erzähle ich es Ihnen. Ein wahres Schnäppchen.«

Andere Passanten, die mit der Rolltreppe nach oben transportiert wurden, bleiben auf ihrem Weg zum Museum ebenfalls stehen und hören zu. Manche lachen nur bei der Vorstellung, dass einer für Erinnerungen Geld haben will, und dies just vor dem Haus, in dem siebzig Jahre deutsche Nachkriegsgeschichte versammelt sind. Manchen wiederum gefällt zwar die verrückte Idee, Karteikärtchen und Fotos mit Erinnerungen Heutigen zum Kauf anzubieten, die sich jede x-beliebige Geschichte auf ihrem Smartphone angoogeln könnten. Auch solche Ereignisse, die vor ihrer Zeit die Menschen erschreckten oder berührten. Aber dafür Geld ausgeben will keiner.

Ein Polizist nähert sich der Gruppe.

»Darf ich Sie bitten«, sagt er sehr höflich zum Bauchladenträger, »mir Ihren Gewerbeschein zu zeigen?«

»Gewerbeschein? Ich habe keinen Gewerbeschein. Ich betreibe kein Gewerbe. Ich erzähle nur Geschichten.«

»Aber Sie nehmen Geld dafür, dass Sie Geschichten erzählen«, erwidert der Polizist, weiterhin sehr höflich.

»Stimmt. Aber bisher hat mir niemand etwas abgekauft.«

»Das ändert nichts an den Vorschriften. Ich schreibe Ihnen auf, wo Sie einen Gewerbeschein beantragen können, und sobald Sie den haben, können Sie hier vor dem Haus oder wo auch immer ganz legal und offiziell etwas verkaufen. Egal, ob es jemand haben will oder nicht, aber heute, tut mir leid, aber so lauten nun mal die Bestimmungen, heute müssen Sie den Platz hier räumen. Allerdings gibt es eine Ausnahmeregelung...«

»Und die wäre?«

»Wenn Sie Ihre Erinnerungen verschenken würden, statt sie zu verkaufen, wäre das erlaubt.«

Der Mann schüttelt den Kopf, nein, verschenken wolle er nichts. Lieber behalte er seine Erinnerungen für sich. »Ich weine zwar«, erklärt er trotzig , als er seinen Bauchladen zuklappt, »wische meine Tränen aber nicht ab, sondern sammle sie, stelle sie in den Kühlschrank und warte, bis sie gefroren sind, löse sie auf in einem Glas Whisky und trinke sie dann aus.«.

Er neigt offenbar hin und wieder unvermittelt zu hochtrabenden Treppensätzen, die vor allem er selbst genießt.

Einige der Umstehenden aber applaudieren, und die blonde junge Frau, die sich nach dem Preis von kleinen oder großen Lieben erkundigt hatte, sagt zu ihrem Begleiter, aber so laut, dass es alle hören: »Ein wunderbarer Satz. So was Schönes könnte dir doch auch mal einfallen.«

»Nein«, sagt der Gelobte, bindet seinen Hund los, packt seinen Bauchladen auf den Gepäckträger seines Fahrrads, steigt in den Sattel, bleibt jedoch noch stehen: »Sie sollten im Gegenteil glücklich sein, dass Ihrem Mann ein solcher Kitsch gar nicht erst in den Sinn kommt. Ich versichere Ihnen, mein Satz war reiner Kitsch. Würde ich aus einem Text sofort streichen, sogar aus einem eigenen, und ein guter Lektor ließe mir den eh nie durchgehen.«

Dann tritt er in die Pedale. Die Frau schaut ihm noch einen Moment nach, bevor sie sich umdreht Richtung Museum, wo man Geschichte ansehen, anhören, anfassen kann. Vor einem spitzgiebeligen Haus mit grünen Fensterläden hält der Alte an. Er schließt das Fahrrad an den Zaun, hebt den Kasten vom Gepäckträger hoch, gibt Cash ein Zeichen, geht um das Haus herum in den Garten auf die Terrasse, legt den verschlossenen Bauchladen ab, rückt einen Stuhl zurecht, setzt sich hin, zieht den Überzug von einer roten Schreibmaschine, spannt einen Bogen Papier ein.

»Ich könnte«, sagt er zu Cash, der ihn aufmerksam anblickt, »ich könnte auch was Großes schreiben über die guten alten Zeiten statt nur eine kleine Kolumne über den gescheiterten Versuch, meine Erinnerungen zu verkaufen. War eh eine blöde Idee. Was meinst du?«

Sein Hund wedelt mit dem Schwanz.

»Ich interpretiere das als Zustimmung«, sagt er förmlich, öffnet seinen Koffer der Erinnerungen und verteilt die Fotos und die Zettel auf dem Tisch. Wartet. Raucht. Wartet. Tippt ein paar Zeilen in die Maschine. Löscht dann einige Wörter. Überlegt. Schaut in den Himmel. Schreibt erneut. Schließlich zieht er den Bogen Papier aus der Walze, liest laut:

Gestern waren wir doch noch jung. Eine Liebeserklärung an aufregende Zeiten. Eine nostalgische Tour durch traumhafte Welten, bevor es virtuelle Träume im Internet gab. Ein wehmütiger Rückblick auf Jahre ohne Twitter und SMS, E-Mails und Handys, be-

13

vor eine grenzenlose Welt im Netz entstand. Eine trotzige Hymne auf die Republik, bevor verrohte Wutbürger sie niederbrüllten. Eine Würdigung sozialer Medien, bevor asoziale Prolos sie schändeten. Eine Polemik gegen Selfie-Zombies in den digitalen Seichtgebieten Google, Facebook, Instagram und Snapchat. Eine neugierige Reise zu modernen Schulen des Lebens, Dorfgemeinschaften in Großstädten und den Propheten der künstlichen Intelligenz. Eine vorletzte Begegnung mit der Liebe, bevor das Alter sie umarmt.

»Klingt eigentlich ganz gut, oder? Macht doch zumindest neugierig, oder nicht?«, fragt er seinen Hund.

Doch der schläft bereits.

1

Vom Geschmack auf der Zunge prickelnder Brausewürfel

So gut, wie sie in alten Fotoalben erscheinen, waren gute alte Zeiten nie. Nur die privaten Rückblicke verklären jene realen Jahre. Auftauchend aus persönlichen Erinnerungen schweben im Frühling, Vivaldis *Primavera* summend oder brummend, Bienen und Maikäfer über Blumenwiesen, sind durchweg alle Sommer barfüßig, liegt im Winter stets reichlich Schnee für Schlittenfahrten und Schneeballschlachten. Einzig der Herbst fällt aus dem Bilder-Rahmen, wirkt verschleiert, abweisend, fast morbide. Doch selbst in den tatsächlich graustichigen Monaten gab es immer wieder Tage, an denen sich tief hängende Nebel den letzten Sonnenstrahlen ergeben mussten und noch einmal ein goldener Oktober aufblühte.

Die qua Amt und Alter hauptsächlich unsere Kindheit bestimmenden Figuren waren im Blick zurück stets edel, hilfreich und gut: Eltern liebevoll behütend, Lehrer gütig gerecht, Pfarrer die Hand an ihre Chorknaben nur gnädig segnend anlegend. Insbesondere Großmütter und Großväter vermittelten Geborgenheit. Sie besangen die draußen beim Spielen erlittenen kleinen Wunden und Schürfungen mit einem Lied, das ihnen schon in ihrer eigenen Kindheit einst ihre Großeltern tröstend vorgesungen hatten:»Heile, heile Gänschen, es ist bald wieder gut. Das Kätzchen hat ein Schwänzchen, es ist bald wieder gut. Heile, heile Mäusespeck, in hundert Jahren ist alles weg.« Von einem singenden Dachdecker aus Mainz wurde es mal zu einer Karnevalshymne verschunkelt.

Sie lasen Grimms Märchen vor, wenn ihre Enkel fiebernd im Krankenbett lagen, schmuggelten heimlich, sobald wir lesen konnten, von unseren Eltern untersagte *Prinz-Eisenherz*- und *Mickymaus*-Hefte ins Haus. Selbst *Digital Kids* von heute hören gebannt zu, wenn ihnen von Prinzen und Prinzessinnen, Riesen und Zwergen analog erzählt wird, fragen kindlich neugierig, bevor sie endgültig das Licht löscht: »Oma, hast du die Dinosaurier noch erlebt?« Ihre Vorstellungen von Vergangenheit sind zeitlos. In denen sind Oma und Opa und Ritter und Drachen alle etwa gleich alt, es gibt keinen Anfang und kein Ende.

Auf der Wiese hinter dem Haus spielten wir später Fußball. Falls nur zwei aufliefen, weil alle anderen wieder mal wegen des ihnen verpassten Hausarrests fehlten, ersetzten Murmeln das Ballspiel. Sie ruhten an spielfreien Tagen in kleinen Leinenbeuteln. Spieler erkannten sich gegenseitig an stark verdreckten Zeigefingern. In Bäumen bauten wir aus geklauten Brettern Beobachtungsposten. Gleichaltrige aus dem Nachbardorf waren natürliche Feinde. Die griffen hinterlistig unvermittelt an. Deshalb saßen unsere Wachen im Baum.

Die Wirklichkeit hat im Rückblick keine Chance gegen Erinnerungen, die in verklärend heiterem Licht erscheinen. Tatsächlich aber war die Realität eine oft andere als jene, die uns auf den Fotos vorgegaukelt wird. Da regnete es mitunter auch damals schon im Sommer so heftig, dass Bienen ertranken und Enten auf überschwemmten Wiesen schwammen; krachten im Winter verwegene Rodler auf vereisten Pisten gegen Bäume; brachen zart gebaute Ballerinen beim Schlittschuhlaufen ins Eis ein; wurden im Frühlingserwachen die Maikäfer von Hühnern und Krähen bei lebendigem Leib verspeist; hatte der Herbst vor allem Husten, Schnupfen, Heiserkeit im Repertoire. Und unabhängig vom Wetter ließen in allen vier Jahreszeiten zu viele Gottesdiener die Kindlein zu sich kommen, setzten zu viele Eltern und Lehrer streng und auch mit Gewalt die Einhaltung der Sekundärtugenden Gehorsam, Ordnung, Pünktlichkeit durch.

Als wir kurzen Hosen und Kniestrümpfen entwachsen waren, halfen gegen diese bedrückende deutsche Dreifaltigkeit der Autoritäten sorgfältig ausgedachte Strategien bei Expeditionen in verlockend unbekannte Welten. Mädchen waren plötzlich nicht mehr blöd und nervig, sondern fremde Wesen. Es begann die Erforschung der Fremde. Aus pubertärer Notlage geborene Notlügen wirkten befreiend. Die Ehrlichen wuchsen ungeküsst auf, weil sie sich dem Wertekanon der Eltern unterordneten. Sich einengenden Regeln widerspruchslos zu fügen beruhte aber nicht etwa nur auf der Einsicht, altersbedingt wehr- und rechtlos zu sein. Vorgetäuschter Gehorsam gehörte taktisch bereits zur Planung von Fluchten. Aus heutiger Sicht kleine. Aber damals spannende große.

Zunächst brauchte es eine überzeugende Begründung. Zum Beispiel demütig selbst erbeten einen wegen schlechter Zensuren erforderlichen Nachhilfeunterricht im verhassten Fach Mathematik. Das stieß auf spontane Zustimmung der Eltern. Freiwillige Mehrarbeit, um die Versetzung nicht zu gefährden, wurde als lobenswerte Einsicht in Notwendigkeiten begrüßt. Dafür übernahmen sie gern die anfallenden Kosten. In die Zukunft von Nachkommen zu investieren versprach ihnen Rendite fürs Alter. Bestmöglich ausgebildete Söhne würden dank beruflicher Erfolge später finanzielle Zuwendung für die dann Alten garantieren, herzensgebildete Töchter sich um deren emotionale Bedürfnisse kümmern.

In der Tat war Nachilfe in Mathematik angesichts der Zensurenzwischenstände geboten, wurde jedoch von Betroffenen als vergeudete Lebenszeit betrachtet. Die unverstandene Welt der Zahlen sollte für die Sehnsucht nach einer unbekannten Welt herhalten, um sich im Tanz der Hormone auf lockendes Neuland vorzutasten. »I can't stop lovin' you« von Ray Charles übertönte anfangs aufflackerndes schlechtes Gewissen über die lässliche Sünde, die Geometrie einer ersten Liebe zu studieren statt die eigentliche mit ihren Bruch- und Kommazahlen, dem antiproportionalen Dreisatz, den tückisch unter variablen Gleichungen lauernden Wurzeln. Anträge auf Erhöhung des Taschengelds wurden üblicherweise nur einmal jährlich entschieden. Für eine Verbesserung schulischer Leistungen gab der Vater jederzeit freudig. Solche Ausgaben dienten schließlich dem hehren Ziel besserer Zensuren.

Das wahre Ziel lag allerdings in entgegengesetzter Himmelsrichtung. Entweder in einer Milchbar, wo das schmalzige Verlangen von Rocco Granata nach »Marina« erklang, Begleitsound für eigenes Verlangen. Bei geteiltem Eisbecher oder in der letzten Reihe im Kino, egal wie der Film hieß, wurde das Geld ausgegeben. Um keinen Verdacht bei elterlichen Mäzenen aufkommen zu lassen, gehörten zum Masterplan vorzeigbare Ergebnisse. Die Note in Mathematik musste sich durch den finanziellen Einsatz verbessern. Sonst würde dessen Mehrwert infrage gestellt, und mit den kleinen Fluchten wäre es vorbei. Deshalb bekam der Klassenprimus in diesem Fach zwanzig Prozent der von den Eltern gutgläubig zur Entlohnung übergebenen Silbermünzen ab, was bei einem Stundenlohn von fünf Mark einmal die Woche für ihn, den angeblichen Nachhilfelehrer, am Monatsende vier Mark ausmachte. Als Gegenleistung vermittelte er bei Mathearbeiten unterm Tisch mindestens zwei, höchstens jedoch drei richtige Lösungen. Mehr wären dem amtierenden Lehrkörper aufgefallen.

Der pflegte seinen über Jahrzehnte erworbenen Ruf, gnadenlos streng zu sein. Nie ein Auge zuzudrücken, falls es beispielsweise auf dem Schulklo nicht wie üblich stank, sondern nach Zigaretten roch. Es könnte diese seine Haltung der Grund dafür gewesen sein, dass ihm eines frühherbstlichen Morgens, als er in seinen Garten blickte, sämtliche Sträucher und Pflanzen ihre Wurzeln entgegenstreckten. Böse Buben hatten sie offenbar aus der Erde gezogen. Dies sei, wurde ihm am Tag danach per Postkarte mitgeteilt, auf der kein Absender vermerkt war, ein anschauliches Beispiel für Wurzelziehungen im wahren Leben. Er ahnte, wer ihm geschrieben hatte, konnte uns aber nichts beweisen.

Milchbars und Eisdielen waren außer Schallplattenläden, in denen alle kleinen runden Scheiben, Singles mit 45 Umdrehungen, manche rot, manche schwarz, manche blau, kostenlos angehört werden durften, ehe dann nur eine einzige gekauft wurde, die offiziell erlaubten Jugendzentren. Ab 18 Uhr waren sie geschlossen. Jazzkeller genannte Etablissements, gelegen fern bürgerlicher Wohngegenden, oder dem weltbekannten Londoner »Marquee« nachempfundene Clubs mit Live-Musik gab es allenfalls in den Großstädten Hamburg, Berlin, München, Frankfurt, Düsseldorf, Köln.

Die Tanzstunden, in die wir ungeachtet unterschiedlichen Alters als Klassenverbund geschickt wurden, um gefälliges Benehmen sowie Walzer, Tango und Foxtrott zu lernen, sind als frühe Stätten der Erniedrigung gespeichert. Gorbatschows dereinst geflügelter Satz, dass vom Leben bestraft werde, wer zu spät komme, hatte zwar andere Ursachen, aber damals ähnliche Folgen. Selbst Sekunden des Zögerns beim Kommando »Aufforderung zum Tanz«, ein nur um Bruchteile verpasster Start zur anderen Seite des Studios, wo aufgereiht die Mädchen saßen, wurden umgehend geahndet – wer nicht rennt zur rechten Zeit, muss nehmen jene, die übrig bleiben. Es waren nicht die Schönsten. Weshalb ihre Bilder aus der Erinnerung gelöscht sind.

Die Milchbar als vielstimmiger Ort der Begegnungen ist vom Zeitgeist längst entsorgt. Ebenso ihre vielen Verwandten, wo auch immer Milchbars in Deutschland West einst erblüht waren als elternfreie Räume. Im Osten, drüben, gab es, wie in Gemeinschaftskunde von der uns indoktrinierenden christdemokratischen Lehrkraft zu hören war, erstens keine Bars, zweitens Milch nur für Junge Pioniere, drittens immer Eiszeit, aber nie Eis.

Unser Barbetreiber West dagegen, uralt um die dreißig, aus Rom über die Alpen gezogen, verkaufte zwar süße Milchcocktails und bunte Eiskugeln, aber im Hinterzimmer vor allem das, was für Jugendliche unter achtzehn verboten war. Einen Schuss Rum, damit aus einer erlaubten Cola unerlaubtes Cuba Libre wurde, Zigaretten für zehn Pfennig pro Stück, und Pariser genannte Kondome. Die brauchte in Wahrheit zwar noch keiner, denn so direkt Zwischengeschlechtliches fand allenfalls statt in der Fantasie, aber wer angab, sie zu brauchen oder gar schon benutzt zu haben, wurde um sein Glück beneidet.

Die nachgereichte Beschreibung solcher Fluchtpunkte, zu denen andernorts auch Auftritte mit dem Waschbrett und den Mutter entliehenen Fingerhüten in einer Skiffleband gehörten, klingt geradezu idyllisch. Oder spült die Erinnerung falsche Töne ins Gedächtnis, sind die Noten vertauscht worden, hat es die Szenen, in denen Rocco Granatas »Marina«

20

erklang oder Lonnie Donegans »Does Your Chewing Gum Loose Its Flavour on the Bedpost over Night?«, verklärt als Rettungsringe im Strudel der Pubertät, etwa gar nicht gegeben? In Zeiten, als Jugendschutz bedeutete, die Jugend vor sich selbst zu schützen, als bestimmte Magazine als Bückware bezeichnet wurden, weil Verkäufer in Zeitschriftenläden die nicht offen auslegen durften, sondern sich nach ihnen bücken mussten? Vermischt sich etwa im Rückblick Erlesenes mit Erlebtem, Geträumtes mit Gehörtem?

When I was seventeen,
it was a very good year.
It was a very good year
for small town girls.
And soft summer nights,
we'd hide from the lights
on the village green,
when I was seventeen.

Der Text könnte zwar damaliger Gefühlslage entsprochen haben, doch das ist eine aus heutiger Perspektive passend zurechtgeschnitzte Interpretation. Hat mit der Wirklichkeit kaum etwas gemein. Ein Sommerabend? Gewiss doch. Geküsst mit siebzehn? Ja, bitte. Verborgen in grünen Büschen? Wo denn sonst. Frank Sinatra gehörte ja nicht einmal zum Kanon der Eltern. Je nach Bildungsgrad und Geschmack lauschten die dem »lachenden Vagabunden« Fred Bertelmann oder den Götterfunken Ludwig van Beethovens oder Caterina Valentes »Traumboot der Liebe« oder Carl Orffs *Carmina Burana.* »Ol' Blue Eyes« sang im fernen New York, ihn würden ihre Kinder erst dann hören, wenn sie selbst zur Generation Plus gehörten.

Gestern waren wir jedoch noch jung: Wer sich die Haare kurz schneiden ließ, galt als Streber, wurde bei Fußballturnieren nicht aufgestellt und bei der Bildungsreise in Paris nicht geweckt, als nach fünf Akten von Corneilles *Le Cid* in der Comédie Française, die wir verschliefen im dritten Rang oben, die Langhaarigen nachts aus der Jugendherberge schlichen, um im Quartier Latin ihre Französischkenntnisse zu verbessern. Diese Erinnerung trügt nachweislich nicht. Es existieren noch Fotos. Die globalen Vorbilder Beatles und Rolling Stones wären auch nie auf die Idee gekommen, Friseure aufzusuchen. Kurzgeschorene, die im Schulorchester Geige oder Cello spielten, saßen im Klassenzimmer in der ersten Reihe und suchten den Blick der Lehrer. Dahinter lungerten die, denen ein »Ausreichend« im Zeugnis ausreichend schien. Dieser Logik, zumal wenn sie in den Fächern Deutsch oder Geschichte oder Englisch mit einem leuchtenden »Gut« konterkariert worden war, vermochten sich sogar häusliche Erziehungsberechtigte – welch verräterisches Wortungetüm!- nicht zu entziehen.

Am Tag nach der Ermordung John F. Kennedys legten Primaner bundesweit in höheren Lehranstalten schwarze Krawatten um, die ihren Vätern gehörten und die bei Beerdigungen oder einem der als Pflichttermine empfundenen Gedenktage wie Volkstrauertag, Totensonntag, Tag der deutschen Einheit, an die insgeheim aber selbst sie nicht mehr glaubten, getragen wurden. Schöne Mädchen im Petticoat, die Gleichaltrige vom anderen Geschlecht keines Blickes würdigten, weil sie ihnen zu schwitzpickelig jung waren, nach Schulschluss abgeholt von älteren Kerlen um die zwanzig, die einen Motorroller besaßen, sangen am 24. November 1963 in der Aula »Amazing Grace«. Anschließend weinten sie und trauerten beredt um Jacqueline, die Witwe, von ihnen cool, was damals als Begriff ausschließlich für eine Spielart von Jazz gebraucht wurde, »Jackie« genannt, als würden sie sich näher kennen.

Eine Woche nach Kennedys Tod erschien in England, hörbar auf der ganzen Welt, die fünfte Single der Beatles, die in den folgenden Monaten millionenfach verkauft und mitgesungen wurde: »I Want to Hold Your Hand«. Nicht zufällig erklingt jetzt genau jener Song als Background zu einem wehmütig erzählten Blick zurück:

Wir fuhren morgens immer gemeinsam mit dem Fahrrad zur Schule, Hand in Hand, sie die rechte am Lenker, ich die linke. Als ich sie zum ersten Mal mit nach Hause brachte, fragten meine Eltern neugierig fordernd, ob ich meine wie auch immer sie hieß ihnen nicht mal vorstellen wollte. Nein, wollte ich nicht. Wir wollten nur die neue Single der Beatles anhören. Der Plattenspieler war ein geborener Philips, hellbraun, der Lautsprecher dunkelgrün gerastert. Zugeklappt ließ er sich in einen ledernen Phonokoffer verwandeln.

Die einmal jährlich von sogenannten Erziehungsberechtigten zugestandene Fete an einem Samstagabend musste spätestens um 22 Uhr beendet sein. Solange die Mütter noch Limonade und Salzstangen in den von ihnen gestalteten Partykeller brachten, dessen Ausstattung geprägt war von ihrem Geschmack, stets ohne anzuklopfen, legte man Rock'n'Roll auf. Das schien zwar, wie die Alten in ihrer Lokalzeitung gelesen hatten, eine befremdlich laute Musik zu sein, aber die adretten jungen Menschen tanzten so fröhlich dazu. Deshalb ließen sie der Jugend ihren Lauf. Sobald sie nicht mehr störten, weil für sie im Fernsehen ein Quiz mit Peter Frankenfeld lief oder die *Peter Alexander Show*, die sie niemals versäumt hätten, schraubten wir die Glühbirnen aus den zu Lampen degenerierten leeren Chianti-Weinflaschen und legten »Are

23

you lonesome tonight« von Elvis Presley auf. Das waren wir alle und hielten bei solchen sich zu selten bietenden Gelegenheiten aneinander fest.

Der Geschichtslehrer, sozialisiert im Nationalsozialismus, als Mitläufer per Bescheinigung der Alliierten zwar entnazifiziert, aber nach wie vor treu im Glauben an einstige deutsche Größe, in der auch er sich groß dünkte, ließ Geschichte mit der Weimarer Republik enden. Der deutsche Rest schien ihm als historischer Unfall keiner weiteren Nachrede, nur eines allgemeinen Überblicks wert. Mit Eugen Kogons SS-Staat lasen wir gegen sein Verschweigen an. Es blieb ein Buch fürs Leben. In Berlin stand eine Mauer, was dem Studienrat der Beweis dafür war, dass man Kommunisten nie trauen dürfe. Erst dann, als Autoritäten der Adenauer'schen Demokratur in des Kaisers neuen Kleidern froren, erst als ein Aufrechter wie der hessische Staatsanwalt Fritz Bauer 1962 die Mörder von Auschwitz anklagte, erst als in den 70er-Jahren die schuldigen Schreibtischtäter ihre Schreibtische räumen mussten, waren ihre Söhne und Töchter frei für ein selbstbestimmtes Leben.

Im Deutschunterricht eines nicht von der Pflicht zur Durchsetzung deutscher Sekundärtugenden überzeugten pädagogischen Feuerkopfs, was ihn unter seinesgleichen zum Außenseiter machte, diskutierten wir über die *Todesfuge* oder die *Blechtrommel* und fühlten uns am Ende jeder Stunde als Intellektuelle. Auch Goethe schlossen wir ein ins Nachtgebet, schien grundsätzlich doch »welch Glück, geliebt zu werden, und lieben, Götter, welch ein Glück« auch uns erstrebenswert. Seinen faustischen Osterspaziergang mussten wir auswendig aufsagen so wie Schillers *Glocke*. Albert Camus hatte die Welt bereits verlassen, und J. D. Salinger war schon aus ihr geflohen. Holden Caulfield hinterließ er in unseren

Köpfen, bevor er sich nach New Hampshire zurückzog. *Der Fänger im Roggen* wurde interpretiert als ein Roman gegen die trostlos genormte Welt der Erwachsenen. Also war Holden einer von uns, einer wie wir:

»Jedenfalls stelle ich mir immer kleine Kinder vor, die in einem Roggenfeld ein Spiel machen. Tausende von kleinen Kindern, und keiner wäre in der Nähe – kein Erwachsener, meine ich – außer mir. Und ich würde am Rand einer verrückten Klippe stehen. Ich müsste alle festhalten, die über die Klippe hinauslaufen wollen – ich meine, wenn sie nicht achtgeben, wohin sie rennen, müsste ich vorspringen und sie fangen. Das wäre einfach der Fänger im Roggen. Ich weiß schon, dass das verrückt ist, aber das ist das Einzige, was ich wirklich gern wäre.«

Von Caulfields Erwachsenen zogen wir Parallelen zu jenen, die uns täglich nervten. Ebenso verglichen wir die Mädchen, mit denen Holden ein wenig »intelligente Konversation« zu machen versuchte, was kläglich scheiterte, weil die »einfach zu dumm« waren, mit jenen Jungfrauen, die uns hatten abblitzen lassen. Wahrscheinlich waren auch die einfach zu dumm, innere Werte zu erkennen. Der angelesene Trost hielt bis zur nächsten Niederlage. In Salingers Roman passierte nichts wirklich die Welt Bewegendes, das stimmt. Aber das war okay. In unserer Welt passierte ebenfalls nichts wirklich Weltbewegendes. Wir wollten eigentlich nur möglichst bald erwachsen sein und dabei nicht so werden wie die Erwachsenen.

Während der *Spiegel*-Affäre 1962 standen wir jugendbewegt auf der Seite der angeblichen Landesverräter und fest auf dem Boden der Verfassung. Der schwankte ein wenig, neigte sich kurzfristig nach rechts, aber weil im Verlauf der Affäre der damalige Verteidigungsminister Franz Josef Strauß gestürzt wurde, behielt jener das Gleichgewicht. Von nun an herrschte *Balance of Power* zwischen den drei staatlichen Gewalten und der vierten Gewalt. Daran mussten sich künftig die Staatstragenden gewöhnen. Als Übervater Adenauer, der die Bundesrepublik streng fürsorglich regiert hatte, 1963 sein Amt unwillig an Ludwig Erhard abgab, den er als Bundeskanzler für überfordert hielt, begann das letzte Schuljahr.

Wir waren siebzehn in der Klasse, zwölf davon verweigerten den Kriegsdienst, der nicht Wehrpflicht hieß. Wählen durfte zu jener Zeit keiner unter einundzwanzig. So alt waren wir noch lange nicht. Wer einen Musterungsbescheid erhielt, ließ sich umgehend schulen für den drohenden Auftritt beim Kreiswehrersatzamt. Den Kriegsdienst zu verweigern war laut Artikel 4 der Verfassung zwar ein uns zustehendes Grundrecht: »Niemand darf gegen sein Gewissen zum Kriegsdienst mit der Waffe gezwungen werden.« Aber wer sich von scheinbar beiläufig gestellten Fragen der Prüfungskommission reinlegen ließ, verwirkte dieses Recht und musste damit rechnen, direkt nach dem Abitur eingezogen zu werden, gleichsam von einer geschlossenen Anstalt, der Schule, in die nächste, eine Kaserne.

Deshalb lautete die zutreffende Antwort auf die Frage aller Fragen, ob man denn etwa nicht zur Waffe greifen würde, falls bei einem Waldspaziergang mit der Freundin plötzlich ein Bösewicht, womöglich gar ein Russe, auftauche und sie bedrohe, eine solche Situation könne man sich nicht vorstellen. Der Satz hatte entwaffnende Folgen. Die Methode mangelnder Vorstellungskraft lehrte der Verband der Kriegsdienstverweigerer in kostenlosen Kursen. Beidem wollten wir entgehen, sowohl dem Dienst als auch dem Ersatzdienst, stattdessen in selbstbestimmter Freiheit nicht schon wieder jeden Morgen pünktlich irgendwo antreten müssen. Es empfahl sich entweder der sofortige Umzug in die sogenannte Frontstadt Berlin, wo dank Viermächtestatus die Bundeswehr keine Macht über uns hatte. Oder sich möglichst schnell zu immatrikulieren, denn ab dem zweiten Semester hatte Vater Staat bis zum Ende des Studiums kein Zugriffsrecht mehr. So ein Studium konnte nachweisbar lange dauern dauern dauern...

Bei der Abschlussfeier nach dem Abitur sangen wir in der Aula – und alle Mütter sangen mit, und alle Väter sangen mit, und alle Lehrer sangen mit und der Pfarrer auch: »Schön ist die Welt, drum, Brüder, lasst uns reisen« –, wussten aber nicht, wohin genau die Reise führen würde. Erst einmal weg. Sehen wir uns wieder? Ganz bestimmt. Die nächtens im Stadtpark wenige Monate zuvor noch mit Dein-ist-mein-ganzes-Herz-Schwüren für die Ewigkeit beschworenen Beziehungen erwiesen sich bald als eher unverbindliche Begegnungen. In der Universitätsstadt München waren die Mädchen schöner, frecher, freier. Die Nachtvorstellungen im Türkendolch-Kino kosteten nur zwei Mark, die aus Berkeley und Stanford importierten studentischen Protestformen der Go-ins und Sit-ins waren eine erfolgreiche Methode gewaltfreien Widerstands gegen herrschenden Muff unter Talaren. In der Mensa gab es Graupensuppe und Wollwürste, und Bob Dylan verkündete, dass die Zeiten sich geändert haben. Den Refrain sangen wir mit:

Come mothers and fathers throughout the land
And don't criticize what you can't understand
Your sons and your daughters are beyond your
    command
Your old road is rapidly aging
Please get out of the new one if you can't lend your
    hand
For the times they are a-changin'

27

Man schrieb keine Gedichte mehr, die in verliebtem Zustand vorgetragen worden waren, sondern politische Flugblätter und gab bei Angehimmelten an, Charly Marx gelesen zu haben. Der Germanistikdozent zitierte Adorno, dass es nach Auschwitz barbarisch sei, Lyrik zu verfassen. In Rom regierte ein gütiger Papst, an den man sich als zweifelnder Katholik hätte gewöhnen können. Als er starb, folgten ihm Stellvertreter Gottes, die auf Erden strenggläubig reaktionär den Glauben der Kindheit endgültig vergällten.

Ein paar Jahre lang, immer am zweiten Weihnachtstag, um dem heimeligen Familiendunst zu entfliehen, traf man sich beim Bier mit ehemaligen Schulfreunden in jener Stadt, aus der wir geflohen waren. Nicht alle hatten es geschafft. Die gemeinsamen Erinnerungen schmeckten bald abgestanden, schal, andere Erlebnisse ließen sie verblassen, Eigenerlebtes prägte. Wie sich dank der normativen Kraft des Faktischen herausstellte, schien es nicht nur einen Weg zum Ziel zu geben. Das erfuhren wir bereits in den Proseminaren. Einer von denen, die dort neben uns saßen, wechselte früh die Straßenseite, ging fortan den Weg mit der Jungen Union. Jahre später erschien sein Foto auf der Fahndungsliste des Bundeskriminalamts, auf der die Terroristen der Roten Armee Fraktion gesucht wurden. Er war vom Weg abgekommen. Sein Vater, einst überzeugter Nazi, zerbrach daran. Er fühlte sich schuldig. Die eigene Schuld hatte ihn nie belastet. John Lennon kalauerte in die Mikrofone, Gott säge und verhüte euch. Und wir waren endlich wahlberechtigt. Galten damit offiziell als Erwachsene.

Auf der Suche nach dem Duft von Frauen mussten keine Glühbirnen mehr rausgedreht werden. Damenbesuch nach 22 Uhr war zwar von der Vermieterin untersagt, aber in den Stunden zuvor hielt sie ihre Untermieter für zölibatär.

Wer mit altbackenen Sprüchen die Gleichberechtigung von Mann und Frau bezweifelte, fand in Studentenverbindungen Gleichgesinnte. Draußen auf freier Wildbahn nicht mehr. Die bürgerlichen Macho-Prolos stießen nur bei wohlerzogenen, braven Töchtern ihrer alten Herren noch auf Gegenlieben. Sie kannten solche männliche Verhaltensmuster von ihren Vätern und hielten die deshalb für normal. Angesehene Professoren, die in der Nazizeit lehrten, aber jetzt vorgaben, damals in der inneren Emigration gewesen zu sein, skandierten wir während ihrer Vorlesungen in den Ruhestand.

Warum hatten die Sieger sie damals nicht für immer aus dem Staatsdienst befreit, sondern ihnen den braunen Pelz weiß gewaschen und sie per Unterschrift entnazifiziert? Die Entnazifizierung fand »oft nur an der Oberfläche statt, wenn überhaupt«, interpretiert die Psychologin Sandra Konrad in *Das bleibt in der Familie. Von Liebe, Loyalität und uralten Lasten* die bleiernen Zeiten kollektiver Verdrängung. »Viele Täter besetzten auch nach dem Krieg wieder gesellschaftlich hohe Positionen und lebten weiter, als wäre nichts geschehen. Ihre Geschichte bogen sie sich entsprechend zurecht. Das heißt, sie füllten die Lücken, all die dunklen Geheimnisse ihrer Biografie, mit Lügen oder Mythen auf, die dazu dienten, ihre Verbrechen zu verharmlosen oder zu verschleiern.« Und Niklas Frank schreibt in seinem Buch *Dunkle Seele, feiges Maul*, wie »dreist damals Mitglieder und Nutznießer der NSDAP die Spruchkammern für dumm verkauften und sich ohne Reue ins demokratische Deutschland retteten«.

In früherer Jugend antrainierte Methoden zielführender Listen, mit denen wir den Eltern Woche um Woche die fünf Mark für den vorgeblich dringend benötigten Nachhilfeunterricht entlockten, wovon wir vier in der Milchbar ausgaben, halfen jetzt, akademische Lehrkörper mit ihrer Vergangen-

29

heit zu konfrontieren. Harmlos scheinende Ankündigungen von Seminaren vor allem in den Fächern Jura, Volkswirtschaft, Politikwissenschaft, Geschichte entfalteten nachhaltige Wirkung, falls hinter dem Namen des betreffenden Dekans seine NSDAP-Mitgliedsnummer veröffentlicht wurde.

Der Großen Koalition in Bonn und den Notstandsgesetzen widersprachen wir demonstrierend auf den Straßen, fühlten uns von Sozialdemokraten verraten. SPD-Stratege Herbert Wehner hatte das große Ganze im Sinn – die Macht. Wir dagegen wollten das ganz Große – die Veränderung der Welt. Aber wie und wo und wann und warum eigentlich nicht jetzt und sofort? Mein intellektueller Studienfreund Michael Naumann, der an der Universität blieb und später als Verleger und Politiker Karriere machen sollte, schrieb Kluges über Karl Kraus, ich brach das Studium ab und verfasste Vergängliches in der Zeitung. Als Benno Ohnesorg erschossen wurde, trafen wir uns noch mal bei Demonstrationen. Uns gegenüber standen Polizisten in langen Ledermänteln, bereit, auf Kommando zu knüppeln. Sie waren nicht älter als wir.

Viele brüllten in blinder Begeisterung »Ho-Ho-Ho Tschi-Minh«, weil sich der kommunistische David aus Nordvietnam gegen den US-Goliath wehrte. Den zum Dienst mit der Waffe gezwungenen amerikanischen Studenten, die gerade noch auf dem Campus so leidenschaftlich gegen den Krieg protestiert hatten, wurden die Köpfe kahl geschoren, damit sie unter die Stahlhelme passten. Dass viele von ihnen, am Ende würden es 56000 Tote sein, als Letztes im Leben Rockmusik hörten, bevor sie im Dschungel auf eine Mine traten oder in einen Hinterhalt des Vietcong gerieten, ist kein Fortschritt. Leutnant William Calley, vierundzwanzig Jahre jung, ließ das Dorf My Lai in Brand setzen und alle Einwohner töten. Frauen, Kinder, Alte. Ein Kriegsverbrechen. Die *New*

York Times enthüllte das Massaker. Nachdem ein US-Gericht Calley dafür zu lebenslanger Haft verurteilt hatte, wandelte Richard Nixon die Strafe zunächst um in Hausarrest, und nach einigen Jahren war Calley endgültig ein freier Mann. Einer von denen, die wir seit unserer Kindheit kannten, stürmte atemlos durch die Nächte gegen Springer und gegen *Bild*, wechselte Jahre später zum öffentlich-rechtlichen Fernsehen, machte dort Karriere und setzte auch mal Sendungen ab. Nicht ausgewogen genug, erklärte er auf Nachfrage, zu links. Auf einem Zeitungsfoto war der zu erkennen, der auf dem Gymnasium Rilkes Liebesgedichte auswendig aufsagen konnte, weshalb ihn Ricarda-Huch-Mädchen umschwärmten. Er sah glückselig aus, protestierte untergehakt bei einer Demo gegen den Krieg in Vietnam und gegen prügelnde Uniformierte in Berlin. Sein Mund halb geöffnet, als sänge er gerade ein Lied von Freiheit. Zehn Jahre später war er festangestellter Lektor eines großen Verlages und redigierte die vielen schlechtdeutsch geschriebenen eitlen Erinnerungen anderer aus seiner APO-Zeit. Noch immer wirkte er glücklich. Fritz Teufel stand vor Gericht auf und meinte lakonisch, warum auch nicht, wenn es denn der Wahrheitsfindung diene. Die Bomben gegen den amerikanischen Präsidentschaftskandidaten Humphrey in Berlin waren aus Pudding.

Als Rudi Dutschke angeschossen wurde, heulten viele noch ein letztes Mal auf vor Wut und warfen nun doch mal mit Steinen. Andere fuhren nach Paris, eingepfercht zu fünft in einem ziemlich klapprigen gebrauchten Volkswagen, weil sich dort im Mai 1968 der Traum von einer Revolution zu erfüllen schien. Da wollte man selbstverständlich dabei sein. Es wurde nichts daraus. Die Barrikaden brachen unter den Attacken der Gendarmerie. Manche, die auf ihnen mitgekämpft hatten, sah niemand jemals wieder. Während beim

Musical *Hair* in München »Aquarius« und »Good Morning, Sunshine« beschworen wurden und bei Partys der progressiven Schickeria Haschisch in Keksen gebacken gereicht wurde, walzten in Prag sowjetische Panzer die Studenten nieder. Günter Grass sang das Hohelied von der Demokratie. Dutschkes These vom langen Marsch durch die Institutionen schien ein gangbarer Weg zu sein. Wie zerzaust man am Ziel eintreffen würde, ahnte damals ja noch keiner.

Immerhin reichte es für einen Etappensieg, weil Willy Brandt 1969 zum Bundeskanzler gewählt wurde. Vorbei die Zeit, da ehrenwerte Emigranten als Vaterlandsverräter verleumdet werden durften von jenen, die das Vaterland mit dem Eid auf Hitler verraten und ihre Ehre verloren hatten.

Alles wirklich selbst erlebt, oder trügen die als echt nachempfundenen Erinnerungen? Trifft vielleicht sogar im Gegenteil zu, dass ausgerechnet die eigene Erinnerung eine Betrügerin ist, weil sie schönfärbt, was so schön nie gewesen war. Ein solcher Verdacht lässt sich durch wissenschaftliche Studien erhärten: Die britische Psychologin Julia Shaw, die an der Londoner South Bank University lehrt, hat für ihr Buch *The Memory Illusion – Why You May Not Be Who You Think You Are* mit 91 Studentinnen und Studenten einen einzigartigen Gedächtnistest durchgeführt und dabei herausgefunden, wie es auch später der deutsche Titel (*Das trügerische Gedächtnis*) ihres Buches suggeriert, dass viele ihrer Testpersonen in Wirklichkeit nicht die waren, die sie glaubten während der Tests zu sein; dass die Erlebnisse, an die sie sich wortreich erinnerten, in Wahrheit nie stattgefunden hatten; dass die aufsteigenden Bilder, die sie als biografisch beschrieben, Fälschungen waren.

Anfangs ging es ihr nur darum zu belegen, wie fragwürdig Fakten sein können, die von Ermittlern während eines Verhörs notiert oder aufgezeichnet und von dem Verdächtigen

32

als wahr und selbst erlebt per Unterschrift bestätigt wurden. In der Kriminalgeschichte gibt es zahlreiche dokumentierte Fälle, in denen Unschuldige aufgrund ihrer Geständnisse zu langjährigen Strafen oder gar zum Tod verurteilt worden waren. Die vermeintlichen Täter hatten in Wirklichkeit aber nur das gestanden, was ihnen suggestiv während der Befragung eingeredet worden war. Viele erlebten ihre späte Rehabilitierung nicht mehr.

Shaw und ihre Assistenten wollten erkunden, ob solche Geständnisse unter erhöhtem Stress bei jedem Menschen, nicht nur bei nervösen Verdächtigen, erzielt werden könnten, selbst dann, wenn die Befragten nachweisbar noch nie straffällig geworden waren. Ihre Testpersonen wussten nicht, welchem Ziel die Fragen dienten – sie machten mit, weil es für ihre Teilnahme an der Studie pro Kopf fünfzig Pfund als Honorar gab. Von den begleitenden Vorrecherchen ahnten sie ebenfalls nichts. Eltern, Verwandte, Freunde waren von Shaws Mitarbeitern nach außergewöhnlichen Ereignissen im Leben der Studenten befragt worden, insbesondere nach solchen, die als Straftaten in den Akten standen. Die Psychologen erstellten auf diese Weise eine aus subjektiven Erinnerungen zusammengesetzte Biografie, doch wegen der unterschiedlichen Antworten zu denselben Ereignissen ergab sich ein nahezu objektives Bild.

In der ersten Runde sollten die Probanden eigene Erinnerungen beisteuern und ihre Angaben anschließend per Unterschrift bestätigen. Eine einfache Übung. Noch handelte es sich um wahre Geschichten aus ihrer Lebensgeschichte. Und in dieser Version gab es keine Vorfälle, keine Erlebnisse, die zu Begegnungen mit Behörden geführt hatten. In Runde zwei wurden ihnen Erlebnisse, Vorgänge, Handlungen vorgehalten, die für den Test erfunden worden waren. Die standen angeblich in den »Strafakten«, in denen Shaw während ihrer Interviews blätterte. Das Spektrum der vorgeblich eigenen Erinnerungen, mit denen die Probanden konfrontiert wurden, reichte von Attacken bei einem Waldspaziergang durch ein »gefährliches schwarzes Tier« über den Schrecken, den sie einst erlitten, als sie sich als Kind auf der Suche nach den Eltern in einem Einkaufszentrum verirrt hatten, bis zum lautstarken Streit unter Alkoholeinfluss bei friedlichen Familienfeiern oder gar zum eigenhändigen Verprügeln der besten Freundin. Höhepunkt war die detaillierte Beschreibung einer angeblichen Einladung zum Tee bei Großbritanniens ewigem Thronfolger Prinz Charles, woran sich eine Studentin tatsächlich mehr und mehr zu erinnern glaubte.

Echte Erlebnisse wurden mit erfundenen so lange sorgsam gemischt, bis wahre und unwahre für die Testpersonen nicht mehr zu unterscheiden waren. Die interpretierten freiwillig als eigene Geschichte, was ihnen als die ihre vorgetragen worden war, und schmückten die zusätzlich mit überzeugend klingenden Details aus, die ihnen während des Tests angeblich wieder eingefallen waren. Für die erwähnte »Einladung« bei Prince Charles benannte jene junge Frau sogar Details, von den gereichten Scones bis zur Form der Tassen. Doch in Wirklichkeit war sie niemals zur Teatime im Palast. Ebenso wenig war anderen passiert, wovon sie, oft unter Schluchzen, als Selbsterlebtem auf Band sprachen: Das wilde Tier im Wald. Der Angriff auf die Freundin. Ein Verhör bei der Polizei. Der angetrunkene brüllende Onkel. Der Schrecken im Einkaufszentrum.

Die angeblichen autobiografischen Erinnerungen erschienen, je mehr sie mit fiktiven Details angereichert worden waren, umso realistischer. Bis schließlich siebzig Prozent der Studentinnen und Studenten ein angeblich prägendes Ereignis ihres Lebens, an das sie sich anfangs nicht hatten erinnern können, weil es niemals stattgefunden hatte, als selbst erlebt und Teil ihrer eigenen Biografie akzeptierten. Ihr Gedächtnis war hereingelegt worden, es hatte sich täuschen lassen, manipuliert durch eine Gehirnwäsche. Die fiktiven Erlebnisse passten so perfekt ins Gesamtbild, dass die Fälschung im übertragenen Sinn als angeblich authentisches Foto im Familienalbum auftauchte. Julia Shaw hatte sich in ihr Gedächtnis gehackt. Ähnliche wissenschaftliche Experimente gab es zwar auch schon früher zu analogen Zeiten. Doch die englische Psychologin nutzte für ihre Studie erstmals die digitalen Möglichkeiten – mischte sich beispielsweise mit gefälschten Fotos und Daten auf die Facebook-Seiten der Studenten.

Am Ende der Studien gab sich die Mehrheit der Probanden davon überzeugt, tatsächlich erlebt zu haben, wovon ihnen mit scheinbar schlüssigen Handlungen und einleuchtenden Szenen erzählt worden war. Ja, sie waren sogar ganz sicher, tatsächlich straffällig geworden zu sein. Obwohl sie es tatsächlich nie geworden waren. Durch suggestive Fragen hatte es Julia Shaw innerhalb von nur drei Wochen geschafft – so lange dauerte das Experiment –, im Hippocampus der Befragten die von ihr erfundenen Inseln der Erinnerungen zu verankern, sie als Teil der eigenen Biografie zu speichern. Viele Probanden waren am Ende des Experiments nicht nur überzeugt davon, die suggerierten Episoden selbst erlebt zu haben, sondern sie schämten sich auch dafür, als Kinder oder Jugendliche auf frischer Tat erwischt worden zu sein, ja, sie glaubten sich sogar an die aus ihren fiktiven Taten resultierenden Strafen erinnern zu können – Hausarrest, Taschengeldentzug, Sozialdienst.

Ist die Erinnerung also nur ein Wandergesell, mal hier, mal dort, etwas unstet, nicht ganz zuverlässig? Offenbar mischt der Verstand bei entsprechender Aktivierung durch Außenstehende, was diese vorgeblich als Realität schildern, irgendwann mit Selbsterlebtem und konstruiert daraus eine neue Wirklichkeit. Je öfter die erzählt wird, desto fester wird sie im Gehirn verankert und wird irgendwann als Teil der eigenen Biografie begriffen.

Der Test von Julia Shaw, so aufschlussreich er sein mag, ist nicht übertragbar auf andere Fälle des Lebens. Die Erinnerung ist keine genuine Lügnerin, sondern sie lässt sich bei Gelegenheit täuschen, falls ihr von außen in betrügerischer Absicht gefälschte Bilder untergeschoben werden. Grundsätzlich aber kann man sich auf sie verlassen. Sich zu erinnern an wesentliche Erlebnisse und Ereignisse eines einmaligen Lebens ist und bleibt das Fundament aller Biografien. Denn jede Erinnerung ist einzigartig, jede einzelne sichert die Identität eines Individuums. Wenn die wegbricht, wie typisch bei der Alzheimer-Krankheit, ist der Mensch für die Realität verloren.

Das Experiment aber liefert verwertbare Erkenntnisse für Strafbehörden. Shaws Studie samt aller Transkripte der Interviews müssten sogar in Lehrpläne von Polizeischulen aufgenommen werden. Weil sie belegen, wie schnell es zu entscheidenden Fehlern bei Ermittlungen oder Verhören kommen kann. Allzu oft schon haben sich Unschuldige zu einer Tat bekannt, die sie nicht begangen haben, deren Ablauf und die scheinbar dazu passenden Indizien ihnen jedoch so lange vorgehalten worden waren, bis sie die als ihre eigene empfunden und »gestanden« haben. Manche wurden unschuldig nicht nur eingesperrt für viele Jahre, sondern sogar hingerichtet für einen Mord, den sie nie begangen hatten. Der jungen Engländerin ist somit auch ein wissenschaftlich fundiertes Plädoyer gegen die Todesstrafe gelungen.

Der kollektive Gedächtnisverlust der Deutschen nach der

36

Befreiung 1945 ist kein Fall für Verhaltenspsychologen. Ein ganzes Volk ließ sich nicht auf die Couch legen, obwohl genau das nötig gewesen wäre. Geschehen ist stattdessen die Verdrängung von Erinnerungen, um eigene Schuld als ungeschehen deklarieren zu können. Verantwortlich waren für die Schandtaten nicht Deutsche als solche, die andere Völker und Menschen anderen Glaubens, anderer Herkunft bekriegt und massakriert hatten, sondern abstrakte Mächte des Bösen, die »im deutschen Namen« Verbrechen begangen hatten. Das einfache Volk habe selbstverständlich davon nichts mitbekommen. Eine Lebenslüge.

Weshalb Nachgeborene die wahren Schuldigen – Lehrer, Professoren, Beamte, Wissenschaftler, Politiker – so lange an ihre Gedächtnislücken erinnerten, bis die sich freiwillig zu ihrer Schuld bekannten oder, gezwungen durch Dokumente, die belegten, dass sie einst überzeugt mit »Heil Hitler« grüßten, dazu bekennen mussten.

Auch durch die unsterblichen Werke großer Deutscher – Goethe und Schiller und Dürer und Beethoven – ließ sich nicht ausgleichen, was im Tausendjährigen Reich von Deutschen Großes verbrochen worden war. Es gab nach 1945 keine nationale Identität mehr und keine Einheit der Nation. Wohlstand für alle, wie es Ludwig Erhard verhieß, das beginnende Wirtschaftswunder – das war die Corporate Identity im Westen Deutschlands. Im Osten die Diktatur des Proletariats. Der Weg zum Ziel hier wie dort, ja: auch dort, gesäumt von unbewältigter Vergangenheit, denn entgegen der kommunistischen Propaganda lebten nicht alle ehemaligen Widerstandskämpfer nur bei ihnen und nur im Westen alle ehemaligen Nazis.

Verdrängt auf beiden Seiten die Jahre mörderischen deutschen Größenwahns, Deutschland, Deutschland über alles, über alles in der Welt. Unsere Nationalhymne bestand (und besteht) aus der Strophe von *Einigkeit und Recht und Freiheit* und dass es irgendwann im Glanze dieses Glückes blühen möge, das geschändete Vaterland. Die der anderen Deutschen hieß *Auferstanden aus Ruinen* und wurde ab 1972 nur noch intoniert, nicht gesungen.

Ihren ersten glorreichen Nachkriegsauftritt übrigens hatte die Hymne am 4. Juli 1954 beim sogenannten Wunder von Bern. Gewinn der Fußballweltmeisterschaft in der Schweiz. Verfolgt in beiden deutschen Staaten, die Menschen in Leipzig und Dresden ebenso mitfiebernd wie in München und Frankfurt am Main am Rundfunkgerät. Das Volk in Ost und West sich von da an für immer kollektiv erinnernd der überschnappenden Stimme von Herbert Zimmermann, der Nationaltorwart Toni Turek zum Fußballgott erklärte und endlich wieder einen deutschen Sieg auf dem Schlachtfeld verkünden konnte. Einen ohne Tote, ohne Verletzte. Schuldlos siegreich. Wem hatten die Deutschen dieses als Wiedergeburt der Nation gefeierte Wunder zu verdanken? Der linken Klebe von Helmut Rahn, seinem Tor in der 84. Spielminute. Das wusste damals jedes Kind. Jedes heutige Kind kann den in Goldbronze gefärbten Schuh sehen, der in Dortmund im Deutschen Fußballmuseum ausgestellt ist.

Fest überzeugt davon, aus Selbsterlebtem schöpfend erzählen zu können von jenem dramatischen Endspiel, wird es nacherzählt sogar von denen, die im Jahr der Befreiung 1945 oder kurz davor geboren wurden. Die meisten aber können jenen Sieg nicht selbst erlebt haben, sie waren noch viel zu jung, spielten an jenem heißen Julinachmittag 1954 wahrscheinlich draußen, während ihre Väter vor dem Radio saßen und das Spiel verfolgten. Dennoch können die Kinder von damals alle Szenen schildern vom Tag, an dem WIR mit dem 3:2 gegen Ungarn Weltmeister geworden waren, denn es ist ihnen so oft erzählt worden, bis sie schließlich glaubten, dabei gewesen zu sein, als das Endspiel übertragen wurde.

Es waren die deutschen Kinder von 1954, die im folgenden Jahrzehnt das Land nachhaltig veränderten und die Lebenslügen der Väter entlarvten: die legendäre 68er-Generation. Eine Generation aufmüpfiger junger Deutscher aber hat es nie gegeben. Es waren in Wahrheit ein paar tausend Studenten, die lautstark daran glaubten, ihre Freiheit sei »another word for nothing left to loose«. »Vieles von dem, was im Rückblick als Verdienst der Achtundsechziger erscheint«, schreibt Heinrich August Winkler in seiner *Geschichte des Westens*, »war auch das Ergebnis der Kritik an ihnen. Die Studentenbewegung schöpfte Kraft aus dem utopischen Glauben an eine herrschaftsfreie Gesellschaft, aber was sie bewirkte, waren Reformen, von denen manche nur in dem Bestand hatten, wie sie ihrerseits reformiert wurden. Die APO bewies, was sie zu widerlegen trachtete: die Reformfähigkeit des bestehenden Systems. Und sie wäre schwerlich imstande gewesen, so viele gesellschaftliche Verkrustungen aufzubrechen und überkommene Autoritäten einem bisher ungekannten Legitimationszwang zu unterwerfen, wenn die Liberalisierung der Bundesrepublik nicht schon lange vor 1968 begonnen hätte.«

Und eben nicht erst durch die Demonstrationen auslösenden Schüsse auf Benno Ohnesorg oder Rudi Dutschke, oder als die Universitäten entlüftet wurden vom Altmännermief der akademischen Nazi-Ideologen. Es fing tatsächlich Jahre früher an, wenn auch spät, als im Zuge der *Spiegel*-Affäre 1962 aufmüpfige Staatsbürger, die es damals in wachsender Zahl gab, Freiheit für Rudolf Augstein forderten und Knast für Franz Josef Strauß. Der Angriff auf die Pressefreiheit, den die Regierenden im Sinne der Staatsräson für dringend geboten hielten, weil die Enthüllungen des *Spiegel* in ihrem Weltbild schlicht Hochverrat waren, vereinte Konservative, Liberale, Linke im Widerstand. Nach dem gemeinsam errungenen Sieg, dem Rücktritt von Strauß, der Freilassung von Augstein, suchten sie ihre Ziele wieder auf unterschiedlichen Wegen, so wie es sich geziemt in einer Demokratie. In unseren Reihen allerdings marschierte der Zeitgeist.

Offenbar verklärt subjektive Erinnerung die Wirklichkeit umso mehr, je weiter die zurückliegt. Im Unterschied zu heutigen Zeiten erscheinen damalige globale Krisen fast harmlos. Es gab noch keine die Welt in Angst versetzenden und alle Grenzen überschreitenden Mörderbanden wie ISIS oder Al Qaida oder Boko Haram. Länder in Westeuropa hatten zwar ihre landeseigenen Terroristen, aufgewachsen zumeist im Bürgertum, ausgestiegen aus der versteinerten Welt ihrer Eltern in den Untergrund als Rote Armee Fraktion oder Rote Brigaden oder Revolutionäre Zellen. In Ländern des Ostens saßen die Täter eher in den Regierungen. Allerdings landete in einem sibirischen Arbeitslager oder direkt vor einem Erschießungskommando, wer sie als solche bezeichnete.

Schnitt. Zeitensprung. Ein verrücktes Bild taucht auf:

Es lassen sich gute alte Zeiten lustvoll beschreiben, »aber nicht mehr mit Füßen treten«. So altmodisch müsse man es ausdrücken, schrieb die *Neue Zürcher Zeitung* auf der Suche nach einem zur These passenden bildhaften Vergleich, dass »der Abkratzer seine verdienstvolle Zeit lange hinter sich hat«. Früher nämlich gab es Schuhabkratzer an jedem Hauseingang, sie ragten links oder rechts vor der Haustür aus dem Boden heraus. Klein, aus Eisen, manchmal gebogen, manchmal eine ins Trottoir zehn Zentimeter weit hineinreichende Metallkonstruktion, über die nachts Betrunkene stolperten und laut zu singen begannen. Vor Schmerzen. Es zählte zu den geltenden Umgangsformen bürgerlichen Benehmens, sich automatisch am Schuhabkratzer den Schmutz der Straße von der Sohle zu streifen, bevor man das eigene oder erst recht ein fremdes Haus betrat.

Je höher der gesellschaftliche Rang eines Bewohners war, desto prachtvoller die Schuhabkratzer. Den Staatsgästen, die in Downing Street 10 den jeweils von dort aus regierenden Hausherrn aufsuchten, wurden am Eingang zwei künstlerisch wertvolle *shoe scraper* angeboten, gestaltet von einem Kunstschmied. Ihr Zweck, sich damit den Dreck von den Schuhsohlen zu schaben, unterschied sich jedoch nicht von dem ihrer unverzierten armen Verwandten. Fußabtreter in Politik und Wirtschaft gehörten und gehören zur Entourage der Alphatiere beiderlei Geschlechts, lassen sich von denen freiwillig treten, weil große Teile ihres Gehalts ja eh Schmutzzulagen sind.

Die beiden eisernen Krönchen auf zwei Beinchen ragen nach wie vor am Amtssitz des britischen Premiers aus dem Boden, werden noch immer regelmäßig poliert, aber nicht mehr benutzt. Die Besucher kommen mit sauberen Schuhen. Ob sie Dreck am Stecken haben, ist nicht erkennbar. Nur der unter ihren Sohlen hätte sichtbare Spuren hinterlassen. Der Fortschritt, der über die Schuhabkratzer hinwegtrat, trägt den Namen Fußmatte. Gusseiserne Abtreter gönnten sich einst nur wohlhabende Hausbesitzer. Ihre Nachfolger liegen in jedem Baumarkt gemeinem Volk preisgünstig zu Füßen.

Schnitt. Zurück wieder in unsere deutsche Geschichte: Weggetreten aus dem Alltag, spurlos abgetreten in die Vergangenheit sind auch andere vertraute Vertreter vorgeblich guter alter Zeiten. Briketts statt Fernwärme, Kartoffelkeller statt Designer-Kühlschrank, Winterschlussverkauf statt

41

Zalando. Solange die noch leben, die sie erlebt haben, leben sie in Erinnerungen auf mehr und mehr verblassenden Bildern fort – Brausepulver und Telefonzellen, Telegramme und die DDR, Seifenkisten und Lesezirkel.

Oder Liegewagen: Die waren nicht so preiswert wie heutzutage Flüge von Ryanair, aber gleichermaßen unbequem. Immerhin kam man per Nachtzug direkt am Bahnhof des Sehnsuchtsorts an statt an irgendeinem von Barcelona oder Rom hundert Kilometer entfernten Provinzflughafen. Links und rechts im vermufften Abteil gab es jeweils drei hartbrettige Liegen übereinander. Wer oben schlafen musste, denn auch bei der Deutschen Bahn galt das Gorbatschow-Prinzip von den Folgen des Zuspätkommens, hatte die Ausdünstungen der unteren Passagiere als Reisebegleiter, und wer unter seiner kratzigen Wolldecke zu laut schnarchte, wurde per Fußtritt geweckt.

Das Standardprogramm der Bahnhofskinos, die ihr Image als Schmuddelkind ungeniert vermarkteten, hieß *In fünfzig Minuten um die Welt*. Schwarz-weiß aus Politischem wie Banalem, aus Katastrophen wie Königshochzeiten, aus Sport wie Slapstick Zusammengeschustertes verkürzte der Laufkundschaft die Wartezeiten auf den Anschlusszug. Als die langen Umsteigepausen aufgrund besser koordinierter Fahrpläne entfielen, verloren die Bahnhofskinos ihre Unique Selling Proposition. Eine Zeitlang konnten sie sich noch mit ungewohnter Haute Cuisine statt mit Fastfood behaupten, doch wer wollte für ein cineastisches Menü zum Bahnhof fahren, wenn es das zum gleichen Preis fußläufig um die Ecke im gepflegten Lichtspielhaus gab?

Jugendliche. Wir.

Denn ob Filme jugendfrei waren oder von der Freiwilligen Selbstkontrolle FSK – die alle Zeiten überdauert hat, die guten und die schlechten – erst freigegeben ab achtzehn, spielte im Bahnhof keine Rolle. Die in etablierten Filmtheatern üblichen Ausweiskontrollen entfielen. Ingmar Bergmans umstrittenes Meisterwerk *Das Schweigen* lief auch in ausgewählten Bahnhofskinos. Laut Feuilletonkritik ging es dabei nicht um Ingrid Thulins nackte Brüste beim Liebesspiel, die von der Boulevardpresse als Hauptdarsteller präsentiert wurden, sondern um Kunst und Gott, um Einsamkeit und Moral. In Deutschland, wo der Film ungeschnitten lief, wollten das zehn Millionen Besucher erleben. Von den Kanzeln wetterte die katholische Kirche per Hirtenbrief gegen die Sittenlosigkeit, empörte sich über Busen und Begierden im Film. Was eine Zielgruppe jugendlicher Gläubiger unter achtzehn auf die Idee brachte, Gott im Bahnhof aufzusuchen.

Geburtstagsgrüße oder Todesnachrichten oder Verstörendes wie einen »Just-Married«-Dreizeiler aus Gretna Green in Schottland, wo junge Liebende getraut wurden, die dafür nie den Segen ihrer Eltern bekommen hätten, überbrachten Postboten. Telegramme waren Selfies ohne Fotos, sie starben aus noch vor der Jahrtausendwende. Short Message Service, kurz SMS genannt, übernahmen das Geschäft der stummen Mitteilungen. Telefonhäuschen gehörten mal zum Alltag wie Scherenschleifer oder Tretroller aus Holz. Parallel zum Siegeszug der mobilen Telefone aber begann auch ihr Abgang aus der Realität. Erst verloren sie ihr leuchtendes Gelb, neben Schwarz und Rot und Gold die vierte deutsche Nationalfarbe, weil ihnen ihre Mutter Telekom die Farbe Magenta vorschrieb, dann an Bedeutung. Unvergessen die verfluchte Warterei, wenn die Zelle besetzt war von Dauergästen beiderlei Geschlechts mit vorletzten und noch lange nicht letzten Worten. Weil in geräumter, nach uraltem Schweiß riechender Zelle zu oft die endlich dann wählbaren Nummern laufend besetzt waren, wurde das mobile Telefon erfunden, das Handy. Was eher wohl nicht so ganz stimmt.

Brausewürfel auf der Zunge sind vergangen, Maikäfer fast ausgestorben, Kindheit ist alt geworden, nur in der Erinnerung jung geblieben. Sie schmeckt aber noch immer nach Leben. Obwohl der größte Teil von dem hinter uns liegt und wahrscheinlich nur wenig Leben noch vor uns.

2

Vom Tag, an dem unsere Geliebte vergewaltigt wurde

Im Schock erstarrt hielt die Stadt ihren Atem an. Eine Metapher, einerseits so verbraucht wie jene von der baumelnden Seele oder jene von dem jedem Anfang innewohnenden Zauber. Andererseits scheint sie hier im Blick zurück tatsächlich eine bestimmte Erinnerung an ein bestimmtes Gefühl an einem bestimmten Tag auszudrücken. Beschreibt sie doch Eindrücke, die stimmig scheinen, weil sie so gespeichert, so empfunden worden sind. Aber spiegelt sie die damalige Realität wirklich wider?

Denn selbstverständlich fuhren an jenem Dienstag die Münchner per Straßen- oder U-Bahn, Bus oder Auto in ihre Büros, Betriebe, Behörden; selbstverständlich tobten Kinder auf Spielplätzen und in Freibädern; selbstverständlich küssten sich Liebespaare im Englischen Garten; selbstverständlich strömten Kunden ins Kaufhaus Beck am Rathauseck, und selbstverständlich rauschte auch an diesem 5. September 1972 die Isar. Der Sommer bäumte sich mit 23 Grad noch einmal auf gegen den bereits lauernden Herbst. Die strahlende Sonne und ein über die Stadt sich wölbender weiß-blauer Himmel passten wie gemalt ins Postkartenidyll Bayern. Allerdings wirkten die an so samtenen Tagen sonst bereits vormittags bevölkerten Münchner Biergärten wie ausgestorben, als wären ihnen plötzlich ihre Gäste abhandengekommen, als hätten die plötzlich alle Wichtigeres im Sinn.

Tatsächlich gibt es plötzlich Wichtigeres für sie, tatsächlich ist etwas geschehen, was die große Welt erschüttert und dadurch gleichfalls ihre kleine. Um 4.35 Uhr an diesem 5. September verlieren die heiteren Olympischen Spiele in Deutschlands heimlicher Hauptstadt ihre Unschuld. München wird am frühen Morgen vergewaltigt: Fünf palästinensische Terroristen nehmen im Olympischen Dorf israelische Sportler als Geiseln und fordern im Austausch die Freilassung von über 200 ihrer Gesinnungsgenossen aus Gefängnissen in Israel sowie die von Ulrike Meinhof und Andreas Baader aus deutschen Haftanstalten. Tatsächlich kann es so gewesen sein, als hätte die Stadt in Schock erstarrt den Atem angehalten.

In den Tagen zuvor hatten Tausende Münchnerinnen und Münchner ihre Mittagspausen nicht wie gewohnt in Kantinen oder Biergärten verbracht. Falls sie keine gültigen Tickets für die Wettkämpfe besaßen, jedoch die Faszination Olympia hautnah erleben wollten, zogen sie mit Butterbrezeln und Leberkässemmeln bewaffnet auf die öffentliche Plaza im Olympischen Dorf, mischten sich unter die Jugend der Welt. Wenn sie schönen Augenblicken verfallend dort länger verweilten, als ihnen eigentlich zustand, holten sie die versäumte Arbeitszeit am Abend nach. Ihre Chefs, ebenfalls verzaubert vom Sommermärchen, drückten beide Augen zu oder gingen selbst mit. Die Gewissheit, dass es so Einzigartiges nur einmal in ihrem Leben gibt, einte sie.

Fürs Stadion und für die Wettkampfstätten brauchten sie zwar Eintrittskarten. Die Kontrollen an den Zugängen zu den beiden Olympischen Dörfern, wo getrennt nach Geschlechtern die Sportler und Sportlerinnen wohnten, jedoch waren freundlich-lasch. Ausweis jedenfalls genügte. In nationenübergreifenden Beziehungen wurden keine Medaillen vergeben. Das olympische Motto, dass es nicht darum geht, zu siegen, sondern darum, dabei zu sein, erfüllte bei aufkeimenden Gelegenheiten Sportlerinnen und Sportler mit inniger Nähe in einem liebevollen Zweikampf der Geschlechter. Polizisten im Olympiadorf trugen keine Uniformen, sondern helle Sommeranzüge, und sie waren nicht bewaffnet. So lässig-locker formuliert hatte es im Konzept der Bewerbung für die Spiele gestanden, so war es vom Olympischen Komitee beschlossen, und so zivil war es von der Politik umgesetzt worden. Die Idee hatte deshalb bereits früh sowohl Volksvertreter als auch Volk überzeugt und beide gleichermaßen entflammt. Das Land, in dem Olympia 1972 jetzt stattfindet, präsentiert sich als Land des Lächelns.

Dieses Landlustgefühl entsprach herrschenden politischen Verhältnissen. Traditionell von der bürgerlichen Mehrheit als gut empfundene alte Zeiten, in denen am Ende immer einer von der konservativen CDU die Republik regierte, waren vorbei. Junge Deutsche hatten das Land vom Mehltau befreit. Das ging nicht ab ohne schmerzliche Schläge. Sowohl für die Schlagenden als auch für die Geschlagenen. Anfangs allerdings nur für Letztere, weil ihnen legal von Staats wegen willkürlich auf die Köpfe geschlagen werden durfte. Aber dann wurde es nachhaltig schmerzhaft auch für die Auftraggeber der Schlagenden. Die Autorität des Staates, auf die sie sich beriefen, in Wirklichkeit noch immer bestimmt von autoritären statt von liberalen Grundsätzen, zerbrach Stück um Stück an inneren Widersprüchen. Am Ende der 60er-Jahre waren sie vor den Kopf geschlagen, hatten viel von ihrer Macht verloren, aber aufgegeben hatten sie noch lange nicht. Schlugen noch immer zu, sobald sich die Gelegenheit ergab. Nicht nur bei Demonstrationen, auch in Klassenzimmern.

47

Zwei Daten, zwei Ereignisse, beide in Berlin, stehen für diesen schleichenden Machtwechsel, bevor der Zeitgeist nach einer Bundestagswahl dann tatsächlich siegte: der 2. Juni 1967 und der 11. April 1968. In der Juninacht 1967 erschoss der Westberliner Kriminalobermeister Karl-Heinz Kurras in einem Hinterhof den unbewaffneten Studenten Benno Ohnesorg per Kopfschuss. Er wurde dabei beobachtet von Kollegen und Vorgesetzten, die ihn aber alle vor Gericht entlasteten, wo er auf Notwehr plädierte und daraufhin freigesprochen wurde. Die Vertuschung der Untat, ein klassischer Fall von politischer Justiz, schürte ohnmächtige Wut. Eine Gruppe, die in den Untergrund ging, nannte sich »Bewegung 2. Juni«. Wie sich mehr als vierzig Jahre später herausstellte, war Kurras Inoffizieller Mitarbeiter der Stasi. Ob diese ihrem IM den Auftrag zum Schuss erteilt hatte, um beim Klassenfeind Unruhen auszulösen und die Verhältnisse im verhassten Westberlin zu destabilisieren, konnte nicht bewiesen werden.

Das zweite Datum, der 11. April 1968, markiert das Attentat auf den Studentenführer Rudi Dutschke. Als er von einem Rechtsradikalen niedergeschossen wurde, mündeten die Demonstrationen in Straßenschlachten. Am heftigsten in Berlin, wo die Zeitungen des Springer-Verlags den Markt und damit die öffentliche Meinung beherrschten. Ihre Schlagzeilen befeuerten die Schlagstöcke. Die Unruhen breiteten sich von dort aus bundesweit aus. An den Universitäten setzten Studenten ihre Rechte gegen Professoren durch und festigten sie in von nun an verbindlichen Satzungen. Da sie in den wilden 60er-Jahren drinnen mit ihren Wünschen, Zielen, Forderungen ebenso wenig genügend Anhänger fanden wie draußen auf den Straßen, bezeichneten sie ihren Widerstand als »außerparlamentarische Opposition« und nannten sich schlagkräftig lautstark kurz APO. Die vertrieb die schul-

48

digen Alten aus Verwaltungen, Ämtern, Hochschulen. Allerdings bekamen die ihre Pensionen bis zum Lebensende, blieben unbestraft, obwohl sie dem Regime der Verbrecher einst so treu und überzeugt gedient hatten.

Als sich die Chance bot, konkret etwas zu ändern im Land, wählte die Mehrheit 1969 sozialliberal statt christdemokratisch. Bereits im Frühjahr 1969 war der Sozialdemokrat Gustav Heinemann zum Bundespräsidenten gewählt worden. Der Auftakt für den dann im Herbst folgenden Sieg der SPD bei der Bundestagswahl. Mit der Vereidigung von Willy Brandt als Bundeskanzler endete vorläufig die Nachkriegszeit. Wer konnte ahnen, dass die erst zwanzig Jahre später mit dem Fall der Mauer endgültig beerdigt werden würde? Seit Brandts leidenschaftlichem Versprechen in seiner ersten Regierungserklärung, mehr Demokratie wagen zu wollen, hatte auch die APO einen Burgfrieden mit dem Land geschlossen, sogar mit denen, die bisher stets den Regierungschef gestellt hatten, und begann, ihren langen Marsch durch die Institutionen anzutreten.

Es ist keine Liebesbeziehung, so weit geht es nicht. Eine Eigenart wie Vaterlandsliebe, zu der sich ihre Väter immer so leicht bekannten – eine Ausnahme ebenjener Gustav Heinemann, der auf eine entsprechende Nachfrage trocken bemerkte, keine Staaten zu lieben, sondern seine Frau –, ist für Nachgeborene kontaminiert. Friedliche Koexistenz aber schien ein gangbarer dritter Weg zu sein.

Eine radikale Minderheit verurteilte diesen Wandel durch Annäherung als Verrat an der 68er-Bewegung. Ulrike Meinhof, Andreas Baader, Gudrun Ensslin, Horst Mahler und andere erklärten 1970 als *Rote Armee Fraktion* (RAF) dem Staat den Krieg. Sie nannten sich Tupamaros, eine der Stadtguerilla in Uruguay entlehnte Bezeichnung, und beschimpften

49

aus dem Untergrund die bundesdeutsche Demokratie als »Schweinesystem«. In Wahrheit lauere, so ihre nach Bombenanschlägen hinterlassene Botschaft, bereits wieder die Fratze des Faschismus unter friedfertig scheinenden Mienen. Um dessen Comeback zu verhindern, müsse die Arbeiterklasse befreit werden von den über sie Herrschenden.

Die empfand sich aber keineswegs als unterdrückt und war deshalb nicht interessiert an einer Befreiung, insbesondere einer durch Befreier, die sie nicht gerufen hatten. Deren blutiger Irrweg pflasterten bis zur Selbstaufgabe der RAF 1998 vierunddreißig Tote – Manager, Politiker, Juristen, Fahrer, Personenschützer, Polizisten, US-Soldaten. Allein im bleiernen deutschen Herbst 1977, dem noch ein langer kalter Winter folgen sollte, wurden von den Desperados der RAF Jürgen Ponto und Siegfried Buback und Hanns Martin Schleyer und sechs ihrer Fahrer und Personenschützer erschossen. Nie ermittelt wurden die Mörder des Bankiers Alfred Herrhausen 1988 und die des Treuhand-Präsidenten Detlev Karsten Rohwedder 1991. Siebenundzwanzig RAF-Mitglieder starben bei Polizeieinsätzen oder durch Selbstmord, andere hatten sich von den Zielfahndern des Bundeskriminalamts mithilfe der Stasi ausgerechnet in die andere deutsche Republik abgesetzt, wo Meinungen von Andersdenkenden als schwere Straftat verfolgt wurden. Dort hielten sie sich unter falschen Namen und Identitäten für sicher vor den Jägern des Bundeskriminalamts. Die Geschichte gestattete ihnen aber, nachdem in Deutschland die Mauern und Grenzzäune gefallen waren, keine sicheren Rückzugsorte mehr.

Als Meinhof und Baader anfingen zu schießen und zu morden, statt zu protestieren und zu schreiben, bevor die Radikalen zu gewöhnlichen Killern wurden wie ihre Gesinnungsgenossen in Frankreich und Italien von der *Action directe* und den *Brigate Rosse*, nannten linksliberale Zeitungen sie politisch korrekt Baader-Meinhof-*Gruppe*, die rechtskonservativen dagegen Baader-Meinhof-*Bande*. Der im Rückblick auf bleierne Zeiten angesichts einer mörderischen Bilanz unwesentlich scheinende kleine Unterschied war damals groß und spiegelte die politische Grundhaltung der beiden journalistischen Lager. Die einen schrieben DDR, wenn sie DDR meinten, und die anderen grundsätzlich von Sowjetischer Besatzungszone oder setzten die »DDR« in Gänsefüßchen, als würde es den real existierenden anderen deutschen Staat in der Realität gar nicht geben. Die einen plädierten dafür, dass auch in Zeiten der Bedrohung eine erwachsene Demokratie kaltblütig überlegt reagieren müsse, die anderen forderten, mit gnadenloser Härte auf solche Herausforderungen zu reagieren und, falls nötig, an Gesetzen vorbei Bürgerrechte einzuschränken.

Literaturnobelpreisträger Heinrich Böll hatte im *Spiegel* begründet, warum auch für eine Ulrike Meinhof die Unschuldsvermutung zu gelten habe bis zum Beweis des Gegenteils in einem rechtsstaatlichen Verfahren. In normalen Zeiten wäre dieser Einwurf keine Gegenrede wert gewesen, weil er sich auf die selbstverständlichen Grundsätze eines Rechtsstaats bezog. Aber so frei und weltoffen sich das Land nach außen präsentierte, so jung und tolerant im Innern, so unversöhnlich prallten bei solchen Gelegenheiten noch immer die Vertreter des Rechts und die Vertreter der Rechten aufeinander. In einer Kampagne der Springer-Zeitungen wurde Böll, angeführt vom obersten *Bild*-Hauer Peter Boenisch, der sich Jahrzehnte später dafür entschuldigte, als Sympathisant der RAF, als Salonanarchist denunziert. Das Echo vom anderen Lager kam prompt und ließ wiederum keinen Zweifel daran, wo nach unserer Überzeugung die eigentlichen Schreibtischtäter saßen.

Der katholische Humanist wehrte sich mit seinen Mitteln in der Novelle *Die verlorene Ehre der Katharina Blum oder wie Gewalt entstehen und wohin sie führen kann.* Erzählte darin die Geschichte einer jungen Frau, die vom Reporter einer Zeitung als »Terroristenschlampe« gerufmordet wird, bis sie schließlich in ihrer Verzweiflung selbst zur Mörderin wird und den zynischen Vertreter der selbsternannten vierten Gewalt erschießt.

Böll erklärte, falls sich »bei der Schilderung gewisser journalistischer Praktiken Ähnlichkeiten mit den Praktiken der *Bild*-Zeitung ergeben haben, so sind diese Ähnlichkeiten weder beabsichtigt noch zufällig, sondern unvermeidlich«.

Klammheimliche Sympathien für die Terroristen, viele aufgewachsen in wohlhabenden bürgerlichen Verhältnissen, jetzt auftretend als berufene Retter der Unterprivilegierten, gab es zwar bei linken Akademikern tatsächlich. Sie halfen den Gesuchten mal aus mit Geld, mal mit dem zweiten Wohnungsschlüssel. Mit denen hatte Böll nichts gemein.

Wir auch nicht. »Wer Bombenleger versteckt und ihnen die politische Legitimation gibt, die sie nicht haben, muss sich Schreibtischtäter nennen lassen, kaum besser als jene, die diesen Namen einst verdienten«, hieß es am Ende meines Leitartikels in der linksliberalen *Abendzeitung,* die damals erfolgreich den Boulevard der Olympiastadt München bespielte. Zwei Tage später zündeten Sympathisanten den Eingang des Mietshauses an, in dem ich wohnte, besprühten die Hauswand mit offenbar ernst gemeinten Drohungen. Ein paar Tage lang wurde ich von der Polizei ins Büro und zurück nach Hause begleitet, nachts fuhr in regelmäßigen Abständen ein Streifenwagen um den Häuserblock. Passiert ist nichts weiter, und bevor am 26. August die Spiele begannen, noch bevor der Sommer uns wärmte, wurde Andreas Baader gefasst, und es schien, als wäre der Terror besiegt.

52

Gelegentlich erwies sich der gesellschaftliche Burgfriede zwischen Linksliberalen und Konservativen, wobei in jenen Wechseljahren die FDP nach dem Übertritt ihrer Deutschnationalen zur CDU/CSU sich mehrheitlich als links gab, zwischen Jungen und Alten in der Politik noch als brüchig. Nachdem Brandt 1971 der Friedensnobelpreis zugesprochen worden war – »Als Kanzler der Bundesrepublik Deutschland und im Namen des deutschen Volkes hat Willy Brandt seine Hand zur Versöhnung zwischen Völkern ausgestreckt, die lange Zeit Feinde waren. Im Geiste des guten Willens hat er außerordentliche Ergebnisse bei der Schaffung von Voraussetzungen für den Frieden in Europa erzielt« –, blieben bei der Verkündung jener Nachricht aus Oslo, die der Bundestagspräsident Kai-Uwe von Hassel verlas, fast alle Abgeordneten der CDU/CSU-Fraktion demonstrativ sitzen und rührten keine Hand. CSU-Recke Hermann Höcherl und CDU-Gentleman Felix von Eckardt immerhin wussten, was sich gehörte. Sie zeigten Stil und gratulierten Willy Brandt. In der darauffolgenden Nacht schrieb Oppositionsführer Rainer Barzel seine für die nächste Sitzung geplante Rede um und strich aus dem Manuskript alle persönlichen Attacken auf den politischen Gegner.

Ein Jahr danach, im Olympiajahr – und noch immer waren wir ziemlich jung – wurde Brandt im Bundestag in Bonn geradezu bejubelt, nachdem er im erbitterten Streit um die von Egon Bahr konzipierte Ostpolitik das gegen ihn gerichtete sogenannte konstruktive Misstrauensvotum überstanden hatte. CDU-Fraktionschef Rainer Barzel war sich seines Sieges sicher gewesen, doch zwei der Seinen verweigerten ihm bei der Abstimmung in geheimer Wahl die Stimme. Einer ist, wie man heute weiß, von der Stasi mit 50 000 D-Mark bestochen worden. Der Anblick, den Rainer Barzel am 27. April

53

1972 bot, als um genau 13.18 Uhr das Ergebnis der Stimmenauszählung verkündet wurde, gehört zu den im kollektiven Gedächtnis der Republik gespeicherten Bildern. Fassungslos sitzt Barzel in der ersten Reihe des Parlaments. Ein Besiegter. Nach einigen Minuten erhebt er sich, nimmt Haltung an, geht auf den weiterhin amtierenden Bundeskanzler zu und gibt Willy Brandt die Hand.

Barzel, den beschreibend zu verachten wir genossen, gehörte zur Generation, der von Kindesbeinen an nie gestattet worden war, Schwächen zu zeigen. In der Politik, damals ein fast lupenreines Männergeschäft – ähnlich strukturierte Männerbünde gab es unabhängig von ihrer politischen Ausrichtung sowohl beim *Stern* als auch beim *Spiegel* als auch bei Springer –, galten schwache Momente als tödlich für die Karriere. Der Katholik, Jesuitenschüler, Preuße nahm seine Niederlage zwar nach außen hin wie ein Gottesurteil, aber seelisch verkraftet hat er diesen Tag wohl nie.

Danach wurde Barzel systematisch demontiert von Helmut Kohl, bis er aufgab und vom Pfälzer als Oppositionsführer und CDU-Chef abgelöst wurde. »Ohne den Stimmenkauf und ohne diesen Landesverrat hätte die deutsche Geschichte einen anderen Verlauf genommen«, sagte er mir dreißig Jahre später, als ich ihn, schon schwer gezeichnet von seiner tödlichen Krankheit, in München traf. Mehr wolle er dazu nicht mehr sagen. Ob er mit seinem Freund Helmut Schmidt, Nachfolger jenes Kanzlers, den Barzel hatte stürzen wollen, darüber jemals gesprochen habe? Keine Antwort.

So wie Willy Brandt die offene Gesellschaft verkörperte, die ihn nach dem gescheiterten Misstrauensvotum mit Jubelchören vor dem Bundeskanzleramt feierte und seine SPD bei der vorgezogenen Bundestagswahl bald zur stärksten Partei machen würde, so wurde sie, kühn interpretiert, architektonisch symbolisiert durch das offene Zeltdach des Olympiastadions in München. Dem Emigranten Brandt wäre es am liebsten gewesen, wenn sein Berlin den Zuschlag für die Olympischen Spiele bekommen hätte. Er begründete es politisch-moralisch damit, dass so die Schande von Heil-Hitler-Olympia unterm Hakenkreuz 1936 ausgelöscht hätte werden können. Das konnten wir zwar moralisch nachempfinden, aber unsere leichtlebige Geliebte München lag uns näher.

Brandts moralisches Argument ließ sich sogar politisch zugunsten Münchens adaptieren, denn wo, wenn nicht in der einstigen Hauptstadt der Bewegung, wäre bestens beweisbar, dass die Deutschen aus ihrer Geschichte gelernt hatten. Sportler und Gäste aus aller Welt sollten ein buntes, fröhliches, lässiges Deutschland erleben. Im übertragenen und sogar im wörtlichen Sinn war ausdrücklich erlaubt, den Rasen zu betreten. Zäune um die Wohnanlagen des Olympischen Dorfes wirkten mehr symbolisch als schützend, waren nur zwei Meter hoch und stellten für Sportler, die nach Sonnenuntergang mal jenseits des Dorfes in Münchens Diskotheken trainieren wollten, keine große Hürde dar.

Wie leicht sie zu überwinden waren, wussten offenbar auch die Attentäter. Sie wurden zwar beim Klettern gesehen von Putzfrauen und Technikern der Post, denn es war um die Zeit bereits hell, aber sie hielten die Terroristen, die zur Tarnung Trainingsanzüge trugen, für Athleten, die nach einer draußen in der Stadt durchlebten Nacht zurückschlichen in ihre Apartments. In Wirklichkeit gehörten die Männer zur PLO-Terrororganisation *Schwarzer September*. Sie drangen ins Quartier der Israelis ein, schossen den Trainer der Ringer und einen Gewichtheber nieder, fesselten die anderen Sportler und stellten schon bald ihr erstes Ultimatum, das im Laufe der nächsten Stunden immer wieder verlängert wurde: Entlassung von rund 200 palästinensischen Häftlingen aus israelischer Haft, freies Geleit nach Kairo. Falls ihre Forderungen nicht erfüllt würden oder die Polizei, die eine halbe Stunde nach dem ersten Alarm den Apartmentblock umstellt hatte, diesmal schwer bewaffnet, versuchen sollte, das Haus zu stürmen, werde man alle Geiseln erschießen.

Als im Rundfunk und im Fernsehen in Sondersendungen berichtet wird, was passiert ist, ziehen Bürger in spontanen Demonstrationen zu Tausenden wieder Richtung Olympisches Dorf, aber diesmal nicht heiteren Gemüts wie in den Tagen zuvor. Von den Erdwallhügeln aus, die das Gelände wellenartig umgeben, ist der Tatort, Haus 7 in der Conollystraße 31, gut zu sehen. Polizisten müssen Neugierige daran hindern, näher zu rücken. Fotografen und Kamerateams streiten sich um die besten Plätze für ihre Schüsse.

Der Reporter, der zeitlebens zuerst nach einem Glück suchte, egal wo auf der Welt, und erst dann nach einer Wahrheit, hat zwar das Exklusivinterview mit der jungen deutschen Sportlerin am Abend zuvor bei Graser, dem bärbeißigen Portier der Zeitung, abgegeben. Doch anschließend zeigte er dem Mädchen seine Stadt, und bevor die Sonne wieder aufging, auch seine Wohnung. Dort erkannten sie sich und blieben ineinander für die Außenwelt unerreichbar. Zum Glück gibt es damals noch keine Handys mit dem dringlichen Doppelton, der heute eine SMS ankündigt, und das möglicherweise störende Klingeln seines Telefons hatte er mit einem dicken Kissen erstickt.

Am Morgen hören sie die Meldungen vom Attentat im Rundfunk und lösen sich voneinander. Sie fährt zu ihrer Mannschaft ins Olympische Dorf, er in seine Redaktion. Dort bleibt er die nächsten vierundzwanzig Stunden. Bis zum Ende der Spiele wurden die Sportler, um sie vor möglichen weiteren Anschlägen zu schützen, streng bewacht. Auch sie. Es bestand eine Art Ausgangssperre und für alle, die reinwollten ins Olympische Dorf, umgekehrt eine Eingangssperre. Auch für ihn.

Viele Jahre später, kurz vor seinem zu frühen Tod, erzählte er einmal, dass er diese Frau für immer festgehalten hätte, wenn nicht dieses verdammte Attentat passiert wäre. Zumindest war er von dieser *Once in a life*-Liebe überzeugt. Die Frage, warum er sie dann nicht gesucht habe, als die Spiele vorbei waren, beantwortete er wortkarg so, dass er einfach keine Zeit gehabt habe wegen aufwendiger Recherchen für eine Reportage in Israel, und dann sei es irgendwann zu spät gewesen. Dass ich ihm kein Wort glaubte, nahm er in Kauf. Sie lebt noch, hat nach ihrer Karriere als erfolgreiche Sportlerin Medizin studiert und diesen 5. September 1972 nie vergessen. Ob dies auch für den Mann aus der Nacht zuvor gilt, weiß außer ihr niemand.

Über die vergeblichen Versuche des Innenministers Hans-Dietrich Genscher, sich im Austausch für die jungen Israelis als Geisel anzubieten, über das Angebot, mehrere Millionen D-Mark als Lösegeld zu bezahlen, oder auch darüber, dass der Anführer der Terroristen in Deutschland studiert und vor dem Überfall in der Kantine des Olympischen Dorfes gearbeitet hatte, ist längst alles bekannt. Weil sich die handelnden staatlichen Organe als unfähig erwiesen, wie Brandt, der nachmittags gegen 15 Uhr per Hubschrauber auf einer Wiese hinter dem Olympischen Dorf eintraf, später in seinen Memoiren schrieb, endete die Geiselnahme nachts auf dem Fliegerhorst Fürstenfeldbruck westlich von München in einem Blutbad. Das Versagen der Sicherheitskräfte wurde jahrzehntelang von der bayerischen Staatsregierung und von Bundesbehörden vertuscht, bis es der *Spiegel* 2012 enthüllte.

Dilettanten wie der bayerische CSU-Innenminister Bruno Merk und der von seinem Ruf als »Stadtsheriff« zehrende Münchner Polizeichef Manfred Schreiber – ein Sozialdemokrat! – haben die Kommandogewalt. Sie tun so, als wüssten sie, was sie tun. Unterstützung durch eine Spezialeinheit des Mossad, eingeflogen aus Tel Aviv, lehnen sie ab. Dünken sich selbst Manns genug. Lassen am Ende noch Erfolgsmeldungen verbreiten, als ihr Unvermögen offensichtlich geworden ist und die blutige Bilanz des seitdem »Olympia-Massaker von München« genannten gescheiterten Befreiungsversuchs feststeht: neun tote Geiseln, einige von Polizeikugeln getroffen, fünf tote Attentäter, ein toter Polizist.

Die Zeitung am Tag danach wird von Journalisten, die durchgearbeitet haben in den seit der ersten Meldung vom Attentat vergangenen vierundzwanzig Stunden, frühmorgens im Herzen der Stadt verteilt, auf dem Marienplatz. Die Botschaft der Schlagzeile in riesigen Lettern, »DIE WELT TRAUERT, MÜNCHEN WEINT«, gilt auch für uns, die wir sie formuliert hatten. Auch wir sind im Ausnahmezustand. Auch wir brauchen Trost. Auch wir hatten gehofft, es werde gut ausgehen draußen in Fürstenfeldbruck, wo eine Maschine der Lufthansa bereitstand für die Attentäter und ihre Geiseln, um sie nach Kairo zu fliegen.

Kurz nach Mitternacht, frühmorgens am 6. September, jubelten wir noch. Die Operation Befreiung sei gelungen, wurde offiziell verkündet, und so titelten wir es auf Seite eins. Als sich zwei Stunden danach nicht mehr totschweigen ließ, was tatsächlich geschehen war, haben wir geweint und jene Schlagzeile gedruckt, die dann frühmorgens erschienen ist. Sie trifft die Stimmung in München, sie trifft ins Herz ihrer Bürger, sie trifft auch uns.

Die Wunden der Stadt verheilten mit der Zeit. Sie übermalte ihre Narben. Als zwei Jahre danach die deutsche Nationalmannschaft Fußballweltmeister wurde, trugen rings um das Olympiastadion alle Polizisten Uniform, und sie alle waren bewaffnet. Die bereits wenige Wochen nach dem Attentat gegründete Antiterroreinheit GSG 9 des Bundesgrenzschutzes, wie die Bundespolizei damals hieß, stand getarnt in Alarmbereitschaft für einen Fall der Fälle. Drei Jahre danach sollte sie weltberühmt und ihre Männer nach der Erstürmung einer von arabischen Terroristen gekaperten Lufthansa-Maschine in Mogadischu zu Helden der Nation werden.

Der Held unserer Jugend saß am 7. Juli 1974, als in München im Endspiel der Fußballweltmeisterschaft der Sieg gegen Holland gefeiert wurde, nicht mehr auf der Ehrentribüne. Willy Brandt war im Mai, getroffen von den Intrigen des SPD-Fraktionschefs Herbert Wehner und erschöpft von Depressionen, vom Amt zurückgetreten. Er begründete das in wenigen Zeilen damit, er fühle sich verantwortlich dafür, dass sein Vertrauter Guillaume als Spion der DDR nicht nur ihn verraten, sondern vor allem auch das Amt des Bundeskanzlers beschädigt habe. Dafür übernehme er die Verantwortung. Das zieme sich so, und er wisse, was sich ziemt. Er blieb Vorsitzender der SPD, und je älter er wurde, desto jünger blieben seine Visionen von einer besseren Welt. Als er 1992 starb, betrauerten über alle Parteigrenzen hinweg die Deutschen einen ihrer großen Patrioten, einen des da wieder geeinten Landes, der unsterblich wurde mit seinem Satz nach dem Mauerfall, nun wachse endlich wieder zusammen, was zusammengehöre.

Der Hanseat Helmut Schmidt, kein Charismatiker wie Brandt, frei von Visionen, kühler Verantwortungsethiker, wurde zu seinem Nachfolger gewählt und blieb nach einem fulminanten Wahlsieg gegen seinen Herausforderer Franz Josef Strauß dann Kanzler bis zu einem erneuten konstruktiven Misstrauensvotum 1982. Das lief ohne Bestechung ab. Es gab keine Überraschungen bei der Stimmenauszählung. Die FDP hatte fast geschlossen die Seiten gewechselt, um an der Macht zu bleiben, war allenfalls mit Posten in der neuen schwarz-gelben Regierung bestochen worden, aber das war legitim und keine Straftat. Diesmal gratulierte der ausgezählte SPD-Kanzler dem siegreichen CDU-Oppositionsführer Helmut Kohl und bewies dabei ähnlich Haltung wie zehn Jahre zuvor Rainer Barzel. Die Szene allerdings hat keinen bleibenden Eindruck hinterlassen. Sie zählt nicht zu den Bildern, an die sich Deutsche spontan erinnern.

Schilderungen scheinbar guter alter Zeiten, allenfalls kurzfristig unterbrochen durch Ereignisse wie die in München oder die Attentate der RAF, wärmen der Alten Gemüt. Dass früher alles besser gewesen sei, schließt sie automatisch ein, denn falls alles besser war, müssten logischerweise auch alle Menschen besser gewesen sein. Das mag stimmen oder auch nicht. Weshalb ihr Rückblick wohl eher getrübt sein dürfte. Vergangenheit wird eher individuell nacherlebt.

Spannender als Pauschalreisen in eine zugängliche Geschichte – der Wimbledon-Sieg des jungen rothaarigen Helden Boris Becker oder die Weltkarriere der Tennisspielerin Steffi Graf, der vom sowjetischen Radar unbemerkte Flug des Hobbypiloten Mathias Rust nach Moskau oder die Vereidigung des ehemaligen Streetfighter Joschka Fischer als erster grüner Minister der Republik – ist deshalb die verwegene Alternative, im biografischen Gedächtnis zu blättern und nur das zu schildern, was da hängen geblieben ist im Stammbaum des Lebens. Sicher lückenhaft, sicher subjektiv, aber ganz sicher authentisch. Ob diese Eigenrecherche auch umzusetzen ist in eine Form, die einerseits allzu Privates schützt, die andererseits jedoch persönlich geprägt sein muss, um sich von

Google und Co. zu unterscheiden, lässt sich so pauschal nicht beantworten.

Ist aber einen Versuch wert. Ausgerechnet Richard Wagner wird diese Reise in die Vergangenheit bestimmen, der als des Führers Liebling von uns gemiedene große Komponist. Dass Wolf Siegfried Wagner, Sohn von Gertrud und Wieland, »Wummi« genannt, seinen Onkel Wolfgang, Herrscher auf dem Grünen Hügel von Bayreuth, als langweiligen Spießer verachtete, war bekannt. Der wiederum hielt umgekehrt nichts von seinen Neffen und Nichten, den Kindern seines 1966 verstorbenen Bruders Wieland, noch weniger von Kritikern und überhaupt nichts von Journalisten. Die Generalproben seiner traditionell hausbackenen Wagner-Inszenierungen, die stets an den aufregend mutigen von Wieland gemessen wurden, waren deshalb für öffentliche Meinungsmacher gesperrt. *Off limits.* Wummi aber hatte einen Plan, um das Verbot zu umgehen. Er kannte sich von Kindesbeinen an bestens aus im Festspielhaus, wo er mit Schulfreunden einst Räuber und Gendarm gespielt hatte, wusste deshalb, welche Kellerfenster offen standen im Sommer und wie man ungesehen von dort nach oben in den Rang gelangen würde. Dorthin nahm er mich mit.

Wir saßen verborgen im Halbdunkel, während unten Onkel Wolfgang in fränkischem Idiom seine Regieanweisungen für den *Ring des Nibelungen* gab. Mit den Tarnkappen, die Wummi aus der Requisite hatte mitgehen lassen, hätten wir uns als Statisten ausgeben können, sozusagen als Tarnkappen-Trolle, falls wir vom Hausmeister entdeckt worden wären. So genau dürfte der die Rollen im Werk wohl nicht kennen, meinte Wummi. Unentdeckt schlichen wir nach ein paar Stunden wieder zurück in die Sonne. Draußen warteten zwei Mädchen auf uns. Keine heiligen Mägdelein à la Richard Wagner.

Nachts sprangen wir alle in den Pool der Villa Wahnfried, für die Wummi Schlüssel besaß. Das Haus war leer. Seine Großmutter Winifred, die einst Hitler anhimmelte wie Gottes Zweitgeborenen, schien verreist zu sein. Aus dem Lautsprecher auf der Terrasse erklang Ray Charles. Darüber stand in meinem drei Tage später erschienenen Text, formal komponiert in fünf Aufzügen, selbstverständlich nichts. Das war zu privat. Es dürfte aber bis heute eine Aufführung der einmaligen Art gewesen sein, weil wahrscheinlich seitdem bei Wagners im Park nachts nie wieder die Musik eines blinden schwarzen amerikanischen Soulstars zu hören war.

Schwerblütiges leichtfüßig rüberzubringen und Essenzielles bunt zu verpacken ist das Wesen guter Unterhaltung. Diese Kunst braucht mehr noch als das Seriöse handwerkliches Können, um ernst genommen zu werden. Doch über Empathie kann ebenso ein Weg zur Wahrheit führen wie über Fakten, kann Berührendes Verdrängtes ebenso lösen wie eine fachgerechte Therapie. In Deutschland gelang mit einer Hollywood-Serie, was Historikern nicht gelungen war: Aufklärung. Alle hätten längst zwar alles wissen können. Fast fünfunddreißig Jahre nach der Befreiung waren *Aufstieg und Fall des Dritten Reiches*, so der Titel einer Studie des Historikers William S. Shirer, in vielen Büchern und Dokumentationen beschrieben worden. Sie hatten es aber offensichtlich nicht geschafft, die Ungeheuerlichkeit der Verbrechen den Deutschen so nahezubringen, dass sie sich kollektiv getroffen schämten für die Untaten der Väter. Es schien, als wäre die schiere Zahl von sechs Millionen ermordeten Juden zu unfassbar entsetzlich und somit zu unvorstellbar groß, als dass dies noch Schuldgefühle auszulösen vermochte. In Treblinka und in Auschwitz, in Buchenwald und in Bergen-Belsen, in Sachsenhausen und in Flossenbürg – der Tod war zwölf Jahre lang ein Meister aus Deutschland. Er hatte viele, zu viele willige Helfer, und er musste sie nicht lange bitten, ihm beim Morden zu helfen.

Psychologen und Psychiater definieren das Krankheitsbild Verdrängung als unbewusste Abwehr unangenehmer Empfindungen und Gedanken. Das Gewissen erscheint dann rein, unbelastet, frei. Die Verdrängung von Schuld lässt sich deshalb auch definieren als eine Volkskrankheit. Davon musste das Volk befreit werden. Mit welchen Mitteln auch immer. Da sogenannte seriöse Methoden nicht erfolgreich waren, eben mit denen der amerikanischen Unterhaltungsindustrie.

Die offensichtlich abstrakt gebliebene Dimension des Völkermords wurde 1979 durch die Fernsehserie *Holocaust* greifbar gemacht und dadurch begreifbar. Was der fiktiven Familie Weiss in Marvin J. Chomskys Film geschah, ließ ihre Nachbarn, die sie vor Hitlers Rassenwahn für ihre Freunde hielten, unbeeindruckt. Mehr noch. Sie gehörten zur sogenannten Herrenrasse, ließen sich von der SS in schwarze Uniformen kleiden und hielten fortan Judenmord für eine deutsche Primärtugend. Fühlten sich zudem bestätigt, als ihnen ihr vorgesetzter Mordbube Heinrich Himmler attestierte: »Von euch werden die meisten wissen, was es heißt, wenn 100 Leichen beisammen liegen, wenn 500 daliegen oder wenn 1000 daliegen. Und dies durchgehalten zu haben, und dabei – abgesehen von menschlichen Ausnahmeschwächen – anständig geblieben zu sein, hat uns hart gemacht und ist ein niemals genanntes und niemals zu nennendes Ruhmesblatt.«

Fernsehunterhaltung in Form einer klassischen Soap Opera aber schaffte, was Historiker nicht erreicht hatten: aufzuklären und die Mauer des Totschweigens in Familien zu brechen. Hitler-Biograf Joachim Fest deutete den Erfolg des TV-Vierteilers als »Offenbarungseid: Die Entfremdung zwischen Fachleuten und Öffentlichkeit ist selten so entmutigend sichtbar geworden. Das von Historikern und Publizisten seit Jahren beklagte Desinteresse der Öffentlichkeit an der Vergangenheit entpuppte sich hier als das, was es in Wahrheit ist: das Desinteresse von Historikern und Publizisten an der Öffentlichkeit.« Vergaß dabei aber tunlichst, dass Historiker wie Saul Friedländer oder Raul Hilberg längst die Taten der Großväter und Väter beschrieben hatten, sich jedoch nach dem deutschen Motto »Mein Opa war kein Nazi« die meisten Nachkommen der Täter nie dafür interessiert hatten.

Belegbar durch Zahlen: Fünfzehn Millionen Deutsche, was einer in den Dritten Programmen bis dato nie und seither nie wieder erreichten Quote von 41 Prozent entsprach, schalteten im Januar 1979 an vier Abenden die Serie ein. »Das Grauen schwappte in die guten Stuben«, schrieb ein Fernsehkritiker und traf mit diesem einfachen Satz die Gemütslage der Nation. Ein anderer dagegen bemängelte Fehler in der Ausstattung, was der Schriftsteller Leopold Ahlsen mit dem treffenden Satz konterte: »Wen angesichts solcher Leiden nichts anderes ankommt als kleinliche Detailfuchserei, der, mit Verlaub, hat das Gemüt eines Metzgerhundes.«

Dass *Holocaust* nicht im Gemeinschaftsprogramm der ARD ausgestrahlt wurde, lag am Fernsehdirektor des Bayerischen Rundfunks, Helmut Oeller. Er drohte damit, dass sich sein Sender ausschalten würde, falls die Serie im Ersten liefe: »Wir haben es nicht nötig, unsere Geschichte von anderen aufarbeiten zu lassen.« Am liebsten wohl gar nicht, aber das sagte er natürlich nicht. Auch diese nach wie vor durchaus gebräuchliche Attitüde des »Mia san mia« und »Uns kann keiner« war erneut ein Beleg dafür, wie fragil noch immer der Burgfriede war, auch zehn Jahre, nachdem er in Gestalt der Großen Koalition in Kraft getreten war. Sprache ist verräterisch. Bis heute.

64

Wer freudige Ereignisse mit einem »inneren Reichsparteitag« vergleicht oder begeistert erzählt, bis zum Vergasen getanzt zu haben, muss sich nicht weiter erklären.

Um des öffentlich-rechtlichen Friedens willen gab die ARD nach. In der DDR waren die dritten westdeutschen Programme nur in Grenzregionen oder in Ostberlin zu empfangen. Prompt nutzte die staatliche Presse die Chance für volksverdummende Lügen in der Tradition der anderen deutschen Lügenpresse, jener aus dem Dritten Reich. Da man zum moralisch guten Teil der Nation gehöre, da man über die Gräuel der Nazizeit schon lange bestens informiert sei, da die Verdrängung der Schuld ein rein westdeutsches Problem sei, denn dort seien noch immer ehemalige Nazis im Amt, habe das eigene Volk nichts versäumt. Nachfragen oder gar Recherchen über Naziverbrecher in staatlichen Funktionen der DDR, die es gab, waren drüben nicht erlaubt.

Im bösen Westen dagegen zeigte das Nachbohren immerhin Wirkung. Als Rolf Hochhuth dem CDU-Ministerpräsidenten Hans Filbinger attestierte, ein furchtbarer Jurist gewesen zu sein, weil er noch im Mai 1945 als Marinerichter Todesurteile gegen Deserteure gefällt hatte, und als der glaubte, mit der Erklärung, was damals rechtens war, könne heute nicht Unrecht sein, ungestraft davonzukommen, genügte ein kurzer Aufschrei der freien Presse der alten Bundesrepublik, und Hans Filbinger, der unbelehrbar blieb bis zu seinem Tod, musste zurücktreten.

Unsere leichtlebige Geliebte München schien noch immer so jung zu sein, wie wir in ihrem Schoß einst liebten. Nur wir waren ein paar Jahre weniger jung. Inzwischen machten wir Hamburg den Hof, der spröden Schönen. Ein falscher Satz von uns, und sie wandte sich ab. Wer dieses Spiel mit ihr nicht aushielt, ging geschlagen zurück in die weiß-blaue Welt des Scheins. Auf die schauten wir vom strahlend hellen Stern des Nordens selbstbewusst herab.

Weil neben Stars und ihren Affären, neben Pop und Film und Kunst einfach alles, was im Fernsehen ausgestrahlt wurde, im Ressort Kultur + Unterhaltung angesiedelt war – was von den politisch relevanten Köpfen der Redaktion herablassend-freundlich als notwendiges Zugeständnis bezeichnet wurde zur Erreichung hoher Auflagen, weshalb sie bei der Ausübung ihrer angeblich höheren Aufgabe der Aufklärung in vollen Kirchen predigen konnten –, musste ich, nein durfte ich mich um die journalistische Aufbereitung der vom »Hollywood-Holocaust« ausgelösten Emotionen kümmern.

Gedruckt wurde die Titelgeschichte im Heft, das am 1. Februar 1979 erschien, sechs Tage nach der letzten Folge der TV-Serie, unter der Überschrift »So war es«, fünfundzwanzig Doppelseiten mit Bildern aus Konzentrationslagern. Bei den Grafikern im Layout, die alle Fotos anschauen mussten, herrschte Schweigen. Es lief nicht wie üblich laute Musik im Radio. Es wurde noch mehr getrunken als sonst. Chefredakteur Henri Nannen erfasste wie so oft zuvor instinktiv den Zeitgeist und sich an die eigene Brust. Auf seinen Leitartikel, den Brief an die »Lieben Stern-Leser«, Titel »Ja, ich war zu feige«, waren wir so stolz wie eine Großfamilie auf ihren Vater:

Habt ihr das gewusst, lautet die Frage unserer Kinder und Enkelkinder, seit Holocaust letzten Freitag zu Ende ging. Und wenn ja, wie konntet ihr es zulassen? Ich sehe förmlich, wie Sie sich gewunden haben unter dieser Frage. Sie hatten doch nie etwas gegen die Juden gehabt. Sie haben kein Blut an den Händen. Sie haben Ihren Nachbarn Josef Weiss nicht denunziert. Sie haben

66

ihn, wenn gerade niemand hinsah, sogar noch gegrüßt, als er Ihnen, gezeichnet mit dem gelben Judenstern, auf der Straße begegnete. Und als man sie dann abholte, die Weiss', die Levis, die Cohns und die mit den deutschen Namen Windmüller und Visser und Glöss und wie in meiner Heimatstadt Emden die Juden hießen, wohin kamen sie? Haben Sie wirklich geglaubt, man bereite denen, die man da vor Ihren Augen auf Lastwagen lud und in Viehwaggons sperrte, irgendwo im Osten als Umsiedler eine neue Heimat? Wir hätten es wissen müssen, wenn wir es nur hätten wissen wollen. Wer Soldat im Osten war, dem konnten die Judenerschießungen, die Massengräber und beim Rückzug die ausgebuddelten und verbrannten Leichenberge nicht verborgen bleiben. Ich jedenfalls, ich habe gewusst, dass im Namen Deutschlands wehrlose Menschen vernichtet wurden, wie man Ungeziefer vernichtet. Und ohne Scham habe ich die Offiziersuniform eines Offiziers der deutschen Luftwaffe getragen. Ja, ich wusste es, und ich war zu feige, mich dagegen aufzulehnen.

Vier Jahre später stand er kniehoch in einer anderen Nazischeiße. Sein damaliger Schlusssatz, »ich war zu feige, mich dagegen aufzulehnen«, passte unter anderen Vorzeichen erneut. Braune Brühe war von einigen wenigen, die wir gut zu kennen glaubten, persönlich angerührt worden. Aber wir gehörten, obwohl frei von Schuld, zur Familie. Die auf dem Cover des *Stern* verkündete Weltsensation »Hitlers Tagebücher entdeckt« kannten zwar bis zur Veröffentlichung nur ein paar Eingeweihte in Verlag und Redaktion, die blind vor Geldgier, Dummheit, Ruhmsucht jene handschriftlichen Dokumente

67

heimlich besorgt, bezahlt, bewacht, aber nie ernsthaft geprüft hatten, ob die angeblichen Tagebücher Hitlers auch echt waren. Die Trennung zwischen *denen* und *uns* half in der Öffentlichkeit nicht. Die wahrlich nicht immer moralische Anstalt *Stern* wurde öffentlich vorgeführt als Irrenanstalt mit angeschlossener Fälscherwerkstatt.

Im Unterschied zu normalen Anstalten allerdings auch geleitet von Irren. Die Nachrichtenagentur Associated Press verbreitet am 6. Mai 1983 um 13.27 Uhr per Telex-Eilmeldung – Twitter war noch nicht erfunden –, dass nach Erkenntnissen des Bundeskriminalamts die »angeblichen Tagebücher Adolf Hitlers im Besitz des *Stern*« gefälscht sind. Das gab Innenminister Friedrich Zimmermann, vom *Stern* oft als »Old Schwurhand« der CSU vorgeführt, gleichzeitig in Bonn bekannt. Er strahlte schadenfreudig glückselig.

Einige Minuten später hätte man bis hinüber zum anderen Ufer der Alster einen kollektiven Schrei des Entsetzens hören müssen, doch diese Metapher stimmt mit der Wirklichkeit ebenso wenig überein wie anfangs jenes Bild von der Stadt, die ihren Atem anhielt. Es herrschte fassungsloses Entsetzen, ohnmächtig stumme Wut. Alle ahnten, was dieser größtmögliche journalistisch-politische GAU bedeutete. Der *Stern* würde blitzartig erlöschen. Mit 1,8 Millionen Auflage das größte Magazin der Republik, gefürchtet von Mächtigen, was denen, die ihn machten, ebenfalls Macht verlieh. Mit unserer Arroganz der geliehenen Macht sollte es vorbei sein. Rückblickend betrachtet war das die einzige positive Folge des Skandals.

Für die sechzig Tagebücher, die ab 1980 von »Star«-Reporter Gerd Heidemann besorgt wurden, hatte der Vorstand des Hauses zunächst an der Chefredaktion und an Herausgeber Nannen vorbei, dann mit deren Zustimmung 9,34 Millionen Mark bezahlt. Dass sie allenfalls das Papier wert waren, auf dem sie gefälscht wurden, fanden Stern-Redakteure, die ihr Handwerk beherrschten, bereits zehn Stunden nach der BKA-Enthüllung heraus. Die wichtigsten Ergebnisse ihrer Recherchen: Der Tagebuchfälscher Fischer, dessen Namen Heidemann preisgab, wobei sich die, die ihn befragten, zähmen mussten, wie sie uns später erzählten, ihm nicht »bei jeder Frage in die Fresse zu schlagen«, war in Wirklichkeit ein dubioser Stuttgarter Militariahändler namens Konrad Kujau; dessen Bruder Heinz, der die Hitler-Kladden in den Westen geschmuggelt haben soll, war nicht General der Nationalen Volksarmee, sondern Gepäckträger bei der DDR-Reichsbahn; Kujaus Schwager war nicht Museumsdirektor im ostdeutschen Löbau, sondern Heizer im örtlichen Krankenhaus; die Tagebücher, laut Stern-Veröffentlichung in Kisten geborgen aus einer im April 1945 abgestürzten Ju 352, seitdem von einem Bauern versteckt, waren auf Papier geschrieben worden, das erst nach dem Krieg hergestellt wurde.

Nicht die Geschichte des Dritten Reiches musste, wie großmäulig im Heft angekündigt, in großen Teilen also neu geschrieben werden, sondern die Geschichte des Magazins. Die Grundregel, in der hundert Meter entfernten hauseigenen Journalistenschule gelehrt, im Falle eines Falles zunächst Belege zu suchen, warum etwas nicht stimmen kann, und erst dann, wenn sich dafür kein Beleg findet, mit der eigentlichen Recherche zu beginnen, war unentschuldbar sträflich außer Kraft gesetzt worden.

Das alles erfahren wir über den Flurfunk. Nach unruhigem Schlaf, unterbrochen von Telefonrundrufen über neue Entwicklungen in der Affäre, trifft sich die nun nicht mehr schweigende Redaktion am Tag danach im Stern. Wir fordern den Rücktritt aller Verantwortlichen. Niedergeschlagen

69

trotzig bauen wir auf Rettung durch den Übervater Nannen, ohne den viele nie geworden wären, was sie sind. Hochverrat ist bekanntlich aber eine Frage des Datums. Nannen gehört bald zu den Hochverrätern. Zuvor hat er das erste Heft nach dem Skandal komponiert, in dem der *Stern* rücksichtslos – aber wie auch sonst? – über sein Versagen berichtet, hat durch seine massige Präsenz getröstet. Doch jetzt, eine Woche nach dem Desaster, versetzt ausgerechnet er den nächsten Schlag, verkündet die Nachfolger der entlassenen Chefredakteure. Hervorragende Journalisten, aber beide auf der anderen Seite des politischen Spektrums zu Hause. Also bei den Konservativen, die wir zu attackieren so liebten, weil es unsere journalistische Raison d'être war.

Der »Putsch von oben« soll mit einem Aufstand von unten verhindert werden, einschließlich des nun unvermeidlichen Vatermords. Als Strategie wird einstimmig beschlossen, rund um die Uhr die Arbeitsplätze zu besetzen. Für den Hauskampf werden die Reservisten eingezogen: alle Korrespondenten, aus Rio, Hongkong, New York, Paris, Moskau, London, Wien, Rom und die aus deutschen Städten sowieso von den Ressortleitern nach Hamburg beordert. Auf Kosten des Verlages, versteht sich. Keiner fliegt Economy.

Sechs Tage und Nächte solidarisieren sich mit den Aufständischen die Köche, die Pförtner, die Boten, die Drucker, viele Gastwirte, die allabendlich Speisen abliefern, damit wir zumindest physisch nicht umfallen. Für eine Demonstration durch die Innenstadt von Hamburg, am Straßenrand beklatscht von mitleidenden Lesern, oder für Vollversammlungen in der Universität wie einst, als wir noch jung waren, verlassen wir kurzfristig die Festung, im Volksmund »Affenfelsen« genannt. Drinnen erblühten bei den Debatten bislang verborgene Talente. Ein Autotester zitiert Karl Marx, ein Archivar komponiert Schlachtgesänge, und weil Frühling ist, kommt es nachts zu interdisziplinären Vereinigungen. Es endet die Schlacht in einem faulen Kompromiss. Einer der beiden uns verordneten neuen Chefredakteure, Johannes Gross, verzichtet, der andere, Peter Scholl-Latour kommt. Er wird keine bleibenden Spuren im *Stern* hinterlassen, aber mit seinem untadeligen Ruf und seiner Prominenz auf sogenannten Roadshows bei Anzeigenkunden die Bilanzen und damit unsere hochdotierten Jobs retten. Nach der gescheiterten Revolution, Sternstunden des Berufslebens, trotten wir, diesmal sichtbar um Jahre gealtert, wieder zurück in den Alltag. Die Erbsünde namens »gefälschte Tagebücher« war fortan eine Erblast des *Stern*, und die lastete unabhängig von Person und Funktion auf allen. Kein Grund für Selbstmitleid. Wäre die Konkurrenz auf eine solche Fälschung hereingefallen, hätten wir die ohne zu zögern ebenso gnadenlos vorgeführt wie die uns.

Kleine Fluchten entpuppen sich manchmal als große Abenteuer und für mich sogar einmal als Anstoß für ein zweites Leben. Auf dieser konkreten Reise, knapp zwei Jahre vor dem GAU der gefälschten Tagebücher, ging es von Hamburg über Paris zunächst nach Nantes, dann mit einem Mietwagen nach Quiberon an die Atlantikküste. Fotograf Robert Lebeck, den wir Bob nannten, ein Weltstar ohne Allüren, aber mit Eigenheiten, schlummerte auf dem Rücksitz. Im Foyer des Hotels, bekannt für diskrete Prominenten-Kuren, warteten Menschen in Mänteln, deren Taschen flaschenförmig ausgebeult waren, auf die Lifts zu ihren Appartements. Manche sahen bekannten Schauspielern aus französischen Schwarz-Weiß-Filmen nicht nur täuschend ähnlich, sie waren es auch.

Bob döste in einem Sessel, seine rechte Hand ruhte auf der

71

Kamera. Plötzlich wachte er auf. Der scheinbar schlafende Löwe hatte die Frau, die auf uns zukam – Kopftuch, Trenchcoat, dunkle Brille –, an ihren stampfenden Schritten erkannt. Er erhob sich und ging ihr entgegen und lächelte, als hätte er schon ein Leben lang auf sie und diesen Moment gewartet. Lebo, sagte Romy Schneider zärtlich und küsste ihn, hoch sich reckend, auf den Mund. Beide schienen eine Erinnerung zu teilen. Bob eroberte offenbar bei seinen Reportagen Menschen nicht nur durch seine Fotos. »Hättest du auch den toten Barschel in der Wanne fotografiert?«, werde ich ihn mal fragen, nachdem das Foto auf dem Titel des *Stern* erschienen war? »Aber selbstverständlich«, lautete seine Antwort, verblüfft darüber, dass man dies überhaupt infrage stellen könnte.

An der Bar des Hotels wurde wegen der besonderen Probleme seiner besonderen Gäste kein Alkohol ausgeschenkt. Deshalb vorhin viele so ausgebeulte Manteltaschen. Also hinaus in die Nacht. Im Ort hatte nur eine einzige Kneipe noch geöffnet, weil dort eine Hochzeit gefeiert wurde. Nüchtern war keiner mehr. Selbstverständlich gab es Champagner. Auch für uns. Als ein älterer Mann, offenbar ein Fischer, mit dem Satz »Vous êtes Sissy?« gegen drei Uhr morgens den Star zum Tanz auf die leere Diele zog, nach den Klängen des Beatles-Songs »Help«, hatte Bob sein Foto. Es sollte eines seiner berühmtesten werden. Ein unsterbliches. Das Erkennen solcher Momente für die Ewigkeit war seine Kunst, aber solches Lob belächelte Bob nur milde. Er halte doch nur fest, was er sieht, habe in diesem Moment nur einen Augenblick ergriffen, das sei keine Magie, nur Handwerk. Außerdem war der Fischer kein Fischer, wie sich später herausstellte, sondern ein in der Bretagne bekannter fischender Poet.

Lebeck fotografierte in der nicht mehr jungen Nacht und am Tag und in der folgenden wiederum langen Nacht Romy

72

Schneider aus nächster Nähe. Er verletzte sie nicht, zeigte aber die auf ihrem Gesicht sichtbaren inneren Verletzungen, die ihrer Seele. Romy Schneiders Antlitz, in vielen Szenen ihrer Filme groß zu sehen, ist das Bild, das ihre Fans bis heute, Jahrzehnte nach ihrem Tod, im Herzen tragen. Beim Blick in den Spiegel glauben sie Seelenverwandtschaft zu entdecken. So lebt die Tote mit ihnen fort. Das Foto von Robert Lebeck, das sie tanzend mit einem bretonischen Fischer festhält, nachts in jener Kneipe in Quiberon, haben sie auch geschlossenen Auges vor Augen. Aufgrund solcher Nahaufnahmen machen sie sich aus der Ferne ein Bild von ihr. Dieses Bild ist, wie alle Bilder von der Kinoleinwand, unzerstörbar und zeitlos, denn es altert nicht, bleibt verloren halbzart, wie sie im Leben war. Viele Frauen erblickten Parallelen zu ihren eigenen Biografien. Die Vergötterte litt zwar auf einem anderen Niveau, aber ein Märchenprinz kann Alain heißen oder Moritz, das ist letztlich egal. Die unten im dunklen Saal haben zu ihr im Scheinwerferlicht aufgeblickt und sie um ihr glamouröses Leben beneidet, sie beneidete die im dunklen Saal um deren Alltag. Doch in Zeiten, da Romy Schneider glaubte Geborgenheit gefunden zu haben in einem ihrer Alltage, wurde sie unruhig, weil ihr der große Auftritt auf dem Boulevard der Dämmerung fehlte. Sie war süchtig nach Leben, aber sie fand es nur in ihren Rollen.

Hätte sie denn nicht zum Mythos werden können, ohne gleich sterben zu müssen? Greta Garbo hat das mit dem einfachen Trick geschafft, sich von einem bestimmten Zeitpunkt an den Kameras zu entziehen, den öffentlichen Tod in Kauf zu nehmen als Preis fürs Leben. So blieb sie jung in Erinnerung. Marlene Dietrich wäre es fast gelungen, aber sie hat den tödlichen Fehler begangen, ab und an aus ihrem abgedunkel-

73

ten Apartment in Paris ein Lebenszeichen zu geben. So blieb sie als Star lebendig in Erinnerung, aber zum Mythos wie bei Romy Schneider hat es nicht gereicht.

Und wenn man dazu noch so eine unsterbliche Leiche abgibt wie Romy Schneider, die ein Jahr nach unserem Besuch in der Bretagne, am 29. Mai 1982, 43 Jahre und 58 Filme alt, tot in einem Pariser Apartment aufgefunden wurde, dann werden daraus ganz leicht moderne Mythen. Aber so simpel wie die Volksweisheit, dass die Götter früh zu sich nehmen, wen sie lieben, ist es nicht. Mythen entstehen erstens, weil sich an bestimmten Idolen bereits zu Lebzeiten – und post mortem erst recht – die Fantasien von Massen kristallisieren. Zweitens nur dann, wenn diese Idole nicht an Altersschwäche oder Krankheiten sterben wie andere Sterbliche. Sonst wären viele nie zu unsterblichen Legenden geworden.

Oder will man sich das vorstellen: Der Rentner James Dean bei Tempo 30 vorsichtig auf eine Kreuzung zusteuernd? Der magere Vegetarier Elvis Presley für US-Soldaten in Afghanistan singend? Die grauhaarige Marilyn Monroe ihren Enkeln vorlesend? Che Guevara als Minister für Tourismus in Kuba, der Obama begrüßt? Maria Callas als Carmen auf Bädertournee? John Lennon als Professor für angewandte Rockmusik in Liverpool oder Rudi Dutschke, der im Dezember 1979 an den Folgen des Berliner Attentats in der Badewanne ertrank, als parteiloser Bürgermeister in seinem Geburtsort Schönefeld bei Luckenwalde?

Zu einem Mythos gehört ein Märchen – und wenn sie nicht gestorben sind, dann leben sie noch heute, heißt es bei denen stets am Ende –, aber vor allem Sehnsucht: Es muss noch mehr als alles geben. Mythische Figuren sind *larger than life*, und dies vor allem nach ihrem Tod, sind Projektionsflächen im kollektiven Unterbewusstsein vieler Menschen.

Romy Schneider, die in Frankreich schon zu Lebzeiten als unsterblich gefeiert wurde und in Deutschland erst wieder nach ihrem Tod, klagte oft in der ihr eigenen Koketterie, für andere unlebbar zu sein. Am Ende war sie es für sich selbst. Sie wäre zwar kein Star geworden ohne die Begabung, Sehnsüchte zu wecken, traumhafte Bilder auszulösen. Sie lebte vor der Kamera, alles dahinter war nur ein Versuch zu leben. Doch wenigstens durch das Kino wollte sie leben für immer. Das hat sie ja auch geschafft.

Das alles fällt mir erst viel später ein. Das schreibe ich erst zehn Jahre danach. In Quiberon war ich nur ein Junge vom *Stern*, und der wollte möglichst schnell zurückkehren nach Hamburg mit einem exklusiven Interview. Bob dämpfte meinen Ehrgeiz. Romy Schneider duzte mich. Wir gingen Austern essen. Sie gab das Interview frei, und als es Wochen danach als Titelgeschichte erschien, Fotos Bob Lebeck, ruft sie an und duzt mich noch immer. Die verkaufte Auflage machte gegenüber anderen Heften einen Sprung um siebzigtausend Exemplare. Das war und ist die einzige Währung, die zählte und zählt. An der werden bis heute immer noch Chefredakteure gemessen.

In der Nacht, in der am 9. November 1989 kurz vor 19 Uhr das Mitglied des SED-Zentralkomitees Günter Schabowski während einer live übertragenen Pressekonferenz von seinem Zettel einen sogenannten Regelungsentwurf für ein neues Reisegesetz abliest, sitzt der Chefredakteur des *Stern* in seinem Eckzimmer am Schreibtisch. Er wartet auf die gleich beginnenden »Heute«-Nachrichten des ZDF. Auf der Terrasse vor seinem Büro, Blick auf die Alster, steht eine vom Regen rostgetränkte Plastik, die einen hungrigen Wolf symbolisieren soll. Jetzt ist der nicht mehr zu erkennen, es ist dunkel. Der Chefredakteur bin ich. In neunzig Tagen werde ich mich

75

vom Wolf verabschieden müssen, weil ich im gegenseitigen Einvernehmen gefeuert wurde, aber das ahne ich natürlich noch nicht.

Um 19.04 Uhr meldet dpa, Schabowski habe bestätigt, dass die Reisefreiheit von Ost nach West ab sofort für »alle Grenzübergangsstellen der DDR zur BRD beziehungsweise zu Westberlin« gelte. Eine Nachrichtenredakteurin bringt mir eine Minute später diese Agenturmeldung. Um 19.17 Uhr zeigt »Heute« die Szene, in der Schabowski, ein wenig stotternd, aber unmissverständlich die Passage über die sofortige Öffnung der Grenzübergangsstellen vorliest. Um 19.31 Uhr meldet die italienische Nachrichtenagentur ANSA den Fall der Berliner Mauer. Es ist geschehen, was Bundeskanzler Helmut Kohl den »Mantel der Geschichte« nennen wird, der stets nur für Momente wehe. Er hat ihn ergriffen und festgehalten und sogar angezogen.

Das liest sich mal gut in Geschichtsbüchern, aber für solche Gedanken haben wir ab 19.32 Uhr in den folgenden Stunden keine Zeit. Wir müssen berichten, was ist, Geschichte live erlebend. Keiner weint patriotische Freudentränen. Keiner ist müde. Was bis vor einer Stunde noch aktuell war, taugt jetzt nur noch für den Papierkorb. Diese Nacht der Freiheit, diese Nacht der Deutschen, die sich niemand als Realität je hat vorstellen können, muss mit Fotos und Texten für eine historische Ausgabe festgehalten werden. Der *Stern* wird am folgenden Montag erscheinen statt wie gewohnt donnerstags.

Morgens um halb vier fahre ich nach Hause, um ein paar Stunden zu schlafen. Hinter der Kurve am Park steht mit aufgeblendeten Scheinwerfern ein Peterwagen. So heißen die Einsatzfahrzeuge der Polizei in Hamburg. Ein Polizist hält die Kelle in der erhobenen Hand und winkt mich an den Straßenrand. Ich drehe die Fensterscheibe runter. Wo ich um diese Zeit herkomme, fragt er und schnüffelt ins Wageninnere nach meinem Atem. Ich stinke aber nur nach kaltem Zigarettenrauch. Aus dem Büro, sage ich, aus dem Büro. Das weckt sein Misstrauen. Aus dem Büro? Um diese Zeit? Ich möchte, dass Sie mal ins Röhrchen pusten.

Mann, sage ich, Mann, die Mauer ist gefallen, die Mauer. Seine Miene erstarrt: Jetzt pusten Sie erst recht. Das Ergebnis bereitet ihm und seinem Kollegen keine Freude, aber dann endlich glauben sie mir. Wir rauchen gemeinsam. Sie können nicht fassen, was ich ihnen berichte. Ich auch noch nicht. Es hört sich an wie ein Märchen aus Tausendundeiner Nacht. War es dank Günter Schabowskis Versprecher ja. Dann wünschen sie gute Fahrt und eine gute Nacht. Die werde ich ebenso wenig vergessen wie jenen Tag im September 1972, als unsere Geliebte vergewaltigt wurde, als München den Atem anhielt.

War es so? Doch, ganz bestimmt. Es sei denn, die Erinnerung betrügt uns, weil es schon lang her ist, dass wir noch jung waren.

3

Vom Kampf der alten gegen die neuen Medienmächte

Manche Siege der digitalen über die analogen Welten sind einfach zu schildern, weil alle sie verstehen, Alte wie Junge, Profis wie Laien. Follower auf Twitter haben die Verheißung von Freunden fürs Leben ersetzt. Snapshots per Instagram sind die Totengräber der klassischen Fotografie. Selbstentblößung auf Facebook ist beliebter als die Wahrung der Privatsphäre. Kann aber, was auch alle wissen, böse Folgen im analogen Alltag haben. Das Internet aber, von verstörten Alten verabscheut als Mutter aller ungebildeter Bastarde, ist ein revolutionärer Fortschritt. Nur digital können soziale Medien den Sprachlosen eine Stimme geben, sie auf Facebook gegen Autokraten unterstützen oder twitternd enthüllen, was früher die Mächtigen unter sich ausmachten oder heute in Briefkastenfirmen auf den Cayman Islands, in Liechtenstein, in Panama verbergen. Drei simple Beispiele, ausgewählt nach dem Prinzip Zufall, sollen zunächst genügen, bevor es detailliert eigenartiger wird.

Beispiel eins: Statt wie früher Papiervordrucke auszufüllen und zu versenden, reicht heute die in Sekunden vollzogene Überweisung mittels Online-Banking. Unverändert allerdings gilt als Voraussetzung für die Transaktion ein belastbarer Kontostand.

Beispiel zwei: Statt wie einst die Fotos von der Hochzeit ins Familienalbum einzukleben, wofür es Klebstoff sowie Altvordere brauchte, die wussten, wer denn dieser Typ mit der Glatze ist, genügt es heute, die im Chip der Digitalkamera versammelten Aufnahmen per Rundmail an alle Verwandten zu schicken. Wer mag, kann sich damit selbst ein Gesamtbild machen und es auf seinem Computer sichern. Dieser Digitalvertrieb hat zudem doppelten Nutzwert. Falls das frisch getraute Doppel wieder getrennte Wege geht, lassen sich die Dokumentationen einstigen Glücks per Klick wieder löschen.

Allerdings sind die Aufnahmen im Gegensatz zu den früher im Fachgeschäft entwickelten Fotos für immer *lost in space*, falls eine Festplatte, auf der sie gespeichert sind, ins Nichts abstürzt. Die in haptisch ansprechenden Alben versammelten Aufnahmen überfallen zwar im Laufe der Jahrzehnte Patina und Braunstich, aber einfach verschwinden werden sie nie. Sie altern, zusammen mit den Familien, zu denen sie gehören. Weshalb das Fotoalbum mehr als nur ein Relikt aus alten Zeiten ist, sondern vielmehr im Stammbaum der Familie ein tragender, ein starker Ast.

Beispiel drei: Statt wie vormals in der guten alten Zeit eine Vinyl-Schallplatte sorgsam zu entstauben, vorsichtig auf den sich bereits in LP-Geschwindigkeit 33 U/min drehenden Plattenteller zu legen, feinfühlig die Nadel in die erste Rille zu legen, um dann The Doors und Jim Morrison zu hören:

This is the end, beautiful friend
This is the end, my only friend, the end
Of our elaborate plans, the end
Of everything that stands, the end
No safety or surprise, the end

79

I'll never look into your eyes, again
Can you picture, what will be, so limitless and free
Desperately in need of some stranger's hand
In a desperate land…

statt all dem also entfällt heute das Vorspiel. iTunes, Spotify & Co. befriedigen im Sekundentakt selbst ausgefallene Wünsche. Jetzt wird es persönlich. Das liegt aber nicht an berufsspezifischer Selbstbeweihräucherung nach dem Motto: Du warst gut, wie war ich?, das auf dem journalistischen Jahrmarkt der Eitelkeiten vorherrscht, sondern nun mal am Wesen eines persönlichen Rückblicks. Anfangs tauchen da Szenen auf, die noch vor zwanzig, fünfundzwanzig Jahren zum großstädtischen Panorama gehörten, aber heute aus dem Alltag auf Nimmerwiedersehen verschwunden sind. Zu sehen wären auf jenen Bildern der Erinnerung ursprünglich Menschen, die mit ausgebreiteten Armen eine Zeitung lesen, fast so, als müssten sie sich an deren Rändern festhalten. Damals gehörten derartige Leser-Prototypen, junge wie alte, mehr Männer als Frauen, zur Stadtlandschaft und waren überall sichtbar. In Cafés. In der U-Bahn. Im Zug. Im Bus. Auf einer Parkbank.

Als dann die Arme enger am Körper anlagen, waren es noch immer Zeitungen, die man sich hielt. Gedruckt nunmehr im verkleinerten und Papierkosten sparenden Berliner Format, was die Armhaltung erklärte. Sie passten zum anschwellenden Großstadtleben, wo pro Mensch nicht mehr so viel Freiraum zur Verfügung stand wie noch einst in den guten Zeiten. Seriöse Gazetten wahrten ihre traditionelle Form. Sie trieben sich lieber nicht auf vollen Straßen herum, sondern als Hausgäste im bürgerlichen Ambiente.

In den Metropolen London und New York überschwemmten längst schon Tabloids den Pressemarkt und boten dort heimischen Massen ein tägliches Brot mit wechselndem Aufschnitt in Gestalt von fetten Schlagzeilen, wenig Text und vielen Bildern. Nach diesem Vorbild war von einem mit instinktivem Gespür für Volkes Bedürfnisse gesegneten journalistischen Verleger bereits in den 50er-Jahren in Deutschland die *Bild*-Zeitung erfunden worden, die aber trotz ihres massenkompatiblen Straßenjargons dem Format vertraute, das Axel Springer seit seinen Altonaer Jugendzeiten kannte.

Es ließen sich rückblickend sogar historische Vorlagen für die Wirkung von gedrucktem Alarmdeutsch finden, zum Beispiel die Flugblätter des revolutionären Theologen Martin Luther gegen die damals noch allein selig machende katholische Kirche. Den wortgewaltigen Prediger samt seinem fränkischen Art Director Lucas Cranach d. Ä. als Begründer der Gattung Boulevardpresse zu adeln ist ein überraschender und auf den ersten Blick eher absurd erscheinender Gedanke. Doch bei genauer Betrachtung nicht mehr ganz so abwegig. Zielgruppe von Luthers Polemik gegen Papst und Fürsten und geistlichen Ablasshandel war das gemeine, das ungebildete Volk. Bewirken konnte er nur dann etwas, wenn die Massen ihn verstanden und ihm folgten. Ob die seine Pamphlete stets Wort für Wort entziffern konnten oder nur mithilfe von Halbgebildeten den gemeinten Sinn begriffen, war letztlich gleichgültig.

Ohne Cai Lun und ohne Johannes Gutenberg wäre Luther für die Verbreitung seiner fünfundneunzig Thesen aus *Liebe zur Wahrheit und im Namen unseres Herrn Jesus Christus, Amen* nur die Predigerkanzel der Wittenberger Schlosskirche geblieben. Woraus man Papier gewinnt, hatte bereits vor rund 2000 Jahren der Chinese entdeckt, und wie man es bedruckt, um 1450 das Genie aus Mainz. Erst dank des Fortschritts namens Papier konnte Luther seine Widerworte mittels Bienenwachs angeblich am Kirchenportal befestigen – wofür nach wie vor der letzte Beweis fehlt – und anschließend per Flugblatt unter die Gläubigen streuen.

Ohne Papier und ohne Druckerpresse also keine die Massen begeisternde Reformationsbewegung. Ohne Papier keine Übertragung der Bibel ins Deutsche. Ohne Lun und Gutenberg keine Bücher. Mönche hätten ihre *Unique Selling Proposition*, lesen und schreiben zu können, handschriftlich in Klöstern für sich behalten und im Namen der Rose als Herrschaftswissen benutzt. Ohne Zeitungen keine Französische Revolution, und ohne die Texte von Dichtern und Denkern keine Aufklärung. Aus diesen Wurzeln wuchsen im Laufe der Jahrhunderte mächtige Bäume.

In deren Kronen saßen Herren der öffentlichen Meinung, Hearst und Sulzberger, Hugenberg und Scherl, Mosse und Ullstein, Pulitzer und Münzenberg, Henry Luce und Lord Astor. Sie verkörperten die damals jungen Mächte des 19. und des 20. Jahrhunderts. Die Macht der Medien. Ihre Macht setzten sie gezielt ein. Nicht nur zum Wohle des jeweiligen Volkes, sondern ebenso auch zur Durchsetzung des eigenen Weltbilds mit entsprechenden Vorgaben und Anweisungen an ihre Redaktionen, was gut und was böse zu sein und entsprechend im Blatt zu stehen habe.

Feinde der Demokratie, egal wo auf der Welt, egal in welcher Epoche, wussten stets, was sie nach einer Machtübernahme zuvorderst tun mussten, um ungestört Angst und Schrecken zu verbreiten: unabhängige Zeitungen verbieten und mit gleichgeschalteter Lügenpresse das Volk verdummen. Rückblickend bleibt der Trost, dass letztlich das freie gedruckte Wort siegte. Gegen riesige Armeen von Millionen Wörtern, die überall auf der Welt lauerten, hatten Despoten und Völkerschlächter meistens keine adäquaten Waffen.

Erst recht nicht heute in guten Zeiten. Facebook und Twitter sind digitale Interkontinentalraketen gegen Zensur und Unterdrückung. Zwar werden sie immer wieder abgefangen von Darth Vaders, die in China, Saudi-Arabien oder Russland regieren und ihren Bürgern die Landebahnen im Internet sperren. Aber irgendwann durchbrechen sie dank kluger Taktik und überlegener Technik die Firewalls der Gegner.

So optimistisch ließe sich die eine Wirklichkeit im Netz beschreiben. Aber jene per Facebook und Twitter veröffentlichten Meinungen, die rassistischen und antisemitischen Lügen und Verleumdungen auf den Websites der radikalen Rechten – Drudge Report, Breitbart News Network – haben in den USA die Präsidentenwahl entschieden. Der klassische Journalismus, *to tell nothing but the truth*, steckt in einer evolutionären Krise, vergleichbar den Umwälzungen der industriellen Revolution Mitte des 19. Jahrhunderts. Nie mehr wird es so sein, wie es einmal war. Weil es keinen mehr interessiert, ob gepostete News falsch sind oder wahr, solange sie nur die gewünschte Wirkung erzeugen. Donald Trump verhalfen sie zum Sieg. 38 Prozent der Postings und Meldungen auf den drei größten rechtspopulistischen US-Websites waren falsch oder gefälscht, berichtete die seriöse *New York Times* in ihrer Wahlanalyse.

Auf die digitale Weltrevolution waren Medienmächte, die in analogen Zeiten als *too big to fail* galten, nicht vorbereitet. Bei einigen vollzog sich der Abstieg, den Manager und Redakteure in einträchtiger Arroganz der Macht als vorübergehende Flaute betrachteten und nicht als Menetekel an der Wand, als schleichender Prozess über Jahre. Tatsächlich jedoch waren es Vorboten eines Tsunami. Als sie das endlich realisierten, war es bereits zu spät, um noch rettende Beiboote auf Kiel zu legen. Übersetzt in einst klingende Namen aus der damals existierenden Medienwelt: Dickschiffe wie *Look* oder *Life* oder *Newsweek* oder, nun ja: auch *Quick* gingen im Meer einer online anrollenden Brandung unter. In diesem Sog erwischte es ebenso mittlere und kleine Begleitschiffe der globalen Printflotte.

Andere beschworen selbst dann noch die überlegene Kraft des Gedruckten gegen die Propheten des World Wide Web wie Larry Page, Steve Jobs, Mark Zuckerberg, Biz Stone. Die aber scharten Millionen Jünger um sich und erschufen über Nacht neue Weltreiche im Netz. In denen funktionierten Formate des bisher nach Wünschen unterschiedlicher Zielgruppen aufgetischten klassischen Journalismus billiger, schneller, aktueller. Im Geschwindigkeitswettkampf hatten sogar die besten Alten aufgrund ihrer Produktionsbedingungen keine Chance mehr gegen die wagemutigen Jungen. Sie mussten sich dem Fortschritt anpassen, um nicht alle *Digital Natives* zu verlieren und diese Zielgruppe damit für immer. Das kostete viele als sicher geltende Arbeitsplätze in den Verlagen. Wie sich herausstellte, sind nicht alle vom Kostenmanagement um jeden Preis Betroffenen unersetzlich. Manager nicht, aber auch Journalisten nicht.

Unabhängig von analog oder digital, alt oder jung, gedruckt oder versendet gab es seit jeher und gibt es immer noch untote Wiedergänger im Journalismus. Zu denen gehören Lügen, Gegendarstellungen, Zitate anonymer Taxifahrer, eingeweihte Kreise – und das Semikolon. Es trennt, was wortreich vom selben Stamm ist, aber unterschiedliche Äste beschreibt. Es ist schwächer als ein Punkt, stärker als ein Komma, befindet sich im Niemandsland zwischen allen Stühlen und seit Langem im Koma. Das blieb unbemerkt, weil unter uns Journalisten außer Wolf Schneider keiner genau wusste, wann man einen solchen Strichpunkt passend setzen darf und wann nicht.

Das Semikolon gilt deshalb weltweit eher als unnützer Bastard. Der amerikanische Schriftsteller Kurt Vonnegut (*Schlachthof 5*) verachtete es geradezu, erst recht die Kollegen, die es benutzten. In seinen irrwitzigen *Erinnerungen eines Ertrinkenden*, den Memoiren eines *Mannes ohne Land*, als Hörbuch gelesen von Harry Rowohlt, dem Sprachzauberer von höchstem Verstand, verkündete er, Semikolons seien nur »transvestite hermaphrodites«, Zwitterwesen ohne tiefere Bedeutung. Wer sie verwende, wolle damit nur schlicht angeben, dass er mal ein College besucht und zwei Semester Literatur studiert habe.

Die Qualität eines Artikels, eines Fotos, einer Recherche, eines Interviews, einer Kritik, eines Kommentars leidet nicht darunter, dass die im Unterschied zu früher nunmehr in Sekunden per E-Mail an die Zentralredaktionen durchgegeben werden können. Von welchem Ort auch immer, an welchen Ort auch immer, zumindest in Weltregionen, in denen es Internetzugang gibt. Insofern ist nicht allein der technologische Fortschritt schuld an der Krise des Journalismus. Aufgrund mangelnder Innovationskraft und nicht vorhandener neuer Strategien hat die Branche insgesamt versagt und deshalb die herrschenden anderen Umstände selbst zu verantworten.

Grundsätzlich gilt auch in der digitalen Welt, dass Schrott weiterhin Schrott bleibt, auch wenn er online schneller beim Leser ankommt als in auf Papier gedruckter Form. So wie ein ins Amt gewählter Populist auch dann ein Rassist, Sexist, Lügner und Hetzer von geringem Verstand bleibt, wenn er ins Weiße Haus umgezogen ist. So wie ein grottenschlechtes Foto nicht dadurch besser wird, wenn es auf dem Bildschirm statt auf Papier auftaucht. Was den Umkehrschluss erlaubt, dass im Journalismus nicht die Formen entscheidend sind, sondern wie einst in guten alten Zeiten die Inhalte. In golden pathetischen Worten beschworen: Die Presse muss die letzte Werteinstanz sein, kämpfend analog wie digital, wenn alle anderen versagen.

Schon der Quantensprung vom Telex zum Fax war Ende der 80er-Jahre ähnlich revolutionär wie der vom festen Telefon zum mobilen oder der von Travellerschecks zu weltweit akzeptierten Kreditkarten. Zur journalistischen Grundausstattung gehörten bis dahin eine Reiseschreibmaschine, am liebsten die rote von Olivetti, Tonbandgerät und Notizblock sowie eine sogenannte *Cable Credit Card*, die den Besitzer ermächtigte, auf irgendeinem Postamt in irgendeinem Land das Telexgerät benutzen zu dürfen. Meinen Text allerdings musste ich eigenhändig in fremde Tasten hauen. Das war zeitraubend mühsam. Verhinderte aber in zwangsläufig freiwilliger Selbstkontrolle ausuferndes Wortgeklingel und hohles Geschwätz. Heute reicht ein handliches Smartphone als Dienstmädchen für alles: Fotos, Texte, Videos.

Die Hardware lässt sich online bei Amazon bestellen und wird über Nacht ins Haus geliefert. Jeff Bezos, Erfinder und Gründer des größten Internet-Versandhändlers, gönnte sich mit dem digital erworbenen Vermögen eine Ikone des analogen Zeitalters und kaufte für 250 Millionen Dollar die renommierte *Washington Post*, deren Printauflage im Sinkflug bei 170 000 angekommen war. Seit den Watergate-Enthüllungen der legendären Carl Bernstein und Bob Woodward, die 1974 zum Rücktritt des US-Präsidenten Richard Nixon führten, bewundertes, aber in die Jahre gekommenes Beispiel für die Schlagkraft der vierten Gewalt, sobald die anderen drei Gewalten – Legislative, Exekutive, Judikative – ihre

86

Pflichten vernachlässigten oder ihre Macht missbrauchten. Für seinen Einstieg wählte der Pionier aus Seattle den richtigen Moment, denn die *Washington Post* hatte die neuen digitalen Zeiten verschlafen und war deshalb vom Untergang bedroht.

Der analog geprägten Redaktion schwante Böses. Sie glaubte an die Kraft des Wortes, der neue Verleger an die von Algorithmen. Die Journalisten misstrauten dem Versprechen des Investors, dass man gemeinsam ein Experiment starten werde, nämlich wie es am besten gelingen könnte, auch im digitalen Zeitalter erfolgreich Nachrichten zu verbreiten. Niemand wisse das, fügte Bezos hinzu, und er schon mal gar nicht. Aber:»Wir wollen es herausfinden.« Denn Bezos gilt nun mal nicht unbedingt als fürsorglicher Hausvater, als altruistischer Mäzen. Im Gegenteil. Die weltweit rund einhundertundfünfzigtausend schlecht bezahlten Mitarbeiter von Amazon, Jahresumsatz 35 Milliarden Dollar, kennen ihn als harten Unternehmer, der seine Ziele gnadenlos durchzusetzen pflegt. Viele gebe es, wehrte er sich nach der *Post*-Übernahme gegen Kritik in klassischen Medien, die»unseren Ansatz für spannend und für sinnvoll halten«, viele auch nicht, aber die würden wie einst die Spartaner»über die Klippen geschleudert«. Das sei nun mal das Gesetz des Marktes und deshalb nicht zu ändern. Erwartet wurde in der Branche ein Krieg aufeinanderprallender Welten.

Zu seinem neuen Ansatz gab es jedoch keine Alternative. Die *Washington Post* lebte von ihrem Ruf, hatte Dutzende von Pulitzer-Preisen gewonnen, die in Journalistenkreisen als harte Währung galten, aber in den Bilanzen nicht als Einnahmen auftauchten. Im Jahr 2013, als Bezos das sinkende Flaggschiff übernahm, betrug der Verlust 54 Millionen Dollar. Bezos' Strategie lautete, mithilfe seiner Software-Experten die

Zeitung fit zu machen für die selbst verschuldet verschlafene Zukunft. Für junge Leser, die auf ihren Smartphones Qualität erwarten und nicht nur den in der digitalen Welt so beliebten Trash. Das gelang. Nach drei Jahren war die monatliche Zahl der sogenannten *Unique Visitors* von fünfundzwanzig auf achtzig Millionen gestiegen, gleichauf mit denen der *New York Times*. Das den Redaktionen angeschlossene Rechenzentrum, Hub genannt, Drehkreuz, in dem zweihundert Programmierer arbeiten, die mit ihrer Software täglich mehr als eintausendvierhundert News auf Verwertbarkeit für den klassischen Journalismus analysieren, ist inzwischen neben der Journalistenfraktion anerkannt als gleichberechtigtes Mitglied der Großfamilie.

Nach Einschätzung von Wall-Street-Analysten würde Bezos, falls er verkaufen wollte, das Doppelte seiner damaligen Investitionen bekommen. Er hat mit den Methoden des Silicon Valley die einhundertvierzig Jahre alte Zeitung zukunftssicher gemacht. Er mischt sich nicht in die tägliche Berichterstattung ein, weder analog noch digital. Aber handelt, falls Klartext nötig ist, in der Tradition des Blattes wie ein klassischer Verleger. Als der unsägliche Donald Trump im Wahlkampf 2016 seine Zeitung angriff und den *Post*-Reportern die Akkreditierung für seine Auftritte entzog, konterte Jeff Bezos umgehend per Twitter. Trump soll nicht die Pressefreiheit angreifen, sondern sich den Fragen der Journalisten stellen. Schließlich wolle er Präsident des wichtigsten Landes der Welt werden.»Seine Drohungen lassen mich kalt.« Dass der Bau-Tycoon aus New York, Sohn aus reichem, ungebildetem Hause, tatsächlich Präsident wurde, ist auch den Medien vorzuwerfen. Digital wie analog. Denn gierig nach Quoten und Auflage verbreiteten sie in der Hoffnung, dies würde dem Kandidaten schaden, jeden Schwachsinn, jede Lüge, jede

Hetze Trumps im ganzen Land. Aber es schadete ihm nicht. Ganz im Gegenteil. Es machte ihn populärer.

Die neuen Medienmächtigen sind kaum menschenfreundlicher als die alten. Jeff Bezos hatte sich mit dem Erwerb der *Washington Post* immerhin Renommee ins Haus geholt, andere lassen im Internet die Sau raus und befriedigen ganz so wie einst die gedruckt vertriebenen Gossenschweine die niedrigsten Instinkte ihrer Zielgruppe. An diesem alten Geschäftsmodell hat sich auch in neuen Zeiten nichts geändert. *Buzzfeed* beispielsweise, eine Gerüchteküche, gegründet 2006 in New York und inzwischen mit einem Jahresumsatz von mehr als 100 Millionen Dollar ein erfolgreiches Unternehmen des sogenannten sozialen Medienzeitalters, versendet kiffende Katzen und hechelnde Kiffer oder umgekehrt, lebt dabei aber nicht etwa von bezahlten Anzeigen, die bei jedem Klick automatisch auf der Seite auftauchen, sondern von *Usern*, die den *Content* mit selbst verfassten Texten oder eigenen Fotos generieren dürfen. Dafür allerdings müssen sie bezahlen. Eine gerechte Strafe, wie sich nachlesend beweisen lässt.

Klatsch und Tratsch sind deshalb so erfolgreich, weil die auch im Print höchst begehrten Berichte über Abgründiges aus dem Privatleben sogenannter Prominenter digital mit bewegten Bildern aufbereitet werden können. Auf *Gossip Journalism* hatte sich Gawker Media konzentriert. »Gawk« bedeutet übersetzt so viel wie gaffen. *Gawker* war also das Medium der Gaffer. Die Blogger der Firma, deren Marktwert zu Hochzeiten der durch Trump verkörperten *Trash Society* auf rund 200 Millionen Dollar geschätzt wurde, basierend auf ungefähr 24 Millionen Visits pro Monat, brauchten für ihr redaktionelles Programm nicht viele Worte. Sie wollten schlicht »alles aufdecken und zeigen, was immer auch die Leser inte-

89

ressiert«, und »alles« hieß in der Tat: alles. Vor allem in Bildsprache, was vielleicht daran liegen könnte, dass die meisten Anklicker bei *Gawker* zur Zielgruppe der Dumpfbacken gehörten, in den USA *Rednecks* genannt, oder zu lesen als unamerikanische Umtriebe betrachteten.

Bisher größter Hit im *Gawker*-Netzwerk war ein Video der Hauptdarstellerin Paris Hilton beim Geschlechtsverkehr mit ihrem damaligen Lover in Las Vegas. Der hatte den Akt mit einer statischen Handycam gefilmt und ihn nach der Trennung von der Hotelerbin zunächst bei einem Vorläufer von *Gawker* ins Internet gestellt, danach als DVD vertrieben. Dagegen klagte Paris Hilton, was die Klickzahlen im Netz hochschnellen ließ, und bekam 400 000 Dollar zugesprochen sowie einen Teil der Einnahmen vom DVD-Verkauf.

»To gawk« kann aber auch übersetzt werden mit blöd gucken. Was zu diesem Fall passen würde: Weil *Gawker* den populären amerikanischen Catcher Hulk Hogan beim Vögeln gezeigt und dies mit allen dabei nötigen Bewegungen online gestellt hatte, wurde *Gawker* von ihm wegen Verletzung seiner Privatsphäre verklagt. Es ging nicht darum, ob die Aufnahmen echt waren. Das waren sie. Ein Kumpel hatte Hogan seine Frau angeboten, was Hulk als Freundesgabe annahm, ihn beim Sex mit ihr aber gefilmt und das Resultat an *Gawker* verkauft. Das Gericht sprach Hogan 115 Millionen Dollar Schmerzensgeld zu, 100 Millionen mehr, als er und sein Anwalt gefordert hatten. Auch sie guckten beim Urteil für Momente blöd, nahmen das Urteil jedoch sofort an. *Gawker* kündigte Widerspruch an und berief sich auf die Pressefreiheit. Denn Hogan selbst habe bereits bei verschiedenen Anlässen mit seinem Gemächt und dessen unbeschränkten Möglichkeit geprahlt, also dürfe er sich nicht darüber beklagen, wenn eine investigative Nachprüfung seiner Angaben erfolgt sei. Angewidert fragte die *New York Times* ihre Leser, sowohl gedruckt als auch online, ob es eigentlich noch Grenzen der Geschmacklosigkeit gebe. Die Antwort lautet schlicht Nein. Der Scham- und Geschmacklosigkeit sind online keine Grenzen mehr gesetzt. Solange es die Massen begeistert, werden sie ausgelotet, um Geld zu verdienen. Das beste Beispiel dafür lässt sich wiederum finden im Land der Freien. Donald Trump garantierte mit seinen Proll-Auftritten Höchstquoten in den TV-Sendern und hatte sieben Millionen Follower auf Twitter. Mit *Gawker* ging es böse aus: Am Ende des Sommers 2016 hatte es sich für die Besitzer ausgegafft. Das sogenannte Medienunternehmen meldete Insolvenz an. Besiegt von einem Catcher. Ein Konkurrent, der Medienkonzern Univision Communications (UCI), nutzte die einmalige Chance auf ein Schnäppchen und kaufte das *Gawker*-Portal für 135 Millionen Dollar.

Stillschweigend blieb einst unter der Decke, was privat unter Decken geschah. Darauf konnten sich vor allem in Deutschland die Politiker verlassen, denen wie auch diesen oder jenen Medienfürsten diesbezüglich nichts Zwischenmenschliches fremd war. Was immer man wusste oder zu wissen glaubte, und an diese Regeln hielten sich die von der einen wie auch wir von der anderen Straßenseite, war *nothing to write about*. Bei jedem Wechsel wurde der dann amtierende Chefredakteur von einem höchst ehrenwerten Vertreter der Rechtsabteilung zwar über die Inhalte des hauseigenen Panzerschranks informiert, aber davor gewarnt, sie jemals gedruckt um- und einzusetzen.

Das klassische Diktum von Rudolf Augstein, einem Master der Old School, lautete nicht, wer gedruckt wird, der bleibt, sondern wer schreibt, der bleibt. Egal in welcher Gestalt, ob in den einst einzig möglichen Formen – gedruckt auf

Papier, versendet zu festen Zeiten im Fernsehen, ausgestrahlt im Rundfunk –, ob in den grenzenlosen Möglichkeiten des Internet. Augstein beherrschte lange sogar die seltene Kunst, druckreif zu diktieren, was er den jeweiligen Mächtigen sagen wollte, und druckreif hieß: wortgewaltiger Klartext. Der traf die Adressaten einst, und so einer trifft sie auch heute, egal ob sie online aufgeschreckt werden oder blätternd morgens beim Frühstück.

Eigentlich ist ein Mann wie Jeff Bezos mehr Mäzen als Entrepreneur. Er handelt wie einst die Fürsten und die Könige, die es zeitgenössischen Malern, Komponisten und Dichtern ermöglichten, in schöpferischer Muse und ohne Sorgen um ihr tägliches Brot zu malen, zu komponieren, zu dichten. Bis er mit der *Washington Post* Geld verdienen wird, falls überhaupt je, können Jahrzehnte vergehen. Er leistet sich ein teures Hobby für ganz große Jungs – egal, was es ihn noch kosten wird. Milliardärskollege John Henry, im Unterschied zu Bezos, der in Seattle residiert, reich geworden im Silicon Valley, schnappte sich für vergleichsweise lächerliche siebzig Millionen Dollar den *Boston Globe*, für den knapp zehn Jahre zuvor der Verlag der *New York Times* noch 1,1 Milliarden Dollar bezahlt hatte. Inzwischen aber war die Auflage von 400 000 auf 200 000 gesunken, und wie bei allen anderen auch wurde mit Anzeigen online noch kein Geld verdient.

Die Zeitung ist auch in Deutschland berühmt geworden durch den Spielfilm »Spotlight«. In dem wird spannend faktenfiktional die Geschichte der investigativen *Globe*-Reporter aus dem Ressort »Spotlight« erzählt, die in jahrelanger Wühlarbeit einen Skandal aufdeckten, der die Stadt erschütterte – den über einen seit Jahrzehnten andauernden Missbrauch von Kindern durch katholische Priester, deren Untaten zwar im höheren Klerus bekannt, jedoch stets vertuscht worden waren.

Andere reiche Amerikaner finanzieren mit Stiftungen *Non-Profit*-Redaktionen für investigativen Journalismus wie zum Beispiel *Pro Publica*, deren Recherchen manchmal nicht nur Hunderttausende an Spesen kosten, sondern die zudem auch ihre Ergebnisse etablierten Printmedien kostenlos überlassen, damit möglichst viele Bürger davon erfahren. Sie fördern Journalismus *in the public interest*. Investigativer Journalismus ist uns teuer, und er ist tatsächlich teuer. Aber in der Demokratie sind Enthüllungen über dunkle Machenschaften manchmal unabdingbar, um den Staat vor denen zu schützen, die sein Fundament untergraben. An Recherchen zu sparen kostet langfristig mehr, als die Einsparungen kurzfristig in den Bilanzen bringen. Weil ohne Eigenrecherchen heutzutage jedes Blatt an Eigenart verliert und damit nicht mehr auffällt, sondern untergeht.

Gegen die junge Medienmacht im Netz halfen den alten Machtmedien jenseits von Auflagen und Klickzahlen fördernden Enthüllungen, also in den normalen Zeiten von Schwarzbrot und Wasser, nur neue Ideen. Der amerikanische Bestsellerautor Dave Eggers (*The Circle*) finanzierte eine Zeitung, die bisher nur ein einziges Mal als *Sunday Paper* erschienen ist, am Ersterscheinungstag im Dezember 2015 fünf Dollar kostete und innerhalb weniger Stunden ausverkauft war. Mittlerweile wird sie für sechzehn Dollar gehandelt. Das *San Francisco Panorama* betrachtete die Welt zwar von der Golden Gate Bridge aus, aber das war allein dem Titel geschuldet. Er habe testen wollen, erklärte der Verleger, ob Jugend doch noch zu begeistern ist – und auch bezahlt – für gedruckte Nachhaltigkeit in Kultur und Politik auf Hunderten von großformatigen Seiten, gestaltet im Stil der bei Digital

93

Natives beliebten bunten Websites, für deren Gestaltung es logischerweise keine Grenzen mehr gibt.

Ein kleiner australischer Radiosender, gemeinnützig und dank Subventionen und Spenden überlebend, hatte eine besondere Idee, um einzigartig zu werden. Wenn immer mehr Zeitungen aufgeben müssen, weil sie für ihre gedruckten Botschaften keine Gemeinde mehr finden, verlieren auch Sehbehinderte und Blinde ihren Zugang zur Welt. Denn die Blindenschrift Braille ist nur auf gedruckter Unterlage zu ertasten. Die Rundfunkanstalt 2RPH ließ sich etwas einfallen. Simpel und gut war die Idee. Jeden Morgen werden sieben Stunden lang Zeitungen vorgelesen und zwar von der ersten bis zur letzten Seite, jeder Artikel aus Politik, Wirtschaft, Kultur, Sport, von der Headline bis zu den Todesanzeigen. Diese dann unterlegt mit getragener Musik. Danach dann die besten Artikel aus dem *New Yorker*, dem *Economist*, dem *Time Magazine*.

Es sprechen Ehrenamtliche, die alle möglichen Berufe – Banker, Journalisten, Lehrer – ausgeübt haben, Männer wie Frauen, die im Ruhestand Sinnvolles für die Gesellschaft leisten wollen. Die Zielgruppe allein in Australien umfasst rund vier Millionen Menschen, die noch nie oder nicht mehr lesen konnten oder können. Wie viele von denen täglich nunmehr Zeitungen hören, weiß niemand. Umfragen seien viel zu teuer, sagen die Verantwortlichen. Ihre Idee hat Nachahmer gefunden. Kommerzielle Konkurrenten bieten die Inhalte ihrer Zeitungen auf hauseigenen Websites per Abonnement als Hörfassung an.

Fernab in Middlebury in Vermont haben drei Schwestern, alle unter dreißig, nicht nur *The Addison County Independent* vor der drohenden Insolvenz gerettet, sondern auch die anderen Wochenblätter ihrer Familie übernommen, die bislang

94

ihr Vater leitete. Ihr Alleinstellungsmerkmal gegen die tägliche Flut von Informationen aus aller Welt im Netz lautete schlicht: zurück zu den Wurzeln. Und das hieß, sich zu beschränken auf die kleine Welt in der Provinz. Dort sind der neue Speiseplan für die Highschool oder das Protokoll der Gemeinderatssitzung oder die Ergebnisse der lokalen Sportveranstaltungen für die Zielgruppen wesentlicher als eine tiefgründige Analyse der amerikanischen Nahostpolitik. Hilfreich für stabile Auflagen und Anzeigenaufkommen mit zweistelliger Rendite ist auch, dass es Todesanzeigen nur in gedruckter Form gibt und nicht auf den Websites der Weeklies. Solche Modelle funktionieren auch in Deutschland. Und wie! In der sauerländischen Provinz erblühte *Landlust* mit der einfachen Formel: Je komplizierter der Alltag, desto größer die Sehnsucht nach einer idyllischen Gegenwelt. Entstanden 2009 aus einer Fachzeitschrift für Landwirte, konzentrierte sich die Redaktion auf Garten, Küche, Wohnen, Natur und Tiere. Die Probleme der Welt überließen sie anderen. In wenigen Jahren entwickelte sich das Magazin zur erfolgreichsten deutschen Neugründung des digitalen 21. Jahrhunderts mit einer verkauften Auflage von 1,05 Millionen Exemplaren. Ein Weckruf für die etablierten Medienmacher und ihre Marketingabteilungen. Sie waren aber zu spät aufgewacht, und ihre Versuche, sich mit sogenannten Me-Too-Produkten wie *Liebes Land* oder *Landidee* oder *Landleben* an den Zug anzukoppeln, erschienen unter dem olympischen Motto, dabei zu sein sei wichtig.

Immerhin: Das einmal jährlich im niedersächsischen Wendland von dort ansässigen ehemaligen *Stern*-Reportern produzierte Heimatmagazin *Landluft* schaffte dank professioneller Leistung der guten Alten bereits nach zwei Ausgaben den

Sprung in die schwarzen Zahlen. Verleger ist ein Kneipenwirt. Der hatte irgendwann die Schnauze voll, wie er deutlich verlautbaren ließ, von den Gesprächen seiner journalistischen Stammkunden, die beim Bier entweder von guten alten Zeiten allgemein oder von ihren persönlich besonders guten schwafelten. Damals, ach damals, als sie in Mannschaftsstärke mit dem Firmenjet von Bertelsmann zu aktuellen Ortsterminen wo auch immer, ob nach Mogadischu oder nach Beirut, flogen und sich vor dem Abflug für alle Fälle noch 50 000 Mark von der Kasse auszahlen ließen oder als sie die ihnen im Fahrstuhl des Verlagshauses beim Aufbruch begegnenden schönen Mädchen aus anderen Redaktionen einluden, das kommende Abenteuer mit ihnen zu teilen. Irgendwann setzte sich der Gastwirt zu ihnen und erklärte seine Bereitschaft, sich im Nebenberuf als Verleger zu betätigen. Künftige Anzeigenkunden kannte er seit Jahren als Stammgäste seiner Kneipe. Die kaperte er alle.

In Bayern wagten sich 2011 ein ehemaliger Popjournalist, ein Trompeter mit Schwerpunkt Barockmusik und eine Frau, die ihren Magister in amerikanischer Kulturgeschichte und Marktpsychologie gemacht hatte, mit einem Magazin unter dem genialen Namen *Muh* auf den allen Prognosen zufolge bereits im Koma befindlichen Medienmarkt des Gedruckten. Ihr Redaktionsprogramm war schlicht und frech zugleich. Man wolle keinem bayerischen Klischee auf den Leim gehen, aber gelegentlich voller Absicht mittenrein latschen. Sich wohlig ans geliebte Bayerntum anschmiegen, aber sich auch unbequem daran reiben als ein »Magazin für bayerisches Wesen und Unwesen, bayerische Kulturen und Unkulturen, Gemütlichkeit und Ungemütlichkeiten«. Von wegen, Print sei tot, denn inzwischen erscheint *Muh* alle drei Monate in einer Auflage von 17 000 Exemplaren. Tendenz steigend.

96

Gute Ideen kommen, so wie sie in den guten Zeiten auch nicht immer aus den Vorstandsetagen kamen, von Journalisten. Ideen zu produzieren liegt bei den Guten in den Genen. Andernfalls gehören sie nicht zu den Guten und werden heute nicht mehr gebraucht. *Bild*, *Stern*, *Spiegel*, *Zeit*, *Time*, *Geo*, *New York Times* wurden erfunden von Journalisten und gefördert von Verlegern, die an Journalismus glaubten als Geschäftsmodell. Das hatte bei denen nicht immer nur zu tun mit Glaube, Liebe, Hoffnung, mit Mut, Moral, Haltung.

Sondern auch damit, dass es einfach mehr Sozialprestige versprach, Zeitungen oder Zeitschriften zu verkaufen statt zum Beispiel Autos oder Trikots. Es werde, erklärte der Schweizer Verleger Michael Ringier in einem Interview mit der sich seit ihrer Gründung gegen alle Krisen behauptenden *taz*, immer »Branchenfremde geben, weil das Mediengeschäft seinen eigenen Reiz hat. Es hat mit Macht zu tun, oder zumindest glauben das die Leute. Als Verleger oder als Inhaber von Medien kriegen Sie andere Einladungen, als wenn Sie Schraubenzieher herstellen. Und inzwischen wird dermaßen viel Geld verdient, dass jemand sich quasi für ein Taschengeld eine eigene Zeitung leistet wie andere einen Fußballklub.«

Damit meinte er reiche russische Oligarchen, ansässig in London, die sich in der englischen Premier League austoben und im Wettstreit mit thailändischen oder saudischen Milliardären berühmte Fußballklubs kaufen. Andere setzten auf Investitionen, die ihnen gesellschaftliches Ansehen versprachen. Der Moskauer Banker Alexander Lebedew – geschätztes Vermögen ungefähr drei Milliarden Dollar – kaufte sich die strauchelnde englische Zeitung *The Independent*. Gegründet 1986 von drei mutigen Redakteuren und in den *golden days* mit täglich verkauften 400000 Exemplaren Lieblingsblatt des Labour wählenden linksliberalen Bürgertums. Zehn Jahre später hatte sich die Auflage halbiert, und die jährlichen Verluste pendelten sich trotz aller Sparmaßnahmen bei ungefähr fünf Millionen Pfund ein. Nach einem kurzen Hoch, wie seit jeher in der Branche erzielt durch einen Relaunch, ein verkleinertes Format und begleitet von massiver Werbung, ging es erneut bergab. In dieser Situation griff Lebedew zu. Der angebliche Kaufpreis von dreißig Millionen Pfund wurde weder bestätigt noch dementiert.

Wie üblich bei Nachrufen mangelte es nicht an großen Worten, als er sechs Jahre danach, Auflage jetzt nur noch 54000, am 26. März 2016 das Ende der gedruckten Zeitung verkündete. In den »aufregendsten Zeiten, die es in der Geschichte des Journalismus je gab«, werde der *Independent* in Zukunft global und profitabel werden, allerdings nur noch digital. Am Ende habe er pro Jahr 25 Millionen Pfund zuschießen müssen, und das sei auf Dauer nicht mehr machbar. Dann wurde der Russe sentimental und sprach die Leser direkt an: »Ich weiß, heute werden Sie zum letzten Mal das vertraute Geräusch hören, mit dem die Zeitung durch den Briefschlitz plumpst, und heute wird es das letzte Mal sein, dass sie mit dem Mann am Eckladen ein paar Münzen und ein Lächeln austauschen und dann mit ihrem täglichen Brot unterm Arm wieder gehen. Einige von Ihnen haben das seit dem Start 1986 fast zehntausendmal gemacht. Und in diesen dreißig Jahren, den Lebzeiten der Zeitung, hat sich so viel verändert, dass sich auch die Zeitung ändern muss. Zeitungen waren immer auch eine Zusammenarbeit von Lesern und Schreibern. Die wird jetzt online fortgesetzt. Thank you and goodbye.«

Behütet von Familienholdings oder eigentümerlichen Großverlagen, die nach dem Krieg ein sicheres Fundament legten, wohnten und wohnen sowohl in renommierten als auch in prolligen deutschen Medienhäusern sowohl Hochbegabte als auch Minderbemittelte, sowohl Wortgewaltige als auch Dampfplauderer, sowohl Sprachzauberer als auch Spruchbläser, sowohl Paradiesvögel als auch Aasgeier.

Die *Süddeutsche Zeitung* beherbergte einst wie jetzt die besten Autorinnen und Autoren und inzwischen auch Rechercheurinnen und Rechercheure, deren akribisch belegte Enthüllungen global Schlagzeilen machen. Die *Frankfurter Allgemeine Zeitung* erstrahlte nach Jahrzehnten grauwertiger konservativer Deutschkurse durch die Geistesblitze ihres kreativen Feuerkopfs Frank Schirrmacher, der ihr und uns seit seinem frühen Tod so sehr fehlt. Auch die Sonntagsausgabe der *FAZ*, die *Frankfurter Allgemeine Sonntagszeitung*, hat einst er erfunden und das dortige Biotop wundersamer eigenwilliger Falschmünzer vor den anderen Herausgebern der *FAZ* beschützt. Der *Spiegel* hat wenigstens ein journalistisches Kleinod pro Woche im Angebot, von dem andere nur träumen, aber gelegentlich auch mehrere Preziosen in einem einzigen Heft. Die *Zeit* widmet sich tiefgründelnd dem Zeitgeist und trifft so Herz und Kopf ihrer gebildeten Gemeinde. Der *Tagesspiegel* ist aufgestellt und gestaltet in bester Berliner Tradition. Die Redaktion trotzt, bestärkt von ihren Chefs, mit Haltung unbeugsam den sie bedrängenden Seichtgebieten. Selbst *Geo*, Mutterschiff aller journalistischen Langstreckler, fährt trotz gedrosselter Motorstärke mithilfe seiner rechtzeitig bemannten Beiboote wie *Geo Epoche*, *Geo Geschichte*, *Geo Kompakt* in sicheren Gewässern. Als solche gelten schwarze Zahlen.

Junge Journalisten, denen die Gesänge der Alten von deren Jugendjahren zu eintönig klangen, zumal wenn in denen die Moll-Tonart vorherrschte, früher seien alle besser gewesen, vor allem sie, die Sänger, stemmten sich als Erste gegen

99

die Krise. Zum einen, weil es um ihre Zukunft ging, die wir zumeist schon hinter uns hatten, und Not macht nun mal erfinderisch, zum anderen, weil sich das Management eher auf ihm eingebläute, vertraut naheliegende Lösungen konzentrierte – Kosten runter, Rendite rauf – und an der für das Geschäft unabdingbar wertvollen Software Journalisten sparte. Die setzten dagegen ein Motto, das aus der Psychiatrie stammen könnte:»Life isn't about waiting for the storm to pass – it's about learning to dance in the rain.« Sie nahmen das wörtlich und begannen zu tanzen.

Die mit 270 000 Exemplaren damals auflagenstärkste niederländische Zeitung NRC Handelsblad wurde landesweit nicht nur in Kiosken oder Presseshops verkauft, sondern als gefällige Abendlektüre den Abonnenten auch nach Hause geliefert. Das Handelsblad, früher produziert in Rotterdam, heute in Amsterdam, gehörte so selbstverständlich zum Lebensstil der gutbürgerlichen Niederländer wie ein goldgelber Genever nach einem üppigen Essen oder das Jurastudium an der Universität in Leiden oder die in allen Schichten beliebte Eigenart, sich Ende April am Nationalfeiertag zu Ehren derer von Oranien in Orange zu kleiden und mit klingenden Paraden dem Königshaus zu huldigen.

Das Handelsblad stemmte sich unbeugsam gegen alle in den USA bereits spürbaren digitalen Winde der Neuzeit und zog anscheinend unbeeindruckt von denen seine ruhigen Bahnen im Meer der anschwellenden Informationen. Sein Geschäftsmodell schien krisensicher, es baute auf eine Tradition, denn seine Klientel pflegte zu Beginn der beruflichen Laufbahn die Abendzeitung auf Lebenszeit zu abonnieren. Solchem Vorbild der irgendwann dann Verblichenen folgten ihre Nachkommen.

Was nach Redaktionsschluss passierte, stand erst am nächsten Nachmittag in der Zeitung. Das störte die Abonnenten nicht. Bis dahin hatten sie genug zu lesen an dem, was bereits jetzt gedruckt in ihrer Zeitung stand. Es herrschte allgemein in der mit unterschiedlichen Druckerzeugnissen konkurrierenden Medienbranche noch kein Geschwindigkeitswettbewerb. Für Journalisten, die das Blatt vollschrieben, war es kein Job wie jeder andere. Sondern eine Lebensstellung. »Vollschreiben« war mitunter durchaus wörtlich zu verstehen. Denn falls der vorgesehene Platz für einen bestimmten Artikel nicht reichte, wurde eher der Umfang der Ausgabe um ein paar Seiten erweitert, als dass man den Text so lange kürzte, bis er ins Layout passte. Goldene Zeiten. Redakteure und Abonnenten wurden gemeinsam alt, und ihre Nachfolger und Nachkommen fingen in der nächsten Generation gemeinsam jung wieder an, bis auch sie gemeinsam wieder alt wurden.

Doch urplötzlich wehte herein der kalte Wind des Wandels. Der Sturm kam auf etwa um die Jahrtausendwende. Es starben mehr alte Abonnenten, als junge nachwuchsen. Nicht weil weniger gezeugt wurden. Sondern weil die sich anders orientierten als die Alten, nach News und Nutzwert auf digitalen Feldern suchten und dies dort auch fanden. Die verkaufte Auflage fiel kontinuierlich, erst um 5000, dann jährlich um 10000 Exemplare. Kein zufälliges Ereignis, kein vorübergehendes Phänomen, keine reparable Delle in der hochglänzenden Karosserie, wie die Marktforschung herausfand, die bisher im Unternehmen nicht besonders ernst genommen wurde. Sondern erklärbar mit harten Fakten. Zum ersten Mal wurde das Internet, bislang im Printmediengeschäft nicht nur in Holland, sondern auch weltweit allenfalls als zeitgeistige Plattform für pubertäre Computerspiele be- und von oben herab verachtet, zum Global Player auf den Medienmärkten.

Denn nur online ließ sich in Echtzeit erfahren, was auf Erden passierte.

Seit Nine Eleven, als am 11. September 2001 durch wie Bomben einschlagende Flugzeuge die Türme des World Trade Center in New York zusammenbrachen, seit diesem live erlebten Krieg der Welten baute das Internet seinen Alleinvertretungsanspruch für eine schnellstmögliche Übermittlung von Breaking News aus. Eine von dieser modernen Technik faszinierte, ja geradezu angefixte junge Generation verließ in Scharen die auf Papier gedruckte analoge Gegenwart und wechselte in die digitale Welt des Internet. Dort würde Zukunft stattfinden. Auch ihre. Vergleichbar in seiner Dimension mit der Landflucht in die Städte im 19. Jahrhundert.

Durch die im September 2001 im Minutentakt aktualisierten Nachrichten über das von Al-Qaida-Terroristen angerichtete Inferno wurde in Deutschland *Spiegel Online* über Nacht zur Nummer eins des digitalen Journalismus, so wie Vater *Spiegel* den Markt der gedruckten Magazine dominierte. Der Erfolg des einen belegbar durch Klickzahlen, der des anderen durch eine damals noch stabile Millionenauflage. *SPON* hatte die Chancen, ausgelöst durch den unvorstellbaren Schock von New York, früher erkannt als die Konkurrenz, war schneller gewesen als die und besser eh und gab diese Spitzenposition bis heute nicht mehr ab.

Was nichts aussagt über die Qualität aller Beiträge. Die ist ausbaufähig. Manche Texte sind nur banal, *Spiegel*-unwürdig, hätten gelöscht gehört statt online gestellt, weil sie der Marke schaden. So etwas geht heutzutage einfach und bequem per Tastendruck. Früher gab es für misslungene Texte noch große Papierkörbe, über denen ein Merksatz des *Stern*-Gründers Henri Nannen schwebte, gemeinerweise oftmals gebraucht in analogen Zeiten, und der hieß:»Der Leser weiß nicht, was ihm erspart blieb.« In Holland begann in Zeiten fallender Auflagen und wegbrechender Erlöse 2006 eine Erfolgsgeschichte. Statt Klagelieder anzustimmen im Jammertal, in dem sich auch die Chöre der Konkurrenz versammelten mit ähnlich klingenden Liedern, gründete der Verlag des *Handelsblad* für die ans Netz verlorenen jungen Leser einen *Readers Digest*. In dem, benannt *NRC Next*, wurde in Magazin-Kurzform zusammengefasst, was erst abends gedruckt im Blatt erscheinen würde. Ein Wagnis, denn andere holländische Tageszeitungen versuchten, ähnlich wie der britische *Evening Standard*, sich vor dem digitalen Tsunami zu retten, indem sie ihr Produkt kostenlos verteilten. Wie früher, als die Zeitungen noch etwas kosteten, wurde zwar Erfolg oder Misserfolg jeder Ausgabe gemessen, aber einplanbare Einnahmen nicht mehr durch Vertriebserlöse erzielt, sondern ausschließlich aus dem von der verteilten Auflage abhängigen Anzeigengeschäft. *NRC Next* im Tabloid-Format dagegen kostet 1 Euro.

Die Strategie, eine journalistische Leistung, produziert von einer kleinen, jungen Redaktion, die sich auch bei den Texten der großen alten Kollegen bedienen darf, nicht zu verschenken, sondern zu verkaufen, ging auf. Inzwischen hat der aus Not geborene Ableger eine echte Auflage von 90000 im Vergleich zu der mittlerweile auf 210000 gesunkenen der traditionellen Abendzeitung und liefert 3,5 Millionen Euro des Gesamtergebnisses von 25 Millionen Euro des Hauses. Eine Auswahl besonders guter Texte gibt es auf dem *NCR App Reader*, auch der steuert ein Scherflein bei zum unsterblichen Mantra der Branche, dem sogenannten Deckungsbeitrag drei. Wie der auf Niederländisch auch immer heißen mag – seine Funktion ist überall gleich und gleich bedeutend:

Welchen Deckungsbeitrag nach Abzug aller Kosten leistet ein Blatt X zum Gesamtergebnis eines Verlagshauses? Traditionell ist Holland eine Nation von risikobereiten Seefahrern und Kaufleuten. Lust auf Neues ist Teil ihrer nationalen Identität. Das Beispiel der mutigen NRC Media jedenfalls machte auch anderen Mut. Die jüngste Erfolgsgeschichte heißt *de Correspondent*, gegründet 2013 von einem jungen, damals 29-jährigen Journalisten, Rob Wijnberg, der zuvor *NRC Next* geleitet hatte. Seine Idee klang ähnlich verrückt wie einst deren Strategie, obwohl er im Gegenteil auf klassischen Journalismus setzte. Einen allerdings, täglich in fünf guten langen Geschichten, produziert in digitaler Form. Nichts Haptisches, nichts zum Anfassen, ohne einen solventen Verlag als Finanzier. Das nötige Startkapital holte er sich genau dort, wo er in Zukunft erscheinen wollte. Durch Crowdfunding sammelte er im Netz knapp zwei Millionen Euro.

Das hätte nur für ein Jahr gereicht trotz der bei Start-ups gängigen Selbstausbeutung der Gründer. Inzwischen aber hat *de Correspondent* 30 000 Abonnenten, die sechzig Euro für ihr Jahresabo bezahlen und sich zudem als Mitglieder einer Gemeinschaft empfinden, die eine Idee verbindet – die Idee, es gebe diesseits üblicher Wege der Medienbranche namens Relaunch, New Launch, no Launch never einen Königsweg. Man müsse den im Wald der Bedenkenträger nur entdecken und dann aufrecht bis zum Ziel gehen.

Brüder und Schwestern in diesem Geiste haben in Oslo eine ähnliche erfolgreiche Geschichte geschrieben. Ihre trägt den Titel *VG Nett* und gehört zum Medienhaus, das *Verdens Gang* herausbringt. Wie das *Handelsblad* eine traditionelle Tageszeitung, gegründet Mitte des 19. Jahrhunderts. Die Auflage, einst stolze 600 000 Exemplaren pro Tag, ist in den vergangenen zwanzig Jahren auf die Hälfte gesunken. Ihre Leser und Käufer sind zwar am Leben, aber verschwunden im Netz. Die jungen Macher der digitalen Neuzeit setzten anfangs auf exklusive Fotos von Ereignissen, die alle aus dem Fernsehen kannten. An solchen Geschichten blieb *VG Nett* dran. Schickte seine Reporter an die Orte des Geschehens, berichtete online so lange darüber, bis sie anhand ausbleibender Klicks feststellten, dass die Kuh gemolken war, wie sie sich bildhaft auszudrücken pflegten. Und stürzen sich dann auf die nächste Sensation, den nächsten Skandal. Die Reporter von *VG Nett* bauen dabei auch auf ihnen zugemailtes Material ihrer Leser. Prüfen alles, wie es sich für Journalisten gehört, bevor sie Texte und Fotos ins Netz stellen. Inzwischen hat *VG Nett* rund sechs Millionen Leser, ist die erfolgreichste Website in Norwegen und hat zur Bilanz des Mutterkonzerns mit 25 Millionen Euro mehr als vierzig Prozent der Bruttoerlöse beigesteuert.

Old und New Economy der Presse haben sich in einem anderen Projekt zu einer Koalition verabredet. Wenn das Gedruckte immer weniger Käufer findet, könnte man den Abgewanderten einen digitalen Kiosk offerieren, in dem sie sich wie in einem Delikatessengeschäft das Beste unter allen Angeboten selbst zusammenstellen und dann mit ihrem ausgewählten Menü an die Kasse gehen. Selbst die ist nur einen Klick entfernt. Der Online-Kiosk heißt *Blendle*, und in dem müssen nicht mehr ganze Zeitungen oder Magazine gekauft werden wie früher selbst dann, wenn nur ein einziger Artikel interessant zu sein schien. Sondern just nur dieser einzige.

Erneut kommt diese Idee aus Holland. Vor drei Jahren gründeten der Journalist Marten Blankesteijn und der Internet-Unternehmer Alexander Köppling, beide 29 Jahre alt, in Utrecht einen Online-Kiosk. Zulieferer und Kunden zugleich sind alle in Holland erscheinenden Zeitungen und

Zeitschriften. Er bietet ihnen für eine Zielgruppe, die sich für ihre gedruckten Produkte nicht mehr interessiert, wahrscheinlich sogar nie mehr, ein neues Geschäftsfeld. Auf dem erreichen sie Leser, die sie eigentlich bereits verloren und aufgegeben haben. Sie diese und diese sie. Jetzt hängen sie wieder am Haken. Denn pro Artikel aus gedruckten Angeboten brauchen die Leser für den Download auf ihr Tablet oder ihr Smartphone nur zwischen 45 Cent und zwei Euro bezahlen, je nach Wertigkeit und Umfang des Textes. Die Idee hätte ohne Startkapital durch die holländische Regierung nicht funktioniert. Offenbar sitzt dort an entscheidender Stelle ein Mensch, der weiß, dass Demokratie ohne eine kritische Öffentlichkeit nicht funktioniert. Und wenn diese Öffentlichkeit nicht mehr erreichbar ist auf bedrucktem Papier, muss sie im Netz eingefangen werden. In diesem Fall durch *Blendle*. Inzwischen sind auch alle deutschen Zeitungs- und Zeitschriftenverlage dort vertreten, von den per Klick erzielten Einnahmen bekommen sie siebzig Prozent, dreißig bleiben bei den Kioskbesitzern. Wie einst die alten Fürsten der Branche sprechen die, wenn es um Zahlen geht, eher in allgemeinen Größenordnungen. Rund 650 000 Nutzer habe man in Holland und in Deutschland. Dort gibt es zwar noch keine großen Erwartungen hinsichtlich nennenswerter Erlöse, aber etwas Besseres, das wussten schon die Bremer Stadtmusikanten in uralten Zeiten, etwas Besseres als den Tod findest du allemal. Zu oft in der Vergangenheit hatten Medienmacher einen Zug versäumt, weil sie sich die Fahrkarte sparen wollten. Jetzt fahren alle mit, ohne zu wissen, wohin die Reise sie führt. Aber wer weiß, vielleicht wartet am Ende doch ein Jackpot.

Wer von denen hätte auch nur einen Cent darauf verwettet, als Ariana Huffington & Friends im Mai 2005 bekannt gaben, eine Online-Tageszeitung gegründet zu haben, benannt nach dem Namen ihrer Chefredakteurin. Die *Huffington Post* versammelt auf ihren Seiten Blogger und Freischreiber, die kein Honorar bekommen, und Best-of-Kommentare aus bereits gedruckten Zeitungen der analogen Welt. Mit Erfolg. Sechs Jahre nach dem Start verkaufte Ariana Huffington ihre Zeitung für 315 Millionen Dollar an AOL. Der Internet-Provider weitete das Geschäft aus, ging Joint Ventures mit etablierten alten Medienhäusern auf der ganzen Welt ein, in Deutschland etwa mit Hubert Burda Media.

Es gibt offenbar Möglichkeiten, der real existierenden Krise, in ihrer Wucht und in ihren Konsequenzen vergleichbar mit der industriellen Revolution und deren Folgen, fest ins Auge zu sehen, statt resigniert den Blick zu senken und anschließend zwecks Kostensenkung möglichst viele Redakteure zu entlassen. Google zu vertrauen statt eigenen Recherchen ist erst einmal billiger. Aber auf Dauer tödlich. Denn wenn alle alles aus dem Netz fischen und als eigene Arbeit verbreiten, holt sich der Kunde seinen *Content* in Zukunft selbst auf sein Tablet oder sein Smartphone. Wer braucht dann noch Journalisten, die ihr Handwerk gelernt haben, die Meldungen nach ihrer Bedeutung einordnen, die Zusammenhänge erklären können und dies auch noch in klaren eigenen Sätzen tun statt in verschwurbelten Sprachhülsen? Google und Facebook, die neuen Giganten, beispielsweise brauchen die. Sie haben bereits Hunderte Millionen von Nutzern, eine vorwiegend junge, lebendige Kundschaft. Es liegt also nahe, denen jetzt mithilfe der Alten zusätzlichen Nutzwert anzubieten. Ihnen etwas zum Lesen anzubieten.

Gute Journalisten müssen sich, das ist richtig und auch richtig nötig, lieb gewonnene Attitüden und Verhaltensweisen aus ihren fetten Jahren für immer abschminken. Müssen sich verschlanken, um fit zu sein im gnadenlos harten Wettbewerb. Die schönsten Geschichten von berühmten Spesenrittern der einstigen Tafelrunden lassen sich sogar noch vermarkten, indem sie online als Märchen aus alten Zeiten erzählt werden. Namen der führenden Protagonisten werden im Folgenden nicht genannt, weil sie alle inzwischen ohne Spesenvorschuss ihre Reise in die Ewigkeit angetreten haben. Selbst unter Journalisten, unter denen es so viele Kotzbrocken gibt wie in anderen an sich anständigen Berufen auch, gilt das Motto: *De mortuis nil nisi bene* – über die Toten nichts als Gutes. Manche dieser Storys aus vergangenen Zeiten aber sind einfach zu gut.

Ein Starautor eines einst den Markt beherrschenden berühmten Magazins sollte aus Anlass eines historischen Datums eine Serie verfassen. Er war für solche Stoffe erwiesenermaßen der Beste. Das wusste auch er. Dafür brauche er Zeit und eine inspirierende Umgebung, forderte er. Kein Problem. Würden drei Monate ausreichend sein? Knapp, aber das ginge. Er wolle aber auf jener Insel da im Süden an dem Stoff arbeiten, da sei es einfach wärmer als hier im Norden, und wenn die Sonne scheint, habe er immer die tollsten Ideen. Auch kein Problem. Noch eine Kleinigkeit, meinte er im Aufstehen, als er sich aus seinem Sessel erhob: Ich würde vor Ort gern auf meinem eigenen Flügel spielen. Der Transport dürfte so schwierig ja nicht sein. Schwierig nicht, aber ziemlich teuer, erwiderte der ihm vorgesetzte gegenübersitzende Entscheider, schluckte schwerer, jedoch nur kurz und nickte dann auch diesen irren Wunsch gnädig ab.

So weit, so gut? Nicht ganz gut. Nach drei Monaten traf der noch immer berühmte Autor wieder in der Redaktion ein. Sein Flügel war noch unterwegs. Leider, meinte er, leider habe er am Ende doch keinen Zugang gefunden zu dem

Stoff. Er würde aber gern eine andere Geschichte in Angriff nehmen. Die Gesamtspesen für seinen Aufenthalt auf der Insel Dingsda samt Flügel betrugen 210000 Mark. Auch so war die journalistische Wirklichkeit damals, aber es waren, heute im Rückblick betrachtet, keine wirklich guten Zeiten, sondern abstoßend fettlebige.

Die Erinnerung an einen der wahrhaft Großen des Metiers wiederum stimmt heiter. Auch er liebte es, auf Kosten des Hauses Spesen zu machen. Doch schmückte er die mit witzigen Einfällen. Heute kämen solche Witze gar nicht gut an, damals wurden sie weitererzählt. Wenn Johannes Gross allein essen ging, ließ er sich bei der Bestellung ausschließlich von seinem Geschmack leiten. Der war bestens und exquisit. Wie immer rechnete er Speisen und Getränke ab, und als Begründung für die Ausgaben schrieb er hin: Selbstgespräche. Es gab nie eine Nachfrage aus der Abteilung Spesenprüfung. Selbstverständlich wurden seine Ausgaben beglichen.

Andere Bilder steigen auf: Der zufällig einmal anwesende Weltreisende pflegte die Kantine zu meiden, weil dort die Gefahr bestand, von ihm fremdem Volk angesprochen zu werden. Das mochte er gar nicht. Auf dem Flur vor seinem Büro lag mal ein Redakteur. Offenbar bewusstlos. Er stutzte nur kurz, stieg über den Körper hinweg und gab seiner Sekretärin den Auftrag, den Mann wegschaffen zu lassen bis zu seiner Rückkehr. Dann ging er wie üblich in ein nahe gelegenes Restaurant. Manchmal lud er einen seiner Untergebenen zum Tischgespräch ein. Wie immer, Herr Doktor?, fragte der beflissene Oberkellner. Wie immer, nickte der Angesprochene leutselig. Woraufhin als Vorspeise ein kleiner Topf mit Kaviar und Champagner serviert wurde. Die Rechnung wie üblich direkt ...? Wie üblich direkt.

Unsichere Zukunftsreisen ohne erkennbares Ziel waren

englischen und amerikanischen Papiertigern eher suspekt. Vor der Alternative, im schlechtesten Fall wie der sprichwörtliche Tiger als Bettvorleger zu enden oder bestenfalls in ein paar Jahren von ihren verbliebenen Käufern nur noch dazu benutzt zu werden, nass gewordene Schuhe auszustopfen, entschieden sie sich für Kampf. Zogen mit neuen Strategien in die Schlacht. Klauten dem digitalen Gegner seine Waffen und bildeten an denen ihre Truppen aus. Was sich auch weniger martialisch am Beispiel der Gray Lady *New York Times* und ihres britischen Verwandten *Guardian* erzählen lässt.

Die *NYT*, die für sich in Anspruch nimmt – was von ihren Konkurrenten schmallippig nicht bestritten wird –, die beste Zeitung der Welt zu sein, konterte sinkende Auflage und schwindende Anzeigenerlöse mit einer Mischung aus Selbstbewusstsein und Wagemut. Wochentags verkaufte die *New York Times* zwar stolze 1,1 und sonntags 1,6 Millionen Exemplare, aber selbst das reichte nicht mehr für schwarze Zahlen. Wer kostenlos digital bekam, was auf Papier gedruckt kostete, brauchte für seine Entscheidung nur einen Klick. Die intellektuelle Leserschaft aus New York wollte zwar nach wie vor Papier rascheln hören, aber die Jungen liebten andere Geräusche.

Selbstbewusst blieb die *New York Times* sich und dem Papier weiterhin treu, auch wenn sie ein Online-Angebot aufbaute. Errichtete aber für Letzteres Schranken gegen einen unbeschränkt kostenlosen Zugang. Zwanzig Artikel pro Monat sind frei aufzurufen – wer mehr wissen will, muss zahlen oder Abonnent der gedruckten *NYT* sein. Laut waren in der Branche die Warnungen. Man werde alle verlieren, die Alten wie bisher schon und die Jungen jetzt auch noch. Die Verleger wagten es dennoch, und ihr Mut wurde belohnt. Bald nutzten mehr als 450 000 Digital Natives das Angebot, nach der Wahl von Trump gewannen sie in nur drei Monaten 250 000 neue Abonnenten.

Der englische *Guardian* konnte sich jahrelang die Verluste seiner Printausgabe leisten, denn er wird finanziert von einer Stiftung, dem Scott Trust. Allerdings war das Ende dieses Modells absehbar bei einem jährlichen wachsenden Minus von 40, 45, 50 Millionen Euro und einem Stiftungsvermögen von rund 200 Millionen Pfund. Mit 85 Millionen Besuchern auf seinen Online-Seiten gehört der *Guardian* zwar weltweit zu den drei Größten der Branche hinter der Londoner *Daily Mail* und der großen Schwester aus New York. Aber der Zugang kostet nichts, und dabei soll es auch in Zukunft bleiben. Vom Renommee allein wiederum lassen sich Gehälter und teure Recherchen, die zum Wesenskern des *Guardian* gehören, sowie Druck und Vertrieb nicht bezahlen, so überlebensgroß der Ruf der Zeitung auch ist.

Der *Guardian* hatte nicht nur das Imperium des skrupellosen Tycoons Rupert Murdoch erschüttert, als er mit *Digging* der guten alten Art aufdeckte, dass die Bluthunde der sonntäglich erscheinenden *News of the World* unter tatkräftiger Mithilfe bestechlicher Scotland-Yard-Beamter die Telefone von Mordopfern, Politikern, Filmstars gehackt hatten. Woraufhin Murdoch, der davon angeblich nichts gewusst haben will, öffentlich um Verzeihung bat und bußfertig sogar das Blatt einstellte. Der kühle Stratege ging davon aus, dass die von nun an heimatlosen Leser der *News of the World* nicht zur seriösen Konkurrenz wechseln würden, sondern zur ebenfalls ihm gehörenden *Sun,* mit zwei Millionen Auflage ein Gossip-Darling der Massen. Im Vergleich mit ihr ist *Bild* die *Zeit.*

Der *Guardian* hatte – gemeinsam mit dem *Spiegel,* der *New York Times, Le Monde* und *El Pais* – die von Wikileaks aufgedeckten geheimen Depeschen US-amerikanischer Botschafter gedruckt und auch alles, was der ins Moskauer Exil geflüchtete Whistleblower Edward Snowden über die amerikanische NSA enthüllte, die Telefongespräche von Politikern abgehört hatte, einschließlich die der Bundeskanzlerin Angela Merkel. »Your print edition may not always capture breaking news, but it will never disappoint in providing thoughtful, informed analysis and opinion writing on those world affairs«, verkündete die Redaktion stolz selbstbewusst. Selbstverständlich könne die gedruckte Ausgabe nicht alle Breaking News enthalten, aber niemals werde die Printausgabe enttäuschen, indem sie nicht nachdenkliche, informierte Analysen und Meinungen über das veröffentlicht, was auf der Welt passiert.

Deshalb war der *Guardian* dabei, als im April 2016 unter Führung der *Süddeutschen Zeitung* die Panama-Papers veröffentlicht wurden, sowohl online als auch gedruckt, gleichzeitig mit achtzig Medienpartnern, die meisten von ihnen Mitglieder im *International Consortium for Investigative Journalists* (CICIJ), zu dem weltweit zweihundert Journalisten gehören, die als grenzüberschreitendes Team recherchieren. Finanziert durch Spenden des Milliardärs George Soros. Die Enthüllung der Panama Papers und ihrer zwielichtigen Besitzer – Politiker, Mafiosi, Manager, Drogendealer, Terroristen –, die ihr Geld in Briefkastenfirmen versteckten, gesteuert von der in Panama ansässigen Kanzlei Mossack Fonseca, basierend auf Tausenden von Dateien, war im März 2016 ein globaler Scoop.

Der konnte nur gelingen, weil die Besten der analogen und die Besten der digitalen Medien im Team gearbeitet hatten, nachdem ein Whistleblower die *Süddeutsche Zeitung* informiert und auf die Spur des schmutzigen Geldes gesetzt hatte. Ein Jahr lang recherchierten Journalisten in 76 Ländern, in

Deutschland die von der *Süddeutschen Zeitung* und von NDR und WDR, gemeinsam im Dunkelfeld der Geldwäscher und Steuerhinterzieher. Dass fünfhundert Banken in diesem Geschäft mitmischten, darunter auch 28 renommierte deutsche Geldhäuser wie die Deutsche Bank, die Commerzbank, die HypoVereinsbank, überraschte allerdings eher weniger. Viele von denen haben keinen Ruf mehr zu verlieren.

Ein Jahr lang hatten alle gemeinsam recherchiert, ihre handwerklichen Stärken in einem Kraftpaket gebündelt – auch das ist ein Modell mit Zukunft in der Krise –, um zu enthüllen, dass amtierende und ehemalige Spitzenpolitiker, Fußballstars und Fürsten, Parlamentarier und Musiker aus aller Herren Länder, vom Irak bis Island, von Saudi-Arabien bis Russland, über eine Briefkastenfirma in Panama Milliarden gebunkert hatten. Dafür gab es begeistertes Lob aus der Netzgemeinde. Aber das generierte noch keine Einnahmen.

Alan Rusbridger, ein Mann mit Haltung, Moral, Mut, ein Vertreter alter journalistischer Primärtugenden, der zwanzig Jahre lang als Chefredakteur den *Guardian* prägte und ihm den weltweit wohl besten digitalen Auftritt einer Zeitung verpasste, blieb trotz roter Zahlen und trotz sinkender Auflage unbeirrbar bei seiner Strategie, sein Blatt täglich kostenfrei online anzubieten. Was er noch so alles neben seinem Fulltimejob meisterte, wird später noch erzählt. Seit einem Aufenthalt im Labor der Neuen Welt, dem Silicon Valley, war er überzeugt davon, dass der *Guardian* nur mit einem starken Netzauftritt überleben konnte. Als das Ende auszurechnen war, weil bei den jährlichen Verlusten das Stiftungsvermögen von rund 200 Millionen Pfund nur noch knapp vier Jahre reichen würde, überredete er den Scott Trust, zu veräußern, was im Portfolio an Nutzwertigem lag, mit Journalismus aber nichts zu tun hatte, um mit dem Erlös die Zukunft des *Guardian* und des *Observer* am Sonntag zu gewährleisten. Der Verkauf des *Auto Trader*, größte Online-Plattform für gebrauchte Autos in Großbritannien, erbrachte zwei Milliarden Euro. Die Zukunft, Print wie digital, des *Guardian* scheint damit für die nächsten zwanzig Jahre erst einmal gesichert.

Für eine freie, offene Gesellschaft sind Ethos, Moral, Qualität von Journalisten überlebenswichtig. Im berühmten *Columbia Journalism Review* liest sich das selbstbewusst so: »Du bist ein Journalist, und du bist nicht Teil des Staates. Deine Aufgabe ist die Aufdeckung und nicht die Geheimhaltung. Du stehst abseits der Macht, um sie zu hinterfragen. Deine Aufgabe ist es, das öffentliche Interesse an deiner Geschichte im Blick zu haben und verantwortungsbewusst zu veröffentlichen, was du für wichtig hältst. Als Journalist darfst du über das, was von öffentlichem Interesse ist, genauso urteilen wie ein Richter.«

Aber auch mit eigenen ungewöhnlichen Aktionen leistete die Redaktion des *Guardian* einen Deckungsbeitrag drei. Das Angebot, an einem *Guardian Weekend* genannten Ereignis teilzunehmen, nutzten 5000 Leser und zahlten pro Kopf umgerechnet 75 Euro. Dafür wurden ihnen geboten nicht nur persönliche Begegnungen mit Redakteuren und Managern, sondern auch Vorträge von Philosophen und Wissenschaftlern, Diskussionen mit Politikern, Auftritte diverser Künstler und Sportler, sogar Bootsfahrten auf dem Regent's Canal, an dem das Verlagshaus gelegen ist. Selbstverständlich gab es zu essen und zu trinken. Die Zeitung öffnete sich als eine Community von Gleichgesinnten wie ein Verein mit Vereinslokal. Einnahmen nach Abzug aller Kosten an den beiden Tagen: rund 400 000 Euro.

Was die Marktwirtschaft nach wie vor, ob einst, ob jetzt, so reizvoll macht, sind branchenübergreifende Expeditionen auf der Suche nach Marktlücken. Auf dem weiten Feld des Digitalen funktioniert dabei vieles, was zu analogen Zeiten in den Abgrund geführt hätte, in die Insolvenz. Wer zu früh kommt, den bestraft nicht das Leben, sondern der Markt. *Courir vers le futur, c'est la mort du présent,* wer nach der Zukunft trachtet, tötet die Gegenwart. Ebay-Gründer Pierre Omidyar entdeckte, reich geworden durch seine online erfolgreich umgesetzte Idee so wie Amazon-Chef Jeff Bezos, seine Liebe zum Wesentlichen und gründete die digitale Enthüllungs-Website *The Intercept.* Für die wiederum brauchte er, um erfolgreich zu sein, die Besten aus der analogen Welt und verpflichtete den Mann, der die NSA-Daten von Snowden aufbereitet und im *Guardian* veröffentlicht hatte – Glenn Greenwald.

Alles nicht vergleichbar mit irrsinnig guten Ideen aus analogen Zeiten. Mit dem, was einst der *Rolling Stone* an seinem Geburtsort San Francisco unternommen hatte, um das Redaktionsbudget aufzufüllen. Die Idee des obersten Journalisten und Blattgründers Jann Wenner war originell und verwegen. Immer um die Mittagszeit kamen junge Menschen in die Fabriketage, wo die Redaktion arbeitete. Die Reporter und Grafiker waren etwa so jung wie ich. Nur Joe Esterhasz, der in einem Zahnarztdrehstuhl dichtete, schien älter zu sein. Als er mit dem Drehbuch zu *Basic Instinct* Jahre später berühmt wurde, stellte sich heraus, dass uns nur ein einziges Jahr trennte. Die Boten hatten einen großen, aufgeklappten Bauchladen umgeschnallt, auf dem lagen fünf, sechs Sorten unterschiedlich belegter Sandwiches. Eine unverdächtige Oberfläche. Ich bediente mich jeden Mittag selbst.

Darunter aber lauerte Bückware: Drogen aller Art, außer LSD und Heroin. Anwesend waren, Tag für Tag frisch, der schwarze Afghane, der rote Libanese, der grüne Türke. Die Einnahmen des Sandwich-Dealers verblieben zu zwei Dritteln bei ihm, ein Drittel lieferte er täglich bar ab beim Empfang. Das Geld kam direkt dem Redaktionsbudget zugute. Ein Bartergeschäft. In jeder Ausgabe des *Rolling Stone* wurde ein Artikel durch Drogengeld finanziert.

Eine ideale Leser-Blatt-Bindung. Als Zukunftsmodell aber aus der Zeit gefallen.

4

Von der Einsamkeit vernetzt lebender Großstadtsingles

Eine Sinn stiftende Antwort zu finden auf die ewige Menschheitsfrage, worin denn der Sinn des irdischen Daseins bestehe, ist unter Philosophen als Heureka-Moment so ersehnt wie im gemeinen Volk der Sechser im Lotto. Rezepte für ein erfülltes Leben verkaufen sich bestens, obwohl es seit jener in Stein gemeißelten Veröffentlichung der zehn Gebote auf dem Markt nichts wesentlich Neues gegeben haben dürfte. Formate und Formulierungen entsprechen seitdem der jeweils aktuellen Stufe der Aufklärung und dem neuesten Stand der Technik. Propheten der Verheißung namens *Künstliche Intelligenz* (KI) sind zweifellos fruchtbar schlau. Aber in ihren Möglichkeiten stoßen sie an natürliche Grenzen. Denn erzeugt und programmiert werden alle Maschinen des Fortschritts, auch diese, nun mal von ihnen, von Menschen, und das immerhin steht fest: Maschinen können vieles. Doch eines werden sie nie können: denken. Solange künstliche Intelligenz die menschliche nicht erreicht, solange sie sich keine Kinder zeugen kann, bleibt sie hilfreich. Aber beschränkt.

Dem KI-Produkt *Siri* Sinnfragen zu stellen ist deshalb sinnlos. Das *Speech Interpretation and Recognition Interface*-Programm »versteht, was du sagst, weiß, was du meinst, und spricht sogar mit dir«, versichert seine Mutter Apple. Da unter potenziellen Käufern niemand von Verstand glaubt, Werbung sei verwandt mit Wahrheit, ist es, halb wahr, halb gelogen, derart angepriesen okay. Denn *Siri* hört in der Tat, was ihr gesagt wird, registriert einzelne Begriffe, verarbeitet diese im Rahmen ihrer einprogrammierten Fähigkeiten, führt einfache Aufträge zielstrebig in Echtzeit aus, doch versteht nur Bahnhof, falls es um mehr geht als um Ankunfts- und Abfahrtszeiten. »*Siri* macht dir das Leben leichter«, legt Apple dennoch vielversprechend nach. Man müsse halt die richtigen Fragen stellen und nicht grundsätzliche wie solche, ob es noch ein Leben nach dem Tod gebe oder ob es bei dem einen vor dem Tod bleibe.

In den analogen Zeiten vor *Apple Siri, Microsoft Cortana* und *Google Now* pilgerten Sinnsucher gemächlich zu Fuß an einen Wallfahrtsort oder hofften auf göttliche Erleuchtung in einem Kloster ihrer Wahl. Diesseitsgläubige schrieben sich in Universitäten ein, weil es ihnen um Weltliches statt um Göttliches ging, und stellten nach bestandenen Klausuren in Uni-nahen Kneipen die Welt oder ihre Beziehungen infrage. Besserverdiener legten sich auf die Couch von Psychoanalytikern, die sie mittels Therapie von ihren seelischen Problemen befreien sollten. In Zeiten vor Freud, Adler und Jung waren Selbstgespräche für die Selbsterkenntnis segensreicher als Beichten bei Heilslehrern in göttlicher oder in weltlicher Kleidung. Selbstfindung im Dialog mit sich selbst lautet die Philosophie von Sokrates, von ihm verkündet in Athen Jahrhunderte vor Christus, in uralten viel schlechteren Zeiten. Die Obrigkeit verurteilte ihn bekanntlich wegen Götterlästerung und geistiger Verführung von Jugendlichen zum Tod. Ihn töten zu dürfen gönnte er den Herrschern nicht. In einem gelassenen letzten Akt von Selbstbestimmung trank er den Schierlingsbecher bis zur Neige aus.

Gegen psychische Leiden gibt es keine für alle gültige Glücksformel, und es wird sie nie geben. Die Software Seele ist von Mensch zu Mensch unterschiedlich anfällig für Störungen. Von Seelenklempnern zwecks Reparatur angebotene Hardware des digitalen Zeitalters täuscht Fortschritt nur vor. Wer stattdessen ein Buch liest oder Sokrates, Platon & Co. studiert und sich den Leitfäden der Placebo-Psychologen verweigert, kommt von selbst auf neue, von Zeit zu Zeit unmittelbar klärende gute Gedanken.

Wie alle anderen Digitalagenten hat *Siri* kein Gespür dafür, in welcher Stimmung sich die Fragenden gerade befinden, ob sie fröhlich oder traurig sind, verzweifelt oder voller Hoffnung. Wer von ihr etwas will, muss sich beschränken auf Fragen nach dem kürzesten Weg zur Pizzeria, den Anfangszeiten eines Films, der nächstgelegenen Nachtapotheke. Zudem laut und deutlich sprechen, damit sie versteht, worum es konkret geht. Das Programm setzt Klartext voraus und hilft so indirekt bei der Integration von Menschen, die erst Deutsch lernen müssen, bevor sie mit *Siri* digital intim werden dürfen. Also Syrern und Sachsen, Afghanen und Franken, Irakern und Schwaben.

Ein Navigationssystem im Auto führt mittels GPS durch reale Landschaften an einen realen Ort. Ein wesentlicher Fortschritt für alle, die einst im analogen Zeitalter der gedruckten Pläne unfähig waren, Straßenkarten zu lesen, Himmelsrichtungen zu deuten und ein bestimmtes Ziel anzusteuern. Das Navi ist verwandt mit *Siri*. Es findet zwar Erlebniswelten, Badewelten, Wellnesswelten, Einkaufswelten, aber die besten Verbindungen zu dem, was die Welt im Innersten zusammenhält, kennt es nicht. Ebenso wenig sind Navis erfahren in Seelenlandschaften, weil es dort keine Straßen, nicht mal Wege gibt, geschweige denn Verkehrsschilder, an denen sie sich orientieren könnten. Der Fortschritt stößt genau dort an seine Grenzen, wo es eigentlich erst so richtig spannend wird, wo es wie schon immer um alles oder nichts geht – um uns.

Das ist erstens logisch, denn weil Computer von Menschen programmiert werden, sind ihre interaktiven Möglichkeiten begrenzt, und zweitens ist es keine neue Erkenntnis. Solange Religion den Menschen glaubte vorschreiben zu können, dass es im Leben nur einen Weg gebe, den zu Gott, die Wege des Herrn aber wiederum unergründlich seien, weshalb es der Führung durch seine Stellvertreter auf Erden bedürfe, endeten Fortschrittsgläubige mal in den vatikanischen Bleikammern, mal auf dem Scheiterhaufen, mal im Exil. Erst als sich Menschen selbst befreiten von der ihnen auferlegten Pflicht, an den allmächtigen Schöpfer glauben zu müssen, als sie die Welt begriffen als permanenten evolutionären Prozess, an dem sie sich aktiv beteiligen durften, wurde Wissen ein Machtfaktor und Kants volksnahe Übersetzung des lateinischen *Sapere aude* – Wage, weise zu sein – eine Parole der Aufklärung:»Habe Mut, dich deines eigenen Verstandes zu bedienen.«

Der moralische Mutmacher Kant ist zeitlos gut. Zwar helfen dem Verstand nicht nur Bücher oder Philosophen wie einst, sondern heutzutage auch Suchmaschinen und Programmierer. Aber die notwendigen Algorithmen funktionieren wertfrei. Sie können sowohl *Somebody's Asshole* als auch *Everybody's Darling* sein, bedienen sowohl Terroristen als auch Geheimdienste, sowohl Wissensdurstige als auch Sexhungrige. Computer kennen keine moralischen und keine ethischen Bedenken. Sie sind weder gut noch böse, alles ist ihnen wertfrei gleich gültig. Sie setzen um, was ihnen eingespeist wurde, egal ob zum Segen oder zum Fluch. Zwar können sie reden, aber ebenso wie nicht alles ein Vergleich ist, was hinkt, sind beweisbar nicht alle intelligent, die reden.

Als Fortschritt wird betrachtet, bereits am Abend von WhatsApp vorgewarnt zu werden, dass es morgen regnen wird. Früher hätte an dem Tag ein Blick in den verhangenen Himmel oder auf die Regentropfen am Fenster genügt. Als Fortschritt wird bezeichnet, nach Bestellung eines Taxis per SMS den Namen des Chauffeurs zu erfahren. Früher hätte man die Fahrt auch ohne dieses Insiderwissen überstanden. Als Fortschritt wird empfunden, auf Facebook vierhundertundachtzig Freunde zu haben. Früher hätten schon zwei, drei fürs ganze Leben genügt.

Mittlerweile gibt es fortschrittliche Apps, die für ein paar Stunden denen einen Zugang zum Internet sperren und die virtuelle Realität ausblenden, die ihrer Sucht selbsttätig nicht Herr werden. Zeit zu gewinnen für Analoges mithilfe des Digitalen klingt einerseits absurd, andererseits nach einer glücklichen Mesalliance. Lesend eröffnen sich zwar Wege zu Erkenntnissen, aber die zu erfahren braucht es Muße. Edouard Manets Gemälde *Le Printemps* hilft zwar gegen Novemberblues, wirkt aber nur im Museum von Angesicht zu Angesicht. Klavierkonzerte von Mozart trösten bei Weltschmerz, aber wer sich nicht verzaubern lässt, verspürt keine Besserung. Kultur kostet ihrer Wesensart entsprechend grundsätzlich immer Zeit, wenn sie als Fremdenführerin in ferne Welten dient. Aber wer ihr dahin folgt, statt süchtig nach Neuigkeiten im Netz zu surfen, gewinnt Unbezahlbares am Ende des Regenbogens.

Denn am Ziel solcher Reisen werden Bilder auftauchen und Melodien erklingen und Wörter erblühen, in denen sich Menschen entdecken oder sogar erkennen. Das mutet so umschrieben leicht irre an. Schließlich gibt es keine Landschaft mit Wegweisern, auf denen sich bequem vor Antritt der Reise wählen ließe zwischen moralischen Orten namens Gut und unmoralischen namens Böse. Schließlich gibt es keine verbindlichen Bilder, die ein krudes Weltbild auslöschen, keine Melodien, die das Heulen aller Hunde des Krieges übertönen, und keine schlagenden Wörter, die Populisten das Maul stopfen oder ihren Twitter-Account sperren könnten. Dennoch ist Resignation nicht die logische Konsequenz, sondern nur eine falsche. Bekanntlich bringt in Gefahr und höchster Not der Mittelweg den Tod. Deshalb müssen Spezialkommandos, mutig ihren Verstand benutzend, in die Schlachten gegen die schrecklichen Vereinfacher ziehen, hoch motiviert, ausgebildet an modernsten Waffen, vertraut mit der neuesten Technik. Das liest sich wie eine der üblichen Generalmobilmachungen aus analogen Zeiten. Ist jedoch an dieser Stelle die Überleitung zu einem digitalen Truppenübungsplatz in der Mitte von London.

Er liegt in 70 Marchmont Street und ist dort eingetragen als *School of Life,* als Schule des Lebens. Auf eine griffige Formel reduziert lautet ihr größenwahnsinnig cooler Anspruch, die vorhandene Masse an Weisheiten weltweit zu verbreiten. Die Ware ist analog. Die Vertriebswege sind digital. Sie brauchen einander für die Performance. *School of Life* stillt als Provider Wünsche einer im Internet an bewegte Bilder und bunte Animationen gewöhnten Schar von Schülern, denen insgeheim der Sinn nach Höherem steht. Dieses ihnen unbekannte Wesen lässt sich nicht im World Wide Web ergoogeln. Klassische Bildung mittels moderner Technik zu vermitteln lautet deshalb die Botschaft der *School of Life.* Die Verknüpfung von analoger und digitaler Welt zu beider Nutzen ist eine zwar simple Idee, längst erfolgreich umgesetzt von Amazon, aber auf die besondere hier musste ein kreativer Geist erst einmal kommen. Sie lag nicht auf der Straße. Zur richtigen Zeit geboren aber war sie verblüffend einfach und so gesehen einfach gut.

Ähnlich wie die benachbarten Shops oder Pubs ihre besonderen Eigenheiten anpreisen – *All you can eat* für sieben Pfund, Markenklamotten zum halben Preis, eine Woche Flug und Hotel auf Mallorca für 141 Pfund –, verspricht dieser Laden *Good ideas for everday life*. Sie werden auf der Homepage der Schule offeriert wie anderswo die Spezialitäten eines Restaurants. Der Vergleich mit Speisekarten bietet sich an. Da wird das Angebot einer Küche zunächst im Überblick aufgeteilt in Fisch oder Fleisch, in Pasta oder Vegetarisches, in Suppen oder Salate, Süßes oder Käse, und darunter stehen dann die passenden Gerichte gelistet. Ähnlich wirbt *School of Life* um Kunden. Main Courses, Hauptgerichte, sind *Relationships* statt Fish, *Capitalism* statt Meat, *Work* statt Vegetarian, *Self* statt Salads, *Curriculum* statt Soups oder *Culture* statt Desserts.

Unter der Überschrift *Relationships* sind in der Schule die meisten Speisen angerichtet. Das liegt am grundsätzlich großen Hunger der Zielgruppe Mensch nach menschlicher Nähe. Als Kind früher fokussiert auf die Eltern, als Erwachsene dann darauf, nahe Liegende zu finden mal für eine Nacht, mal für die Ewigkeit. Auch dies war schon immer so und wird immer so sein. Zwischenmenschliches ist zeitlos. Aber die Vereinsamung vernetzter Großstadtsingles ist inzwischen von kühlen Rechnern mit mutigen Ideen als vielversprechender Wachstumsmarkt erkannt worden. Enttäuschte Erwartungen und unerfüllte Sehnsüchte, frustrierende Erlebnisse und heimliche Versagensängste prägen sowohl das Liebes- als auch das Berufsleben. Deshalb hat die Schule in der Tradition Sigmund Freuds so viele Angebote im Fach Psychoanalyse auf ihrem Lehrplan.

Das Hauptgericht, Spezialität dieses Hauses, und auch das ist keine wirkliche Überraschung, heißt Sex. Gewürzt von den üblichen bekannten Klassikern: Der Liebhaber ist verheiratet, verspricht viel und hält am Ende nichts. Die Geliebte lebt in einem anderen Land, und der Fernbeziehung fehlt es an Intimität: Der begehrte Partner ist todkrank und hat nur noch Monate zu leben. Die Urlaubsaffäre steht an der heimischen Wohnungstür und möchte für immer bleiben.

Wer angesichts der beschriebenen Probleme gähnt, der gähnt zu Recht, weil solche Szenarien seit der Vertreibung von Adam und Eva aus dem Paradies quer durch Zeiten und Kontinente passieren. Selbst die beste Schule des Lebens könnte keine Lösungen anbieten. Das wissen auch die Hausphilosophen der *School of Life*. Also bauen sie Hilfskonstruktionen. Gewisse Situationen würden sich nur deshalb romantisch anfühlen, weil man insgeheim wisse, dass sich die damit verbundenen Hoffnungen eh nie erfüllen. Also könne man ohne schlechtes Gewissen einer sich bietenden Versuchung nachgeben und müsse nicht befürchten, dass es *post coitum* zum ewigen Schwure komme. Bei denen, die an Kerzen, Mondschein und Romantik glauben, stirbt aber die Hoffnung auf ein Happy End zuletzt, und bis dahin zahlen sie liebend Lehrgeld. Sie lernen tatsächlich nicht für die Schule, *non scholae*, sondern fürs Leben, *sed vitae*, was von Seneca jedoch umgekehrt in die Welt gesetzt wurde.

Lust auf besondere Sexpraktiken sei kein Grund, sich als Freak zu fühlen. So steht es neben vielem anderen in den sechs Kapiteln des *Book of Life*, der laufend aktualisierten Schulsatzung. Geweckt würde Begehren jenseits der Norm zum Beispiel durch das Betrachten von Pornografie, was seit dem *All you can click* im Internet nicht mehr in versifften Kabinen grenzwertiger Etablissements stattfinde, sondern im Internet bequem zu Hause erledigt werden könne. Nach Einschätzung der US-Firma ALEXA, die sich spezialisiert hat auf Analysen von Websites, dürften weltweit etwa fünf Prozent von denen pornografische Inhalte anbieten. Gezielt programmiert für pubertierende männliche Jugendliche. Geblieben seien wie einst auch jetzt trotz digitaler Lusterfüllung die analog auftretenden Schamgefühle. Ein weites Feld für Therapeuten. Sie beackern es lustvoll. Das Schulgeld ist gestaffelt nach Thema und Aufwand. Die regelmäßig auf dem Lehrplan stehenden Kurse – *How to be creative, How to manage stress, How to have better conversations, How to communicate better in love*, Dauer jeweils zweieinhalb Stunden, wobei alles mit Liebe stets abends stattfindet – sind mit 45 Pfund pro Person gelistet. Es gibt einmal pro Jahr Wochenkurse, in denen für 800 Pfund das gesamte Spektrum des Lehrplans an sechs aufeinanderfolgenden Tagen dargeboten wird. Auf dem eigenen YouTube-Kanal der Schule ist in bunten Graphic-Novel-Szenen kompakt allerlei Wissenswertes anklickbar aus Politik, Geschichte, Philosophie, Kunst. Auch das kommt gut in der Zielgruppe an: Max Weber und seine Thesen, Stand April 2016 mit 352 605 Klicks. Macchiavelli 286 052, Sigmund Freud 379 825 und Spitzenreiter Karl Marx 847 336. Was so alles noch in der Apotheke der geistigen Überlebensmittel steht, wird vorgestellt per moderner Bildsprache in genau sechzig Sekunden. Wer mehr wissen will, klickt sich im Netz weiter oder bucht online einen Kurs vor Ort.

In früheren Zeiten war nie bezweifelt worden, dass Arbeit nicht nur notwendig, sondern auch sinnvoll ist. *Work* war unvermeidlich, um mit erworbenem Lohn sein Leben zu fristen. Die Trennung der beiden Welten Arbeit und Leben galt als Naturgesetz. Nur wer sein Tagwerk verrichtet hatte, durfte sonntags Tauben züchten. Selbstbestimmtes Arbeiten, egal zu welcher Tageszeit, bei dem am Ende nur das Ergebnis zählte, war allenfalls bei einer Minderheit verbreitet, die sich Berufe wie Privatdozent oder Lyrikerin oder Denker dank eines väterlichen Erbes leisten konnte.

Heute muss Arbeit zwar wie eh und je das tägliche Leben finanzieren, soll aber idealerweise persönlichen Wünschen entsprechen, sinnvoll sein und gleichzeitig Mehrwert stiften. Für die nachhaltig wachsende Branche der Lebenshelfer, die in wohlhabenden Ländern der Welt boomt und nach Tiefgang und Bedeutung Anmutendes für ihre Angebote nutzt, gibt es dafür einen verlockenden Begriff: *Work-Life-Balance*, Ausgewogenheit von Arbeit und Leben. Das klingt schon mal verdammt gut, allerdings scheitert der harmonische Gleichklang zumeist an der Realität. In den meisten Berufen bestimmen feste Arbeitszeiten und Normen das Leben. Inneres Gleichgewicht zu finden ist bei solchen Jobs nicht selbstverständlich oder im Gehalt inbegriffen möglich. Bei der »Berufsberatung« in dieser Schule im Londoner Stadtteil Bloomsbury wird deshalb ein erster Schritt zur möglichen Lösung angeboten mittels Psychoanalyse, um der im Unterbewusstsein verborgenen Sehnsucht nach jenem Gleichklang einen konkreten Namen geben zu können. Dann erfolgt die fachfrauliche Begleitung hin zur Selbsterkenntnis.

Bleibt der Wunsch nach *Work-Life-Balance* oder gar *Work-Life-Blending*, wonach Arbeit nicht mehr als Arbeit erkennbar, sondern der Übergang zur Freizeit fließend sein soll, ein wohl nicht zu erfüllender Traum, weil es an den notwendigen freiberuflichen Fähigkeiten fehlt – im Volksmund bekannt als »Schuster, bleib bei deinen Leisten« –, oder ist es aller Mühen wert, sich mittels Berufswechsel aufzumachen zum Regenbogen? Getreu ihrer Philosophie, dass alles erlernt werden kann, weil das Leben eine nie endende Schule sei, lehrt in der *School of Life* eine Business Unit, die Coaching und Therapie vereint als *Package Deal* anbietet.

Mit fortschreitender Entwicklung der künstlichen Intelligenz werde es in etwa vierzig, fünfzig Jahren möglich sein, durch einen sogenannten *Locator* auch ein individuelles geodätisches Netz zu spannen, in dem aufgrund persönlicher Daten die Karriere rational planbar wird. Diese Prognose steht in schlichter Animation und schlichten großen Worten im Leitfaden *Emotional Technology* der Schule und ist als angeblich machbare Zukunft nicht zu widerlegen durch Fakten aus der Gegenwart. Das haben Visionen so an sich, und wer daran zweifelt, dem fehlt es schlicht an Fantasie.

Vor ein paar Jahrzehnten, als sich die Welt noch analog drehte, habe ja auch noch niemand für möglich gehalten, dass man, wie es heute selbstverständlich sei, eine Bordkarte für den Ferienflug am Schreibtisch ausdrucken oder auf dem Smartphone speichern kann. Dass sämtliche Meisterwerke aus Plattensammlungen auf einen Stick passen und überall angehört werden können, wo es ein starkes WLAN gibt, oder dass aus Florida gesteuerte Drohnen im fernen Hindukusch über Leben und Tod bestimmen.

Die Schulspeise *Culture* ist nicht etwa bloß eine Sättigungsbeilage namens Gutes, Wahres, Schönes, also leichtverdauliche Seelennahrung. Sondern sorgfältig als Ersatz zubereitet für den einst aufgetischten Hauptgang Religion. Kultur habe eine therapeutische Wirkung im Alltag, weil sie helfe, die ungelösten Probleme in der Außenwelt und die Schwierigkeiten in der Innenwelt zu meistern. Das gilt für die Literatur wie für die Kunst, für die Musik wie für den Film, für das Theater wie für die Fotografie. Kultur sei kein Selbstzweck, sondern Mittel zum Zweck.

Der wiederum lautet Lebenshilfe. Komödien zum Beispiel würden lehren, dass jeder Clown, jeder Tölpel ein sympathischer Zeitgenosse sein kann. Nicht nur der auf der

127

Bühne oder auf der Leinwand, sondern auch jener Trottel, der nebenan oder auf der anderen Straßenseite wohnt. Kunst zeige, was verborgen in den Suchenden schlummert, sowohl Fleischliches wie in den Bildern von Lucien Freund als auch Abgründiges wie in denen von Hieronymus Bosch und Verstörendes wie blaue Pferde, gelbe Kühe, lila Esel bei Franz Marc und Bedrohliches wie bei Gerhard Richter. Kunst habe deshalb, auch jenseits von Leonardo da Vinci und William Turner, Rembrandt und Pablo Picasso, die zum Kanon der Allgemeinbildung zählen, einen Heureka auslösenden Effekt individueller Selbstfindung.

Architektur in Millionenmetropolen und Design von Lampen werden vorrangig beurteilt nach ihrem Nutz- und Gebrauchswert. Schafft jene auch genügend Wohnraum für viele Menschen? Bringen sie auch genug Licht ins Dunkel? Diese Funktionen lassen sich aber ebenso gut in Formen gießen, die zusätzlich auch noch Harmonie ausstrahlen, ohne dass ihr Zweck darunter leidet. Wiederum keine wirklich neue Idee, denn die verkündete schon vor bald hundert Jahren das Bauhaus in Weimar und Dessau, und dass sie funktioniert, ist sichtbar bis heute in Wagenfelds Lampe oder in den Gebäuden Mies van der Rohes in Chicago, frei nach dem Manifest von Walter Gropius, wonach Kunst nichts weiter ist als eine Steigerung des Handwerks.

Das hätte man genauso gut auch in der analogen Welt erfahren können im Schulunterricht, im Studium, in Bibliotheken. Es ließe sich noch heute bestens in Lexika nachschlagen, in Büchern nachlesen, in Museen betrachten. Ließe sich gar durch ortsunabhängiges Nachdenken auffinden in der eigenen Erinnerungskammer namens Hippocampus, weil die einstmals erworbene Bildung, als es noch keine Memory Sticks gab, dort archiviert worden ist. Der Verdacht liegt nahe, dass *School of Life* möglicherweise doch keine so revolutionäre Idee ist, noch nicht einmalig in ihrer Philosophie, nur einmalig gut gelungen in der Präsentation. Weil sie früher als andere und besser als andere und seriöser als andere alten Wein in neuen Schläuchen verkauft. Der Shop über dem Klassenraum im Keller liefert Indizien für diese Vermutung. Angeboten werden Ratgeber für erfolgreiche Partnersuche und Bücher mit leeren Seiten, in die man diejenigen seiner Gedanken notieren möge, die nicht in die daneben hängenden *Emotional Baggages* passen. Eine simple Sanduhr, angepriesen als *15 Minutes Timer* für fünfzehn Pfund, symbolisiert jene fünfzehn Minuten täglich, in denen Frauen in sich reinhorchen, aber dabei schweigen, und in denen Männer fünfzehn Minuten nicht von sich reden, sondern ihren Nächsten zuhören sollten.

Einen als philosophisch bezeichneten Honig, erzeugt von Bienen vor Ort in Platos Athen, gibt es für schlappe zwanzig Pfund. Schuhe für Philosophen – Motto: beide Beine fest auf dem Boden, Kopf gereckt in den Himmel – für 179 Pfund, einen farbigen Leinenbeutel mit der Inschrift »Emotional Baggage« für 35 Pfund. Ein hochgeschlossener schwarzer Pullover, eingeführt in die Szene der Vor- und Nachdenker angeblich von Martin Heidegger, der sich einen Jumper dieser Machart 1953 in Hamburg gekauft haben soll, würde seinem Träger bereits beim ersten Auftritt das charismatische Image eines Intellektuellen verschaffen. Auch Iris Murdoch oder Herbert Marcuse oder Simone de Beauvoir sollen solch ein Stück getragen haben, für 125 Pfund. Die »Clean Soap« für acht Pfund ist verglichen damit geradezu ein Schnäppchen, denn sie dient therapeutisch nicht nur der äußeren, sondern auch der inneren Hygiene. Bei allen Botschaften hilft ein fester Glaube.

Sogenannte *Bibliotherapeuten* lehren, welches Buch zu welchen Situationen des Lebens passt, und auch auf diese simple Idee musste einer erst einmal kommen. Früher ging es schlicht darum, welche Bücher man gelesen haben musste, um als gebildet zu gelten oder zumindest so zu tun, als hätte man Bildung. Die Behauptung, die Werke von Marcel Proust und James Joyce zu kennen, gleichermaßen Plato wie Sartre zu schätzen, blieb zumeist folgenlos, weil kaum jemand kundig uns Angeber vorführen konnte. Literatur ist eine Weltsprache, egal in welcher Sprache sie gedruckt wird. Literatur verhilft denen zu einer eigenen Sprache, die sich nicht adäquat ausdrücken können. Sie macht leidenschaftliche Leser zu stillen Teilhabern, weil sie Erfahrungen, Visionen, Schrecken mit ihnen teilt. Kinder glauben, es gehe auch um sie, wenn ihnen Märchen vorgelesen werden. Erwachsene sind über solchen Kinderglauben erhaben, würden nie zugeben, dass sie bei der Lektüre insgeheim darauf hoffen, sich sogar selbst zu begegnen in einer Geschichte.

Doch die Sehnsucht aus der Kindheit schläft nur, sie muss lediglich geweckt werden. In Liverpool begann Jane Davis damit vor fünfzehn Jahren. Sie brachte anfangs die trainierten Kampftrinker aus dem Pub und ihre Nachbarn um die Ecke an einen Tisch und las ihnen vor. Beim nächsten Mal übernahm ihre Rolle der Vorleserin einer aus der Runde und teilte seine Gedanken mit allen anderen. *Shared Reading* ist mittlerweile eine gemeinnützige, staatlich unterstützte Organisation, über England verteilt in vielen Gemeinden und Städten, vor allem in Gegenden, in denen als verdächtiger Außenseiter galt, wer dazu neigte, Bücher zu lesen.

Die örtlichen Gruppen treffen sich, unterrichtet per E-Mail, einmal pro Woche und lesen, gesteuert von einem der inzwischen 140 fest angestellten *Faciliators,* gemeinsam aus Werken der Weltliteratur. Nicht vergleichbar mit Lesekreisen besserer Damen in bürgerlichen Salons. Hier trifft sich die sogenannte Unterschicht und wird aus der ihnen anerzogenen Sprachlosigkeit durch Sprache befreit. Literatur ermöglicht durch die Augen von anderen, die der Dichter, die Welt mit anderen Augen zu sehen. Ob in gedruckter Form oder per E-Book auf einem Tablet, ist dabei unwesentlich. Es kommt auf Inhalte an. Literatur erhellt bisher dunkle Räume und öffnet den Blick für Wesentliches. In Romanen der Weltliteratur ist – eine Binsenweisheit, aber wahr – mehr Leben versammelt, als Normalmenschen je werden selbst erleben können.

Das ist von Fall zu Fall auch gut so, weil in einem Buch verdichtete Szenen dann ihren Zauber verlieren, sobald sie nicht mehr nur in der angelesenen Vorstellung existieren, sondern tatsächlich persönlich in Augenschein genommen werden. Die von John Steinbeck liebevoll komisch geschilderte *Straße der Ölsardinen* zum Beispiel ist in Wirklichkeit typisch für den amerikanischen Albtraum. Wer vor Ort die berühmte Cannery Row sucht und die Bilder von Docs Laboratorium und von Miss Mullroys Röhre, in denen Mack und seine Kumpane hausen, und dem allseits beliebten Bordell als Gepäck im Kopf hat, so wie sie der geniale Reporter und Poet beschrieben hat, findet in Monterey außer dem Straßenschild »Cannery Row« hinter der öffentlichen Toilette nur ein Hotel von monumentaler Hässlichkeit, ein paar »For Rent« leerstehende Geschäfte und einen Hinweis aufs örtliche Aquarium. Es riecht nicht einmal mehr nach Sardinen, weil die Fischfabriken zu Ruinen verrottet sind und der Gestank von einst überm Meer verweht ist.

Selbst die Medien, so fragwürdig ihre Bilder von der Welt auch sein mögen und so unnütz ihre Informationen, weil sie oft ablenken von den eigentlichen Problemen, sind Überlebenselixiere und dürfen wie Robinson nie sterben. Sogar die britische Prolo-Presse hat wichtige Funktionen für eine funktionierende Demokratie, denn sie spiegelt immerhin wider Bedürfnisse und Befindlichkeiten der Masse. Das bedenken Politiker vor den nächsten Wahlen. Eine legitime Strategie. Gefährlich wird es erst, sobald sie sich Volkes Stimme ungeniert bedienen und sie sich wie das schamlose Horror-Duo Johnson & Farage bei ihrer Brexit-Kampagne zu eigen machen. Auch Donald Trump ist nicht nur ein blond gefönter New Yorker Clown von geringem Verstand mit dem Benehmen eines Berliner Busfahrers. Sondern entspricht genau dem, was zu viele Amerikaner, arm oder reich, morgens beim Blick in den eigenen Spiegel zufrieden grunzend als wahre Krönung der Schöpfung begrüßen, weshalb sie ihn mit der Mehrheit der Wahlmänner aus fünfzig Bundesstaaten plus dem Bundesdistrikt Washington ins Weiße Haus beförderten.

»Wie man den perfekten Partner findet«. »Wie man sich am besten einrichtet«. »Wie man geschäftlich erfolgreich ist«. Vorgetragen von einer Psychologin, einem Architekten, einem Unternehmer: alles im Paket unter dem Titel *Roadmap for Life* für 30 Pfund Eintritt. Als der legendäre Genesis-Gründer Peter Gabriel an einem grauen Märztag unter dem Motto »Life Lessons From A Rock Star« auftrat, pilgerten im vergangenen Jahr rund eintausend Fans ins Auditorium des nahe gelegenen Emmanuel Center, wohin immer dann ausgewichen wird, wenn die eigenen Schulräume dem Andrang nicht gewachsen sind. Sonntagvormittags gibt es regelmäßig in der *Conway School*, ehrwürdiger Sitz einer befreundeten »Ethical Society« im Stadtteil Holborne, Vorträge über das Leben an sich und wie man dem feste Nahrung einflößen könne. Andernorts mit anderen Inhalten auch Predigt genannt, und auch hier durchaus als Versammlung einer Gemeinde von Gleichgesinnten oder gleichermaßen nach Sinn Suchenden der sonntäglichen Messe in einer Kirche ähnlich. Dort ermahnen Glocken im Namen Gottes die Gläubigen zu Gebet und gemeinsamem Gesang, hier rufen Autoren, Künstler, Denker im Namen der Schule zum säkularen »Sunday Sermon« über Camus, Montaigne, Sartre, Nietzsche oder über die Aprikosencocktails schlürfenden Pariser Existenzialisten und deren Ansatz bei der Suche nach dem Sinn des Lebens. Bevor es losgeht, singen alle gemeinsam einen Klassiker des Rock 'n' Roll wie beispielsweise »Eye of the Tiger« der amerikanischen Gruppe *Survivor,* denn der passt mit der Aufforderung, um seine Träume zu kämpfen, bei einigermaßen gutem Willen auch zur Botschaft der Schule.

So many times it happens too fast
You change your passion for glory
Don't lose your grip on the dreams of the past
You must fight just to keep them alive.

Bei Zeitgenossen, deren aus Erfahrung geborene Lebensweisheit *Trust but verify* lautet, was so viel bedeutet wie »Trau schau wem«, weckt das Gesamtprogramm einen bestimmten Verdacht: Mit *School of Life* habe der Gründer früher als andere entdeckt, wie mit Methoden aus analogen Zeiten und einer verunsichert nach Sinn jenseits ihrer digitalen Applikationen suchenden Generation gute Geschäfte zu machen sind. Eine Zielgruppe von Einsamen in einer verunsichernden Zeit gibt es nicht nur in der Millionenstadt London. *School of Life* hat dank einer Franchising-Strategie, sich ähnlich wie McDonald's oder Starbucks über die ganze Welt auszubreiten, jedoch statt mit Kaffee oder Fastfood mit Lebensweisheiten und Therapien, Ableger in vielen Ländern. Die Gemeinschaft der Schüler ist global, verkündet die Geschäftsleitung auf ihrer Homepage und belegt das mit einer Liste ihrer Filialen in Istanbul und in Amsterdam, in Antwerpen und in Tel Aviv, in Zürich und in Berlin, in Sydney und in Seoul.

Überall, wo das Leben nicht mehr allein dadurch bestimmt ist, dass man erst einmal überleben muss, um sich anderen Fragen widmen zu können, erblühen die digitalen und analogen Lebensweisheiten der *School of Life*. Weshalb es auch keine Dependancen gibt in osteuropäischen Staaten oder gar in denen Afrikas.

Weil keine der wartenden Schülerinnen noch etwas kaufen will, kann jetzt im Klassenraum unter dem Shop der Unterricht beginnen. In den Raum für Therapien dringt kein Laut. Die schalldichte Tür schluckt alle Geräusche. Rund fünfhundert Kurse, Therapien, Motivationsveranstaltungen werden jährlich angeboten, organisiert und geplant von einem Dutzend Festangestellter, geleitet und gecoacht von bekannten Mediatoren, Psychologen, Autoren, Kunstschaffenden, Managern. So inhaltlich verschieden die Kurse auch sind, so folgen sie doch alle dem Anspruch der Schule, eine *apothecary of mind*, eine Apotheke des Geistes zu sein, in der alle Kunden bei Bedarf auch während des Unterrichts immer und immer wieder fragend ihre Wünsche äußern können und unbedingt mitmachen sollen bei den zum Programm zählenden Rollenspielen.

Für den Kurs »How to be creative« haben mehr Frauen als Männer bezahlt, sich mehr Junge als Alte eingetragen. Die Lehrerin strahlt Herzensgüte aus, doch das mag Teil ihrer professionellen Performance sein. Die Schülerinnen und Schüler verhalten sich wie Kinder am ersten Schultag. Unsicher über die ihnen zugedachte Rolle, betrachten sie zunächst angestrengt grübelnd die von der britischen Künstlerin Charlotte Mann per Textmarker bemalten Wände des Klassenzimmers. Die feinen Schwarz-Weiß-Zeichnungen vermitteln detailgetreu eine allen vertraute Welt und symbolisieren dabei subkutan die wesentlichen Lehrinhalte der Schule: Kultur, Psychoanalyse, Lebensfreude, Sinnsuche. Unter echten Garderobenhaken auf die Wand gemalt die Freud'sche Couch der Psychoanalyse. An einer anderen Wand Alltägliches wie ein Fahrrad, eine Gitarre, ein Rasenmäher, durch das täuschend echt gezeichnete Fenster fällt der Blick in ein Birkenwäldchen. Gegenüber das bürgerliches Ambiente ausstrahlende Textmarker-Wohnzimmer und links neben der digitalen Tafel ein Regal mit Büchern. Alle dort gezeichneten Titel gehören zur Literatur der Welt.

Die Lehrerin, in diesem Fall wohl besser als *Coach* bezeichnet, weil sie zu Rollenspielen auffordern wird, weil sie nicht belehrt, sondern im Dialog lehrreich sein will, ermuntert die Fremdelnden, sich einander zu nähern, Tee zu trinken, was in England einem Aphrodisiakum gleichkommt, miteinander zu reden, sich kennenzulernen. Daraufhin folgsam einsetzender Small Talk wirkt gekünstelt, angestrengt fröhlich, als hätten alle bereits eine schwere Aufgabe zu erfüllen fürs Lernziel Kreativität. Ich bleibe stumm sitzen. Das fällt ihr auf. Sie wird sich etwas einfallen lassen.

Die erste echte Aufgabe ereilt die anderen nach dem Tee mit der Frage, in welchen Situationen tagsüber oder nächtens sie ihre persönlichen Kreativitätsanfälle erleben würden. Unter der Dusche? Beim Frühstück? Vor dem Einschlafen? Im Traum? Nachdenkliche Mienen. Mithilfe von Smartphones nach guten Antworten zu googeln, die sie als eigene Ideen ausgeben könnten, ist freundlich untersagt worden. Verbunden aber immer mit der Aufforderung, sich nicht gedrängt zu fühlen. Sich nicht zu scheuen, aufzuschreiben und vorzulesen, was immer einem einfallen würde. Allein schon das erfordere Mut.

Auf der digitalen Tafel erscheint das Foto eines Baumes, in dessen Rinde ein Zettel steckt samt Telefonnummer, unter der sich melden möge, wer die verlorenen Schlüssel finde. Hier und heute sind metaphorische Schlüssel zum Leben gemeint. Unter dem Stichwort »LOST« schreiben alle auf, was sie glauben verloren zu haben: Freundschaften. Partner. Jobs. Selbstwert. Sinn. Sinnlichkeit. Deshalb sind sie gekommen, weil sie auf ihr persönliches Lost but found-Erlebnis hoffen. Möglichst schon am Ende des Schultags.

Caravaggios Gemälde »Matthäus und der Engel« soll ihnen auf den richtigen Weg helfen. Den Evangelisten, in der Ikonografie Schutzpatron der Banker, was passt zum Finanzplatz London, dem Gral der Gierigen, inspiriert ein Engel des Herrn, der ihm vom Himmel herab göttliche Eingebungen übermittelt, die der notiert im Evangelium. Wer auf Gottes Gaben nicht warten will, wer an höhere Wesen nicht glauben kann, dem wird eine irdische Interpretation vorgeschlagen, wonach es für alle Menschen irgendwann einen Moment gebe, in dem sich ein Fenster öffne – manche nennen es auch Musenkuss –, das Licht ins Dunkel bringt.

Der Bogen zu Einstein schlägt sich von selbst: »Everybody is a genius. But if you judge a fish by its ability to climb a tree, it will live its whole life believing that it is stupid.« Frei übersetzt etwa, dass in jedem Menschen etwas Geniales stecke, man müsse es nur erwecken. Einsteins Bild vom Fisch, dessen Genius danach beurteilt wird, ob er auf einen Baum klettern kann, was der von Natur aus nun mal nicht kann, macht Mut. Wer bestimmte Erwartungen nicht erfüllen kann, ist nicht etwa dumm. Es waren schlichtweg falsche Fragen, die den

Probanden gestellt wurden, weshalb sie keine richtigen Antworten finden konnten.

Das baut alle auf. Sie lachen befreit und reden jetzt tatsächlich miteinander. In diesem Moment sind die Einsamen, die hierhergekommen sind, nicht mehr einsam. Statt toter Smartphones haben sie lebende Begleiter. An denen müssten sie sich nur festhalten. Ein Song der Beatles aus den guten alten Zeiten könnte ihre Hymne werden. Paul McCartney hat ihn vor fünfzig Jahren komponiert, »Eleanor Rigby«:

All the lonely people
Where do they all come from?
All the lonely people
Where do they all belong?

Doch der Moment vergeht schnell.

Jenes Genie, das die Relativitätstheorie begründete, ist selbst das beste Beispiel für seine These. Einstein brach als Fünfzehnjähriger die Schule in München ab, weil er, klug und stur, wie er schon damals war, den Drill und Umgangston auf dem Luitpoldgymnasium verabscheute. Ein Jahr später schrieb er seinen ersten Essay über magnetische Felder. In der Schweiz, wo er mit seinen Eltern lebte, bestand er, siebzehn Jahre alt, das Abitur, dort Matura genannt, mit Bestnoten in fast allen Fächern. Der Rest ist Geschichte. Die kann, wer will, wenn es nach Schulschluss allen freisteht, wieder online zu leben, im Netz anklicken. Wikipedia ist das gängige Einmaleins der Unwissenden. Im Klassenzimmer wird Einstein als Vorbild für den Alltag eingesetzt: Kreativ zu sein bedeutet, etwas zu erfinden, etwas zu entdecken, etwas zu schreiben, das es bisher noch nicht gab. Für den einen ist es ein Dübel aus Plastik, für den anderen die Weltformel. Beides sei gleichermaßen genial.

Die Lehrkraft freut sich über jeden noch so kleinen Einfall ihrer Schüler. Das ist ihre oft erprobte Methode, deren Selbstwertgefühl zu steigern. Sie weiß, was sie kann, und sie weiß auch, was sie will: die Wenigen, die bisher ihre Darbietungen angelegentlich betrachtet, aber bei den gestellten Aufgaben nicht mitgemacht haben, passiv statt aktiv waren, endlich in eine Rolle zu zwingen. Sie lächelt drei Männer an, eine im Unterricht bisher schweigende Minderheit, bittet sie aufzustehen, und ernennt uns zu Mitgliedern einer Viererrunde. In der geht es um Spontaneität und wie man dies in Handlungen umsetzt. Dafür gibt sie ein kreative Impulse auslösendes Stichwort, *elbow*, Ellbogen. Daraus sollen die Delinquenten innerhalb von zwei Minuten die Idee für ein Festival entwickeln.

Vierte Hilfskraft in dem kleinen Brain-*Trust but verify* ist ein Mädchen. Es lächelt erst einmal listig und meint dann mit ernster Miene, alles aufschreiben zu wollen, was den Männern einfällt, ganz so, als ginge es bei uns um goldene Worte. Die Lehrerin wird später diesen Einfall loben, der ja auch eine kreative Leitung beinhaltet, denn so hat sich die junge Frau die Mühe erspart, kreativ sein zu müssen fürs Thema Ellbogen. Frauen sind seit alters in bestimmten Situationen einfach schlauer als Männer. Der Mann zu meiner Linken, Arzt in einer Klinik, meist tätig im Nachtdienst, heute arbeitsfrei müde, erklärt die Funktion eines Ellbogens. Sehr gut. Für die gestellte Aufgabe allerdings unwesentlich. Schließlich einigt sich die Viererbande, mit Bezug auf den allseits bekannten analogen Bogenschützen Robin Hood, ein Ellbogenfestival vorzuschlagen, bei dem der beste Ellbogenrunterdrücker gekürt werden soll. Kein so toller Einfall, aber ringsum als tolle Idee beklatscht.

Die Lehrerin steigert das Tempo. Für die nächste Aufgabe

gibt sie nur eine Minute, um zu einer Lösung zu kommen. Schnell muss es gehen. Einen Satz sollen sich alle aufschreiben. Die Antwort auf die Frage, was sie am liebsten tun würden, falls sie in den nächsten vierundzwanzig Stunden ihrem bisherigen Leben einen neuen Drive, einen Twist, eine überraschende Wendung geben dürften oder aufgrund zwingender Verhältnisse geben müssten. Das Mädchen Amanda steht auf, zögert kurz und strahlt dann, seines guten Einfalls gewiss, zielstrebig einen Partner an. Mich. Bisher habe sie sich, sagt Amanda, zum Frühstück eine Tasse Tee zubereitet, ab morgen werde sie Kaffee trinken. Ihr Gegenüber verkündet, morgen Vormittag vor der Schule in der Marchmont Street zu betteln und darauf zu hoffen, dass Amanda mir einen Becher Kaffee vorbeibringt. Amanda und ich wissen, dass unsere Einfälle nur deshalb zustimmend abgenickt werden, weil die der anderen sich von den unseren inhaltlich kaum unterscheiden, weil sie ähnlich bieder sind.

Dann beugen sich die Nachkommen von Eleanor Rigby wieder über ihre Notizblöcke und schreiben auf, warum kreativ zu sein das Leben leichter machen könnte. Wären sie im Alltag kreativ wie jetzt, würden sie nicht heute hier mit Fremden sitzen. Sondern mit Freunden, Partnern, Kollegen über sich und über ihr Leben reden. *School of Life* passt als *Start me up* deshalb ideal in eine Zeit, in der niemand Zeit zu haben scheint, aber Angst davor, plötzlich doch überraschend Zeit zu haben und die mit sich allein verbringen zu müssen. Könnte es also sein, dass die Schule des Lebens in Wahrheit nichts weiter ist als eine geistige Notaufnahme für Großstadteinsame? Könnte es also sein, dass sie vergleichbar ist mit Shakespeares *Viel Lärm um nichts*? Oder steckt doch eine gemeinnützige Philosophie hinter all dem?

Alain de Botton müsste es erklären können. Der knapp

139

50-jährige Schriftsteller hat 2008 die *School of Life* gegründet. Geboren in der Schweiz, aufgewachsen in England, erzogen in den besten Lehranstalten der Oberklasse, zu der seine Eltern gehörten. Das Studium der Philosophie und der Geschichte in Cambridge zielgerichtet auf eine akademische Laufbahn. Passend zu seiner familiären Herkunft. Aber schon damals reizte ihn das Überraschende, lockte ihn das Abenteuer, zu erkunden, was möglicherweise in ihm schlummerte und nur darauf wartete, geweckt zu werden. Von seiner Absicht, lieber Schriftsteller zu werden als irgendein Professor mit Pensionsanspruch in Cambridge, in Oxford oder am Kings College in London, hielt sein Vater zwar nichts. Der Begriff »brotloser Beruf«, zu dem die Tätigkeiten aller Künstler in den Augen ihrer Erzeuger gehören, ist auch in England fest verankert im elterlichen Wertesystem. Doch nachdem bereits sein Debüt *The Course of Love*, zwanzig Essays über die Liebe und deren allseits bekannte Abgründe – deutsch unter dem Titel *Versuch über die Liebe* –, ein internationaler Bestseller wurde, konnte er fortan von dem leben, was er sich ausdachte und aufschrieb.

Und stellte sich im Erfolg seiner nächsten Sinnfrage: Würde es nicht befriedigender sein, statt in selbst gewählter Einsamkeit zu leben wie die meisten Schriftsteller, um die Themen, mit denen er ausweislich der Auflagenzahlen seiner Bücher – *Trost der Philosophie* oder *Status Angst, Religion für Atheisten* oder *Kunst des Reisens* – offenbar vorhandene Bedürfnisse befriedigt hatte, eine Gemeinschaft aufzubauen? »Ich habe Philosophie und Geschichte studiert und mich viel mit Religion beschäftigt. Religion war im 19. Jahrhundert ja die wirkungsvollste Methode, Menschen zu kontrollieren. Sie mussten erfüllen, was die Kirche verlangte von ihnen. Dann hörten sie in der Aufklärung auf zu glauben und ersetzten Religion

140

durch Kultur. Schufen der Kunst ein festes Haus durch Museen, errichteten Bibliotheken für gedrucktes Wissen, bauten Theater, gründeten Universitäten. Kultur übernahm die Funktion, die bis dahin die Religion hatte, den Menschen durch Werte und Formen ein festes Weltbild zu bieten.« Schön und gut und edel und wahr. Aber er glaubte daran nicht mehr so wie früher, als er vor fünfundzwanzig Jahren zu studieren und dann zu schreiben begann. Kultur schien keine Funktion mehr zu haben für das alltägliche Leben, besaß keinen Nutzwert. »Ich habe einen höchst utilitären Blick auf Kultur«, was nichts anderes heißt, als dass er Kultur daran misst, welche Rendite sie erzielt. Sie sei ihm lieb und teuer, aber er wolle dies auch umsetzen in Mehrwert. Werbung ist nützlich, Business ist nutzwertig. Doch halfen Künstler mit ihrer Kunst etwa jemals den Menschen bei ihren Problemen?

Einer der großen Philosophen, der seine Kunst noch als eine Verpflichtung begriff, dem Staat zu dienen, der Polis, war Aristoteles. Der ist Alain de Bottons Held, so wie ihm die vielen kleinen Schulen der Philosophie in der Antike als Vorbilder für seine Idee einer Schule der Suchenden dienten. »Sie verkauften damals Weisheiten, und genau das will ich auch.«

Er begann mit der Gründung einer *School of Life*, finanziert durch eigenes Geld und das gläubiger Investoren, eine Reise ins Ungewisse. Hätte schiefgehen und schnell in einer Pleite enden können. Die Häme der etablierten Schulen des Lebens, der Universitäten, war ihm von Anfang an gewiss, er konterte sie mit ebenso pauschaler Überheblichkeit: »Professoren wissen alles, aber keiner hört ihnen zu. Die Studenten brauchen ein Studium für ihre berufliche Karriere, aber es interessiert sie nur ein Abschluss, nicht etwa der Inhalt.« Man kann es auch freundlicher so ausdrücken, dass es für Alain de

141

Botton ein Albtraum ist, wenn Intellektuelle, so wie er zweifellos einer ist, großartige Ideen haben, *How to make the world a better place*, wie man die Welt besser machen könne, als sie ist, aber niemand sie ernst nimmt. Über seine intellektuellen Gegner lacht er heute hinweg. Die nehmen ihn nicht ernst und er sie auch nicht. Was die von seinen Thesen halten, auch den absurd anmutenden, ist ihm egal. In seiner *Emotional Technology* verkündet er beispielsweise, dass künstliche Intelligenz dank ihrer revolutionären Fortschritte in höchstens fünfzig, vielleicht schon in vierzig Jahren durch von ihm als *Mood Reader* bezeichnete Stimmungsbarometer den im analogen Leben Taumelnden Stützen und Geländer bieten könne. Mit denen finde man gleichfalls dank künstlicher Intelligenz einen idealen Partner fürs Leben, weil persönliche Gefühle zu speichern sein würden auf Datenträgern und weil eigene Bedürfnisse in Sekundenschnelle mit denen möglicher Kandidatinnen verglichen werden könnten. Sei doch viel menschlicher, besser, sinnvoller, bevor man sich ewig binde und sich bald wieder scheiden lasse. Andere *Mood Reader* wären irgendwann in der Lage, auf Kommando zärtliche Worte ins Gehirn zu übertragen, falls der Anblick einer Schönen sprachlos mache. Das hört sich fantastisch an, weil für Zukunftsvisionen dieser Art heute keine Beweise nötig sind.

Kultur als Lebenshilfe zu vermarkten ist das Geschäftsmodell von *School of Life*. Trickreich umgesetzt mit allen modernen Mitteln der Verführung. Ungerührt der Verachtung durch hochrangige Vertreter der Hochkultur, die nicht nur in England nach wie vor allem »misstrauen, was populär ist«, und solchen Männern wie ihm erst recht, der Voltaire nicht nur als großen Denker, sondern als frühen Showman begreift, »weil er Kultur begreifbar gemacht hat fürs Volk«.

Es dürfte dem ruhelosen Wanderer durch die Welten der Philosophie und der Literatur klammheimliche Freude bereitet haben, als er eine wiederum bestens verkaufte »Anleitung« schrieb, welchen Nutzwert die Lektüre des Klassikers *Auf der Suche nach der verlorenen Zeit* habe, falls die richtigen Schlüsse gezogen würden aus des Dichters Gedanken und Erkenntnissen: *How Proust can change your life.* Er recherchierte in Prousts siebenbändigem Werk – einer Ikone der Weltliteratur, die wahrscheinlich nur die durchgelesen haben dürften, die jahrelang todkrank ans Bett gefesselt waren –, ob auf den mehr als viertausend Seiten auch Nützliches zu finden sei fürs heutige Leben.

Und wurde bei seiner Recherche auf witzig-intelligente Weise fündig. Zum Beispiel, warum es laut Proust weise sei, nicht beim ersten Date mit einer Fremden zu schlafen, welche Art zu lesen die richtige und warum jeder Leser eines Romans auch ein Leser seiner eigenen Geschichte sei, die nur besser formuliert ist, als er selbst das könne, welche Schlüsse man für sich aus Prousts Beschreibung diverser Maladien wie Asthma, Neurodermitis, Husten, Höhenangst, Zahnweh, Sehschwäche ziehen könne oder warum Menschen so gern küssen: »Zunächst einmal, um das angenehme Gefühl genießen zu können, das wir empfinden, wenn eine mit Nervenenden durchsetzte Hautpartie auf ein weiches, feuchtes, lockendes Pendant trifft. Doch die Hoffnungen, die wir an einen ersten Kuss knüpfen, gehen in der Regel weit darüber hinaus. Denn wir suchen nicht nur einen Mund, sondern den ganzen geliebten Menschen festzuhalten und zu verschlingen. Mit dem Kuss hoffen wir, zu einer höheren Besitzform zu gelangen; die Sehnsucht, die der Geliebte in uns weckt, verspricht zu schwinden, wenn wir nur endlich unsere Lippen auf die seinen pressen dürfen.« Dass Alain de Botton nicht zu roman-

143

tischen Gefühlen neigt, darf vermutet werden. Er ist verheiratet und Vater von zwei Kindern, aber darüber, wie er die Frau fürs Leben fand, schreibt oder spricht er natürlich nicht. Lieber über Philosophen. Die müssten, sagt er, Doktoren für den Verstand sein so wie Psychologen für die Seele. Philosophie spendet Trost. Kultur ist Medizin für den Alltag. Die Seele braucht die Nahrung Kunst, Musik, Literatur. Die Fähigkeit zu lernen lässt sich lehren. Die Sinnfragen des Lebens betreffen alle und jeden, unabhängig von ihrer Intelligenz: Was ist Glück? Was ist Schönheit? Wer bin ich? Seine *School of Life* hat eine Marktlücke gefüllt. Der pragmatische Idealist Alain de Botton hat das traditionelle Geschäftsmodell der Kirchen gründlich studiert. Religion bietet Suchenden ein festes Weltbild. Verlangt dafür regelmäßige Besuche im sonntäglichen Gottesdienst, baut unter ihren Dächern auf die Kraft des Glaubens.

Er dagegen bietet den Digital Natives der Großstädte, die ihr Leben mit Smartphones und Tablets oder im Dialog mit *Siri* teilen und deshalb einsam sind, eine Kirche ohne Predigten und ohne Anwesenheitspflicht, aber mit einer großen Gemeinde von Eleanor Rigbys. Fordert keinen Glauben, sondern fördert Neugier. Verlangt Bezahlung statt Gehorsam. 2015 waren er und sein Team, klein, aber hoch motiviert, wie es sich für eine exquisite Volkshochschule für bessere Kreise geziemt, zum ersten Mal seit der Gründung in den schwarzen Zahlen. Wo auch sonst, meint er lakonisch, bekomme man für umgerechnet sechzig Euro zu essen und zu trinken, lerne etwas fürs Leben und, vor allem, treffe interessante Menschen, die ähnliche Interessen haben?

Zum Beispiel 1480 Kilometer von Alain de Bottons Büro im Londoner Stadtteil Hampstead entfernt in der Via Fondazza in Bologna. Weil die analoge und die digitale Welt dort eine Verbindung fürs Leben eingingen, ist diese Geschichte vom ersten schüchternen Date bis zur Sinn stiftenden Paarung beispielhaft gut. Sie begann 2012. Wie in London für die *School of Life* war auch in Bologna der eigentliche Auslöser für das, was inzwischen als *Social Streets* anklickbar ist, die Einsamkeit von Großstädtern. Frei streunende menschliche Straßenköter, die mal hier und mal dort schnüffeln, die lieber einsam ihre Runden drehen, statt in Rudeln mit anderen zu laufen, allenfalls mal auf Zeit zu zweit, brauchen keine feste Adresse und auch keine Therapeuten. Sie sind aber in der Minderheit. Die Mehrheit sucht menschliche Nähe.

So wie Laurell Boyers und ihr Mann Federico Bastiani. Vor fünf Jahren zogen sie vom Land nach Bologna und mieteten eine Wohnung in der Via Fondazza. Sie kannten niemanden und fühlten sich einsam inmitten der vielen Menschen, die dort wohnten. Einfach mal ihre Nachbarn anzusprechen wäre ihnen nicht in den Sinn gekommen. Bastiani hatte stattdessen einen besseren Einfall und heftete an markante Stellen der Straße, die täglich von vielen passiert werden mussten auf dem Weg zur Arbeit oder zum Supermarkt, einige selbst gestaltete Aufrufe, in denen er die Gründung einer Facebook-Gruppe vorschlug, um einander kennenzulernen. Als Kontakt gab er seine Internet-Adresse an. In nur vier Tagen meldeten sich via Facebook bereits zwanzig Interessierte. Sie verabredeten sich für eine erste Begegnung, verließen die virtuelle Welt und trafen sich in der echten. Das sprach sich sowohl analog unter denen herum, die sich aufgrund familiärer oder freundschaftlicher Beziehungen eh schon kannten, als auch digital im Netz bei einander bisher Fremden, die zustimmend den Daumen hochhielten.

Die Gruppe wuchs auf mittlerweile eintausendeinhundert Mitglieder an. Inmitten der Großstadt entstand eine Dorfgemeinschaft. Das Modell funktionierte so gut, dass es weltweit bereits vierhundert ähnliche *Social Streets* gibt. Ohne das Internet hätten weder Belgier noch Holländer, weder Schweizer noch Deutsche und erst recht weder Brasilianer noch Neuseeländer davon erfahren. Was in der guten alten Zeit zum gemeinsamen Alltag gehörte – die Nachbarschaftshilfe, ein Schwätzchen beim Einkauf –, erlebte dank des Fortschritts der neuen Welt ein Comeback.

Wer keinen Zugang hat zum Internet, erfährt von den nächsten Treffen, sommers auf der Straße, winters im Kulturhaus, von seinen online-affinen Nachbarn. Die gegenseitigen Hilfeleistungen, egal ob es um die Reparatur eines Fahrrads geht oder um das verstopfte Küchenspülbecken, um den Aufbau eines Bücherregals oder um die Besorgung von Arzneimitteln aus der Apotheke, werden über Facebook koordiniert und umgehend erledigt. Das im Netz geborene Netzwerk ist selbstverständlich kostenfrei. Aufmerksam gewordene Firmen, die für ihre Produkte in der überschaubaren Zielgruppe werben wollen und bereit sind, dafür zu bezahlen, werden freundlich, aber bestimmt abgewiesen. Die *Social Street* namens Via Fondazza ist nicht käuflich. Was sie stark macht, ist eine Idee, und diese Idee ist unbezahlbar. Sozialverhalten befördern durch soziale Medien. Einsamkeit besiegen durch Gemeinsamkeiten.

In Paris wiederum bietet eine Non-Profit-Organisation, finanziert ausschließlich durch Spenden, im Boulevard de Magenta 41 unter dem Logo »Seymour +« Auszeiten für Digital Natives an. Als Hausphilosophen und Vordenker werden zitiert C. G. Jung, Henry David Thoreau, Teilhard de Chardin, Ralph Waldo Emerson und insbesondere Joseph Beuys, demzufolge ja jeder Mensch ein Künstler sei. Wer den bisher noch nicht in sich entdeckt hat, soll ihn hier auf zwei

Stockwerken mithilfe von Seymour finden können. Vor der Expedition in innere Eigenwelten müssen am Eingang alle Smartphones oder Tablets, Zeitschriften oder Notizbücher abgegeben werden, weil deren Gesellschaft von den inneren Landschaften ablenken würde.

Die Amerikanerin Melissa Unger, die »Seymour +« vor sechs Jahren gegründet hat, ausgelaugt von ihrer bis dahin erfolgreichen Karriere in Werbeagenturen und Filmproduktionen und in der internationalen Kunstszene, bietet als »technologiefreie Zone« ein Spa für die Seele: *Selfie Booths*, aber ohne die für Selfies nötige Ausrüstung, zur Selbstfindung; einen Saal mit großer Leinwand, auf der aber nichts zu sehen ist, denn die Filme hier sollen als Kino im Kopf laufen; einen Raum mit Schreibtischen, auf denen Bleistift und Papier, Symbole der analogen Welt, bereitliegen, um die eigenen Gedanken aufzuschreiben; und einen *Secret Garden* mit Pflanzen zwischen Aufblühen und Vergehen, in einem fensterlosen Zimmer. Sogar jene gestressten Zeitgenossen, die nur eine halbe Stunde in dieser Oase verbringen, wandelnd in inneren Landschaften, würden danach gestärkt zurückkehren in den Alltag. Das verspricht Melissa Unger.

Die Eintragung im Gästebuch, handschriftlich selbstverständlich: »Thank you for making a place where we can congregate and be ourselves without being bombarded by technology, advertising, and banality. It's much appreciated«, mag zwar ein Beleg dafür sein und beweisen, dass es ein Bedürfnis gibt für Ruheräume ohne Technik, Werbebotschaften und andere Banalitäten des Alltags. Doch erdnähere Mitmenschen könnten auf eine noch weitaus näherliegende Idee kommen und ganz einfach ohne Seymour selbstbestimmt in den Tag träumen und ihre Gedanken frei fliegen lassen.

Die eine, alle befriedigende Antwort auf die Frage nach

dem Sinn des Lebens zu finden ist utopisch. Auf dem Weg zum Ziel sind Stationen wie die *School of Life* oder die *Social Street* der wahre Fortschritt. *Siri* als aktive Hilfe einzuplanen bleibt sinnlos. Befragt, *Siri*, sag mal, was ist der Sinn des Lebens?, bedient sie sich aus den üblichen analogen Ratgebern: »Versuche, nett zu sein, fettes Essen zu vermeiden, hin und wieder ein gutes Buch zu lesen, ab und zu mal 'ne Runde zu laufen und in Frieden und Harmonie mit Menschen aller Glaubensrichtungen und Nationen zusammenzuleben.« Und die Nachfrage, ob sie wenigstens wisse, wo genau der Sinn des Lebens zu verorten sei, was ja ein Ansatz sein könnte für weiterführende Eigenrecherchen vor Ort, beantwortet *Siri* wie ein Mensch: »Da bin ich überfordert.«

5

Vom Klavier meines Großvaters und der göttlichen Software Gehirn

Hätte ich vorgestern, als ich noch sehr jung war, gelernt, Klavier zu spielen, wäre aus mir zwar bestimmt kein Pianist der Weltklasse wie Alfred Brendel geworden oder ein Europameister wie Justus Frantz und auch kein Helmut Schmidt. Wenn mein Spiel vorspielbar gewesen wäre, hätte es vielleicht unter uns für den Hausmusikgebrauch gereicht. Lebensweisheiten der erziehungsberechtigten Altvorderen wie zum Beispiel diese:»Was Hänschen nicht lernt, lernt Hans nimmermehr«, oder beispielsweise jene:»Früh übt sich, wer ein Meister werden will«, galten in jenen pubertären Zeiten der Republik als klug, weil wenigstens nicht kontaminiert durch Nazi-Parolen. Sie wurden bei allen auch unpassenden Gelegenheiten eingesetzt. Mal gütig mahnend in der Attitüde von Philosophen, obwohl die Sinnsprüche nicht wertiger waren als oft benutzte Kalenderweisheiten. Mal streng belehrend nach Art von Obergefreiten oder Vorturnern, die sich qua Amt in Deutschland immer schon für befugt hielten.

Mir schien es ausreichend, Musik in Nahaufnahmen zu erleben, statt Noten eigenhändig mit Leben zu erfüllen. Sonntags oben an der Orgel neben meinem zu Ehren Gottes lautstark Bach aufspielenden Großvater zu sitzen oder hockend auf einem Treppenabsatz zu lauschen, wenn er, der Umwelt entrückt, am Klavier saß und Beethovens *Grande Sonate Pathétique* das Haus erfüllte. Meine Großmutter weinte dabei still, fast lautlos. Ihr einziger Sohn hatte einst, bevor er 1944 in Hitlers Krieg befohlen wurde, zum Abschied diese Sonate gespielt und versprochen, sich bei seiner Heimkehr leise ins Klavierzimmer zu schleichen und den wehmütigen zweiten Satz aus der Sonate zu spielen. Falls eines Morgens also dieses Adagio erklingen sollte, würde sie wissen, er ist wieder da.

Aber er kam nie wieder. Ein NSDAP-Bonze überbrachte meiner Großmutter die Nachricht, dass ihr Sohn, gerade mal neunzehn Jahre alt, für »Führer, Volk und Vaterland« sein Leben gegeben habe, Heil Hitler. Seinem Vater, ihrem Mann, meinem Großvater, durfte sie ein Telegramm an die Front schicken, dass sein Jüngster gefallen sei. Erlaubt waren grundsätzlich nur drei Worte. Weil täglich Tausende fielen, hatte das Reichswehrministerium, um die Flut von Todesmeldungen zu steuern, für alle Fälle ein Muster vorgeschrieben. In diesem Fall lautete die Nachricht: Paul ist gefallen.

Ihren Schmerz konnten sie nicht miteinander teilen. Wo er verscharrt worden war in Russland, erfuhren sie auch nach dem Krieg nicht, und über die Schuldigen an seinem Tod redeten sie nie. Mag sein, in Zwiesprache mit Gott, an dessen Reich von Ewigkeit zu Ewigkeit sie glaubten, aber das weiß ich nicht. Erschossen hatten ihn zwar sowjetische Soldaten, aber ins Feuer gejagt deutsche Offiziere. Nach der Befreiung verdrängten sie wie fast alle der Davongekommenen die zwölf Jahre Finsternis als einen Betriebsunfall in der deutschen Geschichte. Was nichts daran änderte, dass ich sie liebte, und dies erst recht, dann erwachsen geworden, nachdem ich in den nachgelassenen Dokumenten meines Großvaters die Begründung gefunden hatte, warum er bereits wenige Monate nach Kriegsende, eingesetzt von den Besatzern, wieder eine Schule leiten durfte. Weil er, der konservative Katholik, zwar fürs Vaterland in den Krieg gezogen war, es aber stets abgelehnt hatte, in die gottlose NSDAP einzutreten.

Sie ruhen lange schon in Frieden, wenige Meter entfernt von meinen Eltern. Die errichteten auf ihren eigenen Trümmern eine kleine heile Gegenwart, bauten für die Zukunft zusätzlich die Außenwelt abschirmende Wände. Nach den Völker vernichtenden Schlachtgesängen, dass morgen die ganze Welt den Deutschen gehören werde, schienen familiäre Schutzräume die beste aller Welten zu sein. Abgesehen von braunen Dreckshaufen, die ungebrochen noch immer an ein großdeutsches Reich glaubten, versprach sich die Mehrheit der Deutschen vom Rückzug ins Private eine stubenreine neue Identität. Zusammen mit der Prophezeiung kommenden Wohlstands, der Voraussetzung für häusliches Glück, entsprach dieses Streben ihren Bedürfnissen. Die Vergangenheit zu bewältigen wäre zwar die eigentliche Befreiung gewesen und hätte der tatsächlichen durch die Alliierten 1945 folgen müssen. Aber sie wurde nur verdrängt.

Auch meine Eltern hatten, begeistert verführt, »Deutschland, Deutschland über alles« mitgesungen. Auch ihre Vergangenheit lag unbewältigt draußen vor der Tür. Fragen nach ihrer Mitschuld prallten an ihrer Mauer des Verschweigens ab. Was wir den Lehrern nie durchgehen ließen, die uns versicherten, nichts gewusst zu haben, blieb unausgesprochen vergraben in der Familiengruft. Doch im Laufe der folgenden Jahre bröckelte die Mauer. Erst waren nur Risse sichtbar, dann brachen die Eltern, wie mehr und mehr Deutsche aus ihrer Generation, eigenhändig Stein um Stein heraus.

Und als beide, überzeugt ihren Kindern folgend, Willy Brandt zum Kanzler wählten, der im reaktionären Weltbild christlicher Konservativer bis dahin als Vaterlandsverräter ver-

151

ordnet war, blieben von der Mauer des Verschweigens nur noch Restbrocken übrig. Die liegen in ihrem Grab. Metapher sowohl für die Zeiten, denen sie entkommen waren, als auch für die Jahre, in denen sie schwiegen, und endlich symbolisch dann für die Flucht aus dem miefigen Dunstkreis der Ewiggestrigen. Darüber schwebt befreit ihr Geist, wohin auch immer es den seit ihrem Tod ziehen mag.

Nachdem sich die Außenwelt schneller zu drehen begonnen hatte, war nach News zu jagen wichtiger als Neues zu lernen, war zu schreiben aufregender als mit Großvaters Piano zu flirten. Das Klavier spielte keine Rolle mehr. Hin und wieder erweckten es nachgeborene Urenkel bei Familientreffen, die von verklärten Erinnerungen an Verstorbene lebten, aus dem Tiefschlaf. Aber das Instrument ließ mir keine Ruhe. Immer dann, wenn ich Klavierkonzerte hörte, manche in meisterlicher Vollendung, andere von tapfer Bemühten, schien es lockend, seinen Deckel aufzuklappen, um mich zu verführen. Doch ich kapitulierte nicht.

Noch nicht.

Sein Klang gehörte aber stets als Hintergrundsmusik zu Bildern aus vergangenen Zeiten. Mal zu jenen im katholischen Süden der Großeltern, mal zu jenen im protestantischen Norden des Vaters. Die Dorfschule dort thronte bräsig auf dem höchsten Punkt des flachen Marschlands. Im kleineren der beiden Klassenzimmer saßen die Schüler von Klasse eins bis vier, im größeren die von Klasse fünf bis acht. Der Lehrkörper war ein Familienbetrieb. Im Wechsel belehrten im Rahmen ihrer beschränkten Möglichkeiten mal der Alte, mal der Junge. Wer mehr lernen wollte als das kleine oder große Einmaleins, musste den Ort verlassen. Weil ich mich im Unterricht unter ihren Augen zusehends langweilte, durfte ich in die höhere Lehranstalt der nahe gelegenen Kleinstadt wechseln. Selbstständig auf dem Fahrrad, morgens fünf Kilometer hin, mittags fünf Kilometer zurück.

Leben fand weiterhin aber nur im Dorf statt. Sommernachmittags Fußball auf dem Dorfacker, winters in der leergefegten Scheune des landadligen Großbauern. Mehr bewegte sich dort nie. Diese Bilder sind alle verblasst. Das Dorf war keine ländliche Idylle, die mit nostalgischen Gefühlen verbunden ist. Sondern ein ödes Nest ohne Eigenart, weshalb nach familiären Umzügen in Städte seine Adresse im Gedächtnis nicht gespeichert worden war. Das Klavier dagegen zog überallhin mit, verstummte nie, war immer da und widerstand allen Versuchen, es für immer ins Archiv der Kindheitserinnerungen zu verlagern.

Ein Freund, der zu Notenblättern ein ambivalentes Verhältnis pflegt, lieber auswendig nachspielt, was er hört, hatte immer wieder mal verständnisvoll genickt, wenn ich von meinem Lebenstraum selbst erzeugten Wohlklangs beim Spiel von schwarzen und weißen Tasten schwärmte. Leider habe dafür die Zeit nie gereicht, und jetzt sei es leider zu spät. Ich war mir sicher, dass es bei meiner unverbindlichen Sehnsucht »Man müsste Klavier spielen können« bleiben würde.

Bis eines Tages vier stöhnende Muskelmänner ein Piano des sächsischen Klavierbauers Rönisch in seinem Auftrag treppaufwärts schleppten. Mein Freund hatte sich einen Flügel gekauft und beschlossen, sein eingespieltes altes Instrument ein paar Häuser weiter auf eine andere Bühne zu schicken. Vor die überraschende Alternative gestellt, entweder alle Träume in Dur und Moll endgültig zu beerdigen, weil es dann keine Ausrede mehr geben würde für weitere Träumereien, und sie neben meinen anderen unerfüllten Träumen abzulegen oder die Herausforderung von Rönisch anzunehmen, entschied ich mich für das Duell.

153

Das Klavier war mit allen Tasten gut gestimmt. Ich kannte keine. Für den bevorstehenden Zweikampf benötigte ich deshalb einen Adjutanten. Die verblüffte Reaktion der Klavierlehrerin, die ich um Schulung und Beistand bat – Wollen Sie in Ihrem Alter wirklich noch Klavierspielen lernen? –, schien zwar berechtigt, denn die Konkurrenz, die im Stockwerk darüber hörbar bei ihr trainierte, war sichtbar sechzig Jahre jünger als ich. Dass sie mich mit dem mir aus der Pubertät bekannten Hinweis, dass stetiges Üben über viele Jahre hinweg erforderlich sei, abschrecken wollte, weckte meinen Ehrgeiz.

Der Unterricht begann wie bei allen Anfängern mit Misstönen und dem aufkeimenden Verdacht, dass die Alten mit ihrer Weisheit, wonach nur Übung den Meister mache, vielleicht doch nicht so ganz danebengelegen hatten. Nach vier Jahren intensiver Trainingseinheiten steht es zwischen mir und Rönisch mittlerweile unentschieden. Manchmal besiege ich ihn ohne Vorwarnung mit einen Menuett, manchmal schlägt er mir eine Sonatine um die Ohren. Die wichtigste Frau an meiner Seite fragt mitunter seufzend, ob ich nicht doch ein anderes Stück einstudieren könne, und schließt die Tür zu ihrem Atelier, sobald ich mit den ersten Akkorden der Melodie beginne, mit der ich wieder schwer ringe. Die andere, die einmal pro Woche zu meiner Rechten sitzt, lauert auf jeden verqueren Fingersatz und verzeiht keinen falsch angeschlagenen Ton. Da sie unterm Dach direkt über dem Klavier wohnt, hört sie Fehler auch dann, wenn ich mit Rönisch allein bin und auf ihm übe.

Soweit die persönliche Ouvertüre.

Ab jetzt machen Könner die Musik.

Alan Rusbridger ist so ein Könner. Sowohl in seinem Beruf als auch auf dem Klavier. Schon im zarten Alter von acht,

154

neun, zehn Jahren berechtigte er zu den schönsten Hoffnungen, sein frühkindliches Talent wurde von den Lehrern ausweislich der Zeugnisse bewertet mit »vielversprechend und in seinen Bewegungen fantasievoll«. Außerdem spielte er Blockflöte und Klarinette, sang im Schulchor, bestand virtuos alle Prüfungen im Fach Musik. In der Pubertät jedoch brach er seine so vielversprechende junge Karriere ab, weil er keine Lust mehr verspürte, täglich übend Noten- und Fingersätze zu erlernen. Erst während seines Studiums in Cambridge beugte sich Alan wieder über einen Flügel mit Stücken, die er noch auswendig vortragen konnte.

Das Instrument, auf dem er ab 1995 nach journalistischen Lehr- und Wanderjahren spielte, hieß nicht mehr Steinway, sondern *Guardian*. Als Chefredakteur komponierte Rusbridger nicht nur die Leitmelodie der Zeitung, spielte die Takte in allen möglichen Phrasierungen täglich dem hauseigenen Orchester in der Redaktionskonferenz vor, sondern dirigierte bald auch ein sowohl analoges als auch digitales Crescendo aus Nine Eleven, Irakkrieg, Al Qaida, Wikileaks, Murdochs Bluthunden, Edward Snowden, Tsunami, Arabischem Frühling, Weltfinanzkrise, Tod Osama Bin Ladens usw. *You name it and he got it.* Die Zeit zwischen 2001 und 2015 war die dramatischste Epoche in der einhundertachtzig Jahre alten Geschichte des in Manchester geborenen *Guardian*. Für seinen Chefredakteur ein Fulltimejob, der im Wortsinne *Rocking Around the Clock* von ihm verlangte.

Was früher irgendwann mit einer Coda endete und erst am Morgen danach mit einer *legato* einsetzenden Ouvertüre zu einem neuen Stück begann, musste in den digitalen neuen Zeiten unüberhörbar *fortissimo* durchgespielt werden. Permanent aktualisiert, rund um die Uhr, sieben Tage in der Woche. Aufgeführt von einem immer kleiner werdenden festen Ensemble, denn die einst üblichen journalistischen Symphonieorchester waren im Unterhalt zu teuer geworden. Sie hatten ausgespielt.

Dennoch beschloss Rusbridger eines Tages, »dem Hamsterrad der Zeitungswelt für Augenblicke zu entkommen« und regelmäßig wieder Klavier zu spielen, so wie zuletzt in jungen Jahren. Kollegen seines Alters gingen auf den Golfplatz oder trimmten sich in einem Fitnessklub, er aber wollte mit Beethoven oder Brahms, Mozart oder Schubert trainieren. »Immer dann, wenn es mir gelang, vor der Arbeit zwanzig Minuten am Klavier zu verbringen, hatte ich das erhebende Gefühl, die Chemie meines Gehirns verändert zu haben. An diesen Tagen fühlte sich mein Kopf gefestigt«, notierte er in seinem Tagebuch, das 2015 unter dem lakonischen Titel *Play It Again* publiziert wurde.

Gefestigt genug, um sich ein wahnsinnig anmutendes Ziel zu setzen, und motiviert genug, eine gewaltige Herausforderung meistern zu können. Er musste sich dabei einem übermächtig scheinenden Gegner namens Frédéric Chopin stellen. Die Wette gegen sich und die Zeit lautete, dessen Ballade Nr. 1 in g-moll op. 23 innerhalb einer Frist von sechzehn Monaten, die er sich trotz seiner laufenden journalistischen Tages- und Nachtgeschäfte setzte, so zu beherrschen, dass sein Spiel konzertreif sein könnte. Mit einem Stück, vor dem sich sogar Profis fürchteten, weil es zu den schwierigsten Klavierübungen überhaupt zählt. Warum sollte ausgerechnet Rusbridger, der hochbegabte Amateur, diese knapp zehn Minuten fehlerfrei bewältigen können?

Weil er es unbedingt wollte.

Dabei nutzte er in den Trainingspausen seine Kontakte als Chefredakteur des *Guardian* aus. Holte sich Rat von berühmten Pianisten wie Alfred Brendel, Daniel Barenboim oder

156

Murray Perahia. Gibt es Tricks für diese verdammt schwierigen Fingersätze in einem der vertracktesten Klavierstücke? Ja, gibt es. Befragte Neurobiologen und Psychologen und bat sie jenseits von Intervallen und Akkorden um hilfreiche Tipps für das tägliche Training. Kann ein sechsundfünfzig Jahre altes Gehirn noch etwas lernen, was es schon in seiner Jugendzeit nicht begriffen hat? Ja, kann es. Etwas Neues zu lernen forme das Gehirn bei Bedarf genau so, wie es dafür nötig ist. Außerdem bleibe der Verstand im Alter durch Aufnahme neuer Informationen schärfer als durch altersgerechten Müßiggang. Was im Übrigen auch gelte für Geige oder Schach spielen, eine neue Sprache lernen oder malen.

Denn das Gehirn formt sich entsprechend selbst, sobald ihm aufgetragen wird, Neues zu erlernen. Auch das unterscheidet Gehirne von Computern. Die benötigen Programmierer, um sich fortzubilden. Also Menschen. Selbst die der Organisation unserer Gehirne nachgebauten Rechner, Neurocomputer genannt, eingesetzt im *Human Brain Project* der Europäischen Union zur Erforschung des menschlichen Supercomputers namens Hirn, sind im Vergleich zu dem nur Arme im Geiste. Um wenigstens gleichzuziehen mit dessen Fähigkeiten, müsste ein Computer konstruiert werden, der etwa zehn Billiarden Rechenschritte pro Sekunde schafft.

Noch einmal: zehntausend Billionen pro Sekunde, um das Wunder Gehirn zu kopieren. In ihm werden unentwegt in rasender Geschwindigkeit Ströme chemischer Botenstoffe durch die Nervenbahnen gejagt. Die Synapsen benutzen analoge und digitale Techniken gleichzeitig, verarbeiten sie und verdrahten sie. Und im Gegensatz zum Computer ist die Festplatte Gehirn vergleichsweise klein und braucht auch keinen Strom.

Vernetzt im Gehirn leben ungefähr 85 Milliarden Neuro-

157

nen. Täglich geben drei Millionen von ihnen den Geist auf. Das fällt nicht weiter ins Gewicht angesichts der Gesamtmenge und des durchschnittlichen menschlichen Lebensalters, wird früh auffällig nur dann, wenn sich herausstellt, meist live im Fernsehen versendet oder anonym im Internet gepostet, dass weder die Neuronen noch die Synapsen von ihren jeweiligen Besitzern jemals aktiviert oder gar benutzt worden sind. Ressourcen brachliegen zu lassen ist einem Tier instinktsicher fremd. Selbst Kleinstwesen wie Ameisen setzen ihre Neuronen und Synapsen, von denen sie viele Millionen besitzen, fürs Überleben ihres Stamms ein. Auf diese Idee käme kein Mensch.

Um die neuronalen Netzwerke per technische Hardware nachzubauen und ihre Fähigkeiten zu erforschen, müsste ein Riesenrechner von der Größe einer Fabrikhalle konstruiert werden. Zusätzlich braucht der für die nötige Strommenge, um die Aktivitäten des Gehirns zu simulieren, ein eigenes kleines Kraftwerk. Im Computer werden alle Aufgaben von einem Prozessor verwaltet. Der weist neuen Daten einen passenden Speicher zu. Zum Beispiel einen Ordner, in dem fortan Noten, Fingersätze, Akkorde und Tonarten liegen. Im Gehirn dagegen geht es energiesparend zu. Prozessor und Speicher sind eins. Synapsen und Neuronen können gleichzeitig sowohl Neues speichern als auch sofort weiterverarbeiten. Früher war das ein Teilzeitjob. Informationen aus allen Weltregionen trafen noch nicht im Sekundentakt ein. Für eine Entscheidung, News entweder zu speichern oder zu löschen, blieb in analogen Zeiten immer genügend Zeit.

Ein gewöhnliches preisgünstiges Smartphone aber kann heute schon mehr, als vor nicht einmal dreißig Jahren allenfalls ein außergewöhnlicher teurer Computer konnte. Ist zum

158

Navigator durch den Alltag geworden. Bestückt mit Google Maps hätten sich einst Hänsel und Gretel ebenso wenig im Wald verirrt wie heute Touristen in irgendeinem Großstadtdschungel. Mit einem Global Positioning System ausgestattet wären einst Odysseus und den Seinen bei der Heimreise alle Irrfahrten und der Stress mit den Sirenen erspart geblieben. Bei Unfällen SOS simsen zu können, statt in einer gottverlassenen Gegend hilflos verbluten zu müssen, ist ein lebensrettender Fortschritt des digitalen Zeitalters. Vorausgesetzt, es gibt am Unfallort Netzempfang. Auf Twitter oder Facebook hunderttausendfach mit »J'accuse« gegen Korruption und Willkür zu protestieren oder hackend die Dunkelfelder der Mächtigen zu erhellen ist Émile Zola reloaded mit digitalen Möglichkeiten, global statt wie einst regional.

In einem der ärmsten Länder Afrikas, in Mali, sicherten während des Bürgerkriegs, als blutrünstige Milizen das Land terrorisierten, sogar normale Mobiltelefone das Überleben. Internet-Zugang gab es nicht. Aber die Jugendlichen informierten Freunde, Verwandte, Nachbarn telefonisch über die Gefechtslagen in der Umgebung. Darüber, ob es sicher sei, die Hütte, das Haus zu verlassen, oder ob draußen vor dem Dorf die Mörder lauerten. Fortschritt geschieht in kleinen Schritten. Einer der wenigen dortigen Besitzer eines Smartphones zeichnet Interviews telefonisch auf und versendet sie dann per WhatsApp nicht nur im Land, sondern über den Kontinent hinaus auch an Hörer in Europa.

Unmittelbar Erlebtes in Theatern, Konzertsälen, Museen ist angeblich für Digital Natives, sofern sie grundsätzlich überhaupt noch bereit sind, Kultur als Lebens-Mittel zu akzeptieren, ein bildungsbürgerliches Privileg aus analogen Zeiten. Erst das Internet hat die Hochkultur massentauglich gemacht. Zumindest theoretisch, denn klicken müssen die Natives schon noch selbst. Digital sind Prunkstücke aus analogen Zeiten im Netz bereits gespeichert. Wer zu den Werken von Chagall und Monet, Renoir und Böcklin, Max Ernst und Genzken nicht persönlich hinpilgern kann, weil so weit die Füße nicht mehr tragen, wer vom weltberühmten Museum of Modern Art träumt, aber sich eine Reise nach New York nicht leisten kann, vermag sich Kunst online ans Krankenbett oder ins Haus zu holen. Das Frankfurter Städel-Museum zum Beispiel bietet »Kunstgeschichte online – der Städel-Kurs zur Moderne« an, eine kostenlose Entdeckungsreise zu zweihundertfünfzig Meisterwerken der Moderne von 1750 bis in die Gegenwart. Die virtuelle Führung wird moderiert und in fünf Modulen präsentiert von Sebastian Blomberg. Zu allen Künstlern in allen Epochen hat der Theaterschauspieler im Vorübergehen etwas zu sagen. Wie lernt man Kunst sehenden Auges zu betrachten? Haben Politik und Gesellschaft die Künstler beeinflusst? Gibt es ein allgemein verbindliches Manifest der Moderne? Wer hat künstlerisch wen und sichtbar wie befruchtet? Was muss ein Museum leisten für die Gesellschaft?

Um bei bestimmten Bildern mehr als all das zu erfahren, reicht ein Klick auf eine bildschirmfüllende Totalansicht. Dort kann ein Augenblick verweilen, so lange er will. In einem digitalen Museum gibt es keine festen Öffnungszeiten. Mit allen Informationen, Filmeinspielern, Betrachtungen, Klängen, Erklärungen ist es online rund um die Uhr geöffnet. Städels Kurs der Moderne dauert insgesamt vierzig Stunden, aber die lassen sich sinngebend und sinnvoll auf Wochen und Monate verteilen.

Die weltweit wohl bedeutendste Kunstsammlung zeigt Google in seinem Cultural Institute. Der Konzern bot berühmten Museen wie dem Louvre oder dem British Museum an, alle ihre Schätze, wirklich alle, kostenlos für sie zu digitalisieren. Im Gegenzug wolle er sie seinen Usern zeigen dürfen, immer werbewirksam versehen mit dem Hinweis, alle diese Werke seien nach wie vor am besten haptisch, sinnlich, analog, also vor Ort in den Museen zu erleben. Das Museum of Modern Art hat einen eigenen Beitrag geleistet für das Google-Institut und bietet zusätzlich eigene Kunstkurse an.

Im Gegensatz zu den kostenlosen Begegnungen mit der Kunst wie denen in Frankfurt ist sie in New York nicht mehr nur heiter, sondern wird ernst genommen wie das Leben. Die Teilnehmer zahlen 140 Dollar Kursgebühr und werden dafür nicht nur von einer Kuratorin über Kunst und Künstler unterrichtet, sondern können nach Bedarf und festem Willen am Ende auch ihr erworbenes Wissen prüfen lassen. Wer besteht, erhält ein Zeugnis. Zwar online versendet, aber jederzeit ausdruckbar, um es analog gerahmt an die häusliche Wand hängen zu können.

Wenn Altes aufgebrochen wird, entsteht Neues. Aber *Break*, Bruch, gehört in der Welt von Nerds zu den digitalen zehn Geboten. Hätte Jeff Bezos nicht mit den ehernen Regeln gebrochen, wonach Bücher in Buchhandlungen gekauft werden – wo denn sonst?, hat man lange gedacht –, wäre Amazon kein Weltkonzern geworden. Das globale Warenhaus wurde auf Wörtern gegründet. Sein Erfolg ließe sich sogar biblisch überhöhen mit einem berühmten ersten Satz aus dem Buch der Bücher:»Im Anfang war das Wort.« Heute gilt Amazon weltweit als der erfolgreichste Händler für allerlei und alles. Nur einen Bruchteil von dem, was Amazon vertreibt, bieten die beiden Start-ups *Artsy* und *Magnus* an. *Artsy* ist ein Online-Portal für Galerien, auf dem diese ihre Kunstobjekte anpreisen können. Dafür kassiert *Artsy* je nach Größe zwischen 400 und 1400 Dollar im Monat. Wir wollen, erkärte sein Gründer Carter Cleveland in New York, das »Amazon für die Kunstwelt« werden. Investoren aus dem Silicon Valley glaubten ihm und an einen Durchbruch und finanzierten den Start mit 15 Millionen Dollar. Begonnen hat *Artsy* 2013 mit 17 000 Kunstwerken, heute bieten 4000 Galerien auf der ganzen Welt insgesamt mehr als 250 000 Gemälde, Skulpturen, Zeichnungen, Installationen an – eine an 365 Tagen im Jahr rund um die Uhr geöffnete Kunstmesse. Informationen gibt es online, gekauft wird in der jeweiligen Galerie offline. Konkurrent *Magnus* hat eine Applikation entwickelt, die sich Kunstbegeisterte auf ihr Smartphone laden können. *Magnus* ist ein digitaler Rechercheur. Jedes in einem Museum abfotografierte Objekt oder Gemälde wird eingespeist in eine Datenbank, in der acht Millionen Bilder deponiert sind. Bei einem Treffer sendet der zuständige Algorithmus direkt aufs Smartphone den derzeitigen Marktwert und zusätzliche Details über die jeweiligen Künstler.

Europa hütet seine kulturelle Vergangenheit und Gegenwart in der *Bibliothek Europeana*. Fünfzig Millionen – ja, fünfzig Millionen! – Preziosen aus europäischen Bibliotheken, Museen, Archiven sind digital in ihr versammelt: aus Musik und Literatur, aus Kunst und Wissenschaft, aus Film und anderen Medien. Die Europäische Union finanziert das virtuelle Erbe Europas. Über den Etat ist unter den sonst oft so zerstrittenen EU-Staaten noch nie gestritten worden. Jeder Staat will mit seinem Kulturgut vertreten sein.

Noch nie in der Evolution hin zu intelligenten Lebewesen war das Zentralorgan des Menschen so gefordert, so unter Stress wie jetzt durch digital abgefeuerte Attacken, wodurch Trash und Tatsachen, Gerüchte und Gewissheiten, Katastrophen und Knallchargen wild durcheinander einschlagen. In Echtzeit versendet von Smartphones und Tablets aus, per Twitter, Instagram, Snapchat. Die permanente Ausschüttung des Stresshormons Kortisol, die dauernde Produktion von Adrenalin in der Sorge, irgendetwas zu versäumen, was eventuell doch wichtig sein könnte, übersteigt aber nicht nur die Aufnahmekapazität und ermattet die Seelen, sondern schwächt gleichermaßen auch die Physis. Stetige Ausschüttung von Kortisol kann das Hirn schädigen.

Während in Zeiten des Festnetzes ein festes Telefon fest verankert an der Wand hing oder einen festen Platz hatte auf einem Schreibtisch, begleitet Enkel Smartphone seine Besitzer bei jedem Schritt. Das ist der eigentliche Fortschritt – stets erreichbar zu sein. Unerreichbar zu sein dagegen ist ein Synonym dafür, nicht erreicht werden zu wollen. Wer sich so verhält, gilt als sonderbar. Aus der Zeit gefallen oder schon tot. Wie viele Informationen aber lassen sich ertragen, bevor unter wachsender Belastung schlaganfallartig die Nervenstränge reißen und das Gehirn seinen Geist aufgibt? Wann geht es im Meer der Informationen unter und verweigert den Dienst? Sollten die vielen kleinen Kraftwerke im Gehirn für eine Zeitlang abgeschaltet werden, zum Beispiel in der analogen Stille eines Klosters, um erholt wieder ans und ins Netz zu gehen? Braucht es Fitnesscenter und Fastenkuren für das Vorderhirn, das am meisten auszuhalten und zu verarbeiten hat, so wie es welche gibt für erschlaffte Muskeln und angeschwollene Bäuche? Wie lässt sich erreichen, dass Unwesentliches gar nicht erst geöffnet, sondern automatisch gelöscht wird?

Wie man sich ausklinkt, ist zwar einfach zu beantworten: durch digitale Zölibate. Wie man das aber aus- und durchhält, das muss gelehrt werden. Durch analoge Entschleuniger. Ein Beruf mit Zukunft. In guten alten Zeiten gaben Beschleuniger den Ton an. Heute braucht es ein Legato. Ausschalten heißt abschalten, denn abschalten regeneriert das Gehirn. Angeblich vergisst Hans nie, was er als Hänschen einst gelernt hat. Das urdeutsche Sprichwort gilt wahrscheinlich auch in England, und es wäre nicht weiter erwähnenswert, wenn es sich bei Hans namens Alan um einen wohlsituierten Banker oder Beamten mit geregelter Arbeitszeit gehandelt hätte und nicht um den umtriebigen, von Breaking News getriebenen Chefredakteur des *Guardian* namens Rusbridger. Der verließ morgens gegen acht Uhr sein Haus und kam selten vor 22 Uhr zurück. Kein Grund zu jammern. Er wollte, was er tat, und er wusste, dass es in einem solchen Job keine geregelten Arbeitszeiten geben konnte. Das war auch in den anlogen Zeiten nie anders.

Doch die für den Marathonlauf gegen Chopin nötigen täglichen zwanzig Minuten am Klavier mussten jetzt zusätzlich im Tagesrhythmus eingeplant werden. Wohl wissend, dass er sich »eine ganze Menge Fingertechnik« würde aneignen müssen und komplexe Notationen behalten im Hirn, »das bislang nicht in der Lage war, auch nur eine Note auswendig zu lernen«, weshalb Rusbridger nur vom Blatt spielen konnte auf jenem Instrument, dem er sich bei aller Liebe damals dann doch lieber entzogen hatte. Jetzt stand er morgens eine halbe Stunde früher auf, um zu üben, verbrachte Mittagspausen nicht beim Businesslunch, sondern bei einem Klavierlehrer, prägte sich bei langen Flugreisen in einst britische Dominions wie Indien, wo er Vorträge hielt über Medien und deren unsichere Zukunft, durch Lektüre der Notenblätter die Tonfolgen ein.

Statt wie einst »Stücke zu früh zu schnell zu spielen« oder bei kniffligen Passagen zu schummeln, ließ er sich von nun an keinen Fehler durchgehen. Takt für Takt wurde so lange eingeübt, bis er ihn tatsächlich beherrschte. Später gab er zu, dass er sich das Duell mit Chopin erspart hätte, wenn er gewusst hätte, was auf ihn zukommen würde – Enthüllungen, basierend auf bisher unvorstellbaren Datenmengen. Die Herausforderung bestand jetzt ja nicht nur darin, das dem *Guardian* digital zugespielte und von seinen Reportern überprüfte Material so aufzubereiten, dass es alle Leser auch in der altvertrauten Printform verstehen konnten. Was eine Herkulesaufgabe war und was selbst die besten Gehirne nicht hätten bewältigen können ohne ihre hochgerüsteten Zuarbeiter, die Computer.

Sondern gleichzeitig auch dem massiven Druck der britischen Regierung standzuhalten, sich nicht einschüchtern zu lassen durch drohende Gerichtsverfahren wegen angeblichen Geheimnisverrats. Die Attacken der Konservativen nahm er britisch gelassen zur Kenntnis und konterte sie bei Gelegenheit unbeeindruckt kühl, indem er einfach die nächste aufregende Story veröffentlichte. Wobei sich der digitale Fortschritt als hilfreich erwies. Druckmaschinen hätte man notfalls auf richterliche Anordnung stoppen müssen. Online genügte ein Fingerdruck auf den Button *Send*, und schon war ein weiterer Scoop weltweit in aller Munde.

Aber würde ihn alles nicht doch überfordern, zusätzlich »zwanzig Minuten für etwas abzuknapsen«, das mit seinen eigentlichen Aufgaben nichts, aber auch gar nichts zu tun hatte? Neurologen und Wissenschaftler, mit denen er sprach, versicherten ihm, dass er sich zwar eine zusätzliche Last aufgeladen hatte zum alltäglichen Stress. Dass Musizieren aber den Fluss grauer Zellen im Gehirn fördere, den Spieler selbst dann schlauer mache, wenn er Amateur sei und kein austrainierter Profi. Musik besitze die einzigartige Kraft, das Gehirn nachhaltig zu verändern, und insbesondere gelte dies für die auf Klavieren erzeugten Töne.

Diese wohlklingende These, erfreulich für alle Pianisten, jung oder alt, beruht auf Studien, in denen die intellektuellen Fähigkeiten von Musizierenden mit jenen verglichen wurden, die kein Instrument spielen können. Blieb aber stets graue Theorie, weil es dafür keine Beweise gab, nur Vermutungen.

Im Februar 2016 allerdings verkündeten Forscher des renommierten Massachusetts Institute of Technology, dass sie im menschlichen Gehirn ein Musikzimmer gefunden hätten. So platt nach Journalistenart drückten sie sich selbstverständlich nicht aus. Aber tatsächlich würde der Begriff »Musikzimmer« passen. Denn sie entdeckten in der Hirnrinde Nervenbahnen, Synapsen, Cluster von Neuronen, die ausschließlich auf musikalische Töne und auf keine anderen Impulse reagierten. Hundegebell oder Autolärm nahmen sie ungerührt stoisch hin, sobald jedoch Musik erklang, wurden sie aktiv. Wobei es gleichgültig war, was ihnen zugespielt wurde – ob Bach oder Dylan, Hip-Hop oder Händel, Prince oder Purcell.

In der Fachzeitschrift *Neuron* lieferten die Wissenschaftler die Beweise. Mithilfe der funktionellen Magnetresonanztomografie, des hochempfindlichen bildgebenden Verfahrens zur Aufdeckung aller denkbaren Gehirnströme, hatten sie ihre Probanden einmal mit Musik beschallt, einmal mit Sprache und gemessen, was dabei im Hirn geschah. Es reagierten jeweils verschiedene »Zimmer«, jeweils das für Musik zuständige oder das für Sprache eingerichtete. Ob tatsächlich am Anfang das Wort war, wie im Buch der Bücher behauptet wird, oder ob es mit einem C begann oder mit dem Paukenschlag des Urknalls, lässt sich jedoch nicht mehr ermitteln.

Neurowissenschaftler des Tübinger Max-Planck-Instituts für biologische Kybernetik erforschten, ähnlich wie ihre Kollegen aus Cambridge bei Boston, die Tiefe der fürs Klavierspielen zuständigen Hirnbereiche. Stellten ebenfalls per funktioneller Magnetresonanztomografie fest, dass ein grundsätzlich für Koordination zuständiges Areal des Hirns bei Pianisten zumindest größer ist als bei nicht musizierenden Probanden. Über Ursache und Wirkung konnten sie aber nur Vermutungen anstellen. Sicher jedoch ist, dass regelmäßiges Musizieren selbst bei Amateuren das Gehirn verändert. Es muss sich anpassen, und es nimmt die neue Herausforderung an. Die für Bewegungen der linken oder der rechten Hand zuständigen Regionen reagieren, indem sie ihre natürliche Hardware auf die angelieferte Software einstellen. Neuronen sind in diesem Fall die Hardware, Melodie und Rhythmus die neue Software. Beide sollen miteinander vernetzt werden, damit die Musik so erklingt, wie der Komponist sie sich erdacht hat. Dabei werden außerdem Gefühle aktiviert, die in den limbischen Tiefen des Gehirns auf ihre Erweckung warten.

Sind dickere Nervenstränge zwischen den beiden Gehirnhälften, wo im rechten Teil des Großhirns Farben, Bilder, Musik wohnen und im linken Sprache, Logik, Wissen, also besonders wichtig für außergewöhnlich talentierte Musiker, ist also angeborene Begabung die Ursache für ihre Kunst? Schlummerte eine Veranlagung in denen, die irgendwann nur sanft belebt werden musste? Oder ist die sogenannte sensorische Integration eine Auswirkung der jahrelang für koordiniertes Zusammenspiel beider Hände betriebenen Übungen? Macht intensives Training aus talentfreien Anfängern gelegentlich Herrscher aller Tasten?

Rusbridgers Spieltrieb hätte auch in einem Text aus früheren analogen statt aus heutigen digitalen Zeiten beschrieben werden können. Denn die Hauptrollen spielen ein Klavier, dessen Tasten zu bedienen eindeutig haptischer Natur ist, ein lebender Pianist, ein verstorbener Komponist und schwarze Symbole, gedruckt auf weißem Papier. Typisch für Chopin übrigens, notierte Rusbridger, als er Gründe aufzählte, warum die Ballade eigentlich unspielbar sei für ihn, dass manche Noten, zum Beispiel in Takt 33, aussehen »wie zerquetschte Fliegen auf Papier«. Genug jedenfalls, um die »kleinen schwarzen Punkte vor den Augen verschwimmen zu lassen und Schweißperlen auf die Stirn zu treiben«. Die er sich aber einfach wegwischte.

Denn der Fortschritt in Gestalt von Twitter hat dem Herausforderer in der Vorbereitung auf das Endspiel gegen Frédéric Chopin geholfen. Zum sozialen Netzwerk der Kommunikationsplattform mit weltweit rund 300 Millionen Nutzern gehört das digitale »Armaturenbrett« *TweetDeck*. Auf dem werden einlaufende Tweets verwaltet und automatisch geordnet nach Begriffen, Gruppen oder Personen. *TweetDeck* lässt sich als eine Art Pinnwand aus alten Zeiten vorstellen, an die von den jeweiligen Teams einer Werbeagentur, einer Redaktion, einer Partei alles notiert wurde, was mit einem ihnen vorgegebenen Thema zusammenhing und deshalb helfen konnte bei dessen Umsetzung in Anzeigen, Artikel, Kampagnen.

Ein solches *TweetDeck* richtete sich der Klavier spielende begeisterte Twitterer Rusbridger ein mit den Stichwörtern »Ballade« und »Chopin«. Auf seinem persönlichen *TweetDeck* tauchten daraufhin, beschränkt wie bei Twitter üblich auf 140 Anschläge, während seines sechzehnmonatigen Trainings regelmäßig Tweets aus aller Welt auf. Zumindest aus den Teilen der Welt, in denen man schon was von Chopin gehört hatte.

Das konnten Leidensgenossen sein, denen es wie dem *Guardian*-Chef ergangen war und die zugaben, auch bei ihnen würden Hirn und Hände einfach nicht zueinanderkommen. Andere schlugen ihm vor, es bei bestimmten Achteln mit einem anderen Fingersatz zu versuchen, oder schwärmten von der nach all den Mühen am Ende erklingenden himmlischen Chopin-Macht in g-moll, schickten Links zu YouTube und dort abrufbaren Aufführungen von Pianisten, die irgendwo das Stück gespielt hatten. Die meisten gaben ihm konkrete Tipps aufgrund eigener Erfahrungen beim Einüben der Ballade. Der digitale Fortschritt vereinte im Netz eine Chopin-Gemeinde, die sich blind verstand, aufeinander hörte, sich aber in der realen Welt niemals treffen würde.

Ohne seine virtuellen Helfer, Digital Relatives wie er, hätte es Rusbridger wahrscheinlich auch geschafft, aber mit ihrer Hilfe ging es schneller. Kurz vor Weihnachten 2011 trat er vor vierzig Zuhörern im Londoner *1901 Arts Club* auf. Im Publikum seine Klavierlehrer aus damaligen und aus heutigen Zeiten, seine Frau und seine beiden erwachsenen Töchter, Freunde und Kollegen und einige professionelle Pianisten. Nichts, einfach nichts, würde ihn heute vom Steinway fernhalten können, notierte er. »364,98 Tage pro Jahr« sei er, der Chefredakteur des *Guardian*, rund um die Uhr erreichbar, heute Abend für keinen, egal welche dringenden anderen Umstände es erfordern würden. Während er zum Flügel schritt, schreibt er, habe er sich dennoch gefragt, ob er eigentlich verrückt geworden sei: »Was für ein eitler Größenwahn zu glauben, du könntest eine annehmbare Interpretation der Ballade vorlegen ... vor voll besetztem Haus und einem halben Dutzend professioneller Pianisten?«

Doch als er beim Countdown dann Chopin gegenübersitzt, ist er ruhig, und er spielt und spielt und spielt, und bis auf eine Dreiviertelsekunde des Zögerns vor den »Sturzfluten der Coda«, was aber nur die Profis im Saal bemerken, schafft er es. Erlösung. Umarmungen. Gratulationen. Drinks. »Ein bisschen mehr Zeit«, meint einer seiner Klavierlehrer lakonisch, »hättest du in die Tonleitern investieren können, und wenn du wirklich die Arbeit endlich aufgibst und pro Tag fünf Stunden üben würdest, dann könntest du durchaus etwas erreichen.« Ende 2015 gibt Rusbridger nach zwanzig Jahren zwar seinen Posten ab. Aber ob er seitdem täglich fünf Stunden pro Tag in seiner Musikhütte übt, die er sich im Garten seines Landhauses hat bauen lassen, Platz für ihn, seinen Flügel und einige Stühle, weiß niemand.

Wer mal richtig gut aufspielen will, sagen gut aufspielende Professionelle, sollte in der Kindheit mit dem Unterricht beginnen und bis zum ersten öffentlichen Auftritt etwa zehntausend Stunden geübt haben, weil das die zuständigen Nervenbahnen zur Action zwingt und somit sie und die Synapsen in Form hält. Die Zahl 10 000 als Lernziel für höhere Ansprüche basiert auf Umfragen unter Studenten von Musikakademien oder Schülern von Meisterklassen verschiedener Musikhochschulen. Diese wenig überraschenden Ergebnisse ließen sich auch zusammenfassen mit landläufigen Bauern- und Lebensweisheiten, wonach die Übung den Meister mache oder steter Tropfen den Stein höhle.

Noten sind vergleichbar mit Stichwörtern, die sich wohltemperierte Redner für ihre Vorträge machen. Aus Erfahrung klüger, oft bereits meisterlich geübt, müssen gute Redner oder Musiker nicht mehr Satz für Satz vom Blatt ablesen oder Fingersatz um Fingersatz einüben, weil sowohl Stichwörter als auch Noten im Hippocampus, wo das Gedächtnis ausgebildet wird, abgelegte Erinnerungen auslösen. Das prozedurale Gedächtnis, zuständig für regelmäßig anfallende

Tätigkeiten, einst erlernt, laufend ausgeführt, speichert das Erlernte so, dass es automatisch einsetzbar ist in dem Moment, in dem es gebraucht wird: Autofahren. Fahrradfahren. Skilaufen. Lesen. Schreiben. Klavier spielen.

Bestens nachweisbar, weil hörbar, im Free Jazz: Die Note, die der Saxofonist spielt, ist für den Pianisten das klingende Stichwort, mit jenen Tönen einzusetzen, die anklingend daran er gespeichert hat. Im Umkehrschluss müssten also diejenigen schlechte Klavierspieler sein, deren Verstand mangels Speicherkapazitäten kaum etwas archiviert hat, und müssten diejenigen ein großes Gedächtnisvolumen haben, deren Spiel auffällig gut ist. Diese These ließe sich allerdings erst beweisen, wenn post mortem das Gehirn von herausragenden Pianisten wie Arturo Benedetti Michelangeli oder Maurizio Pollini oder Lang Lang seziert und mit dem Hirnvolumen von anderen verglichen würde. Also nie.

Die Gemeinde überzeugter Kryoniker – abgeleitet vom griechischen *Kryos*, Frost – glaubt an ein ewiges Leben nicht erst im Himmel, sondern schon auf Erden, und sie will es auch selbst erleben. Nach ihrem Abschied aus der Wirklichkeit, so haben sie es testamentarisch verfügt, wollen sie eingefroren werden, um bei erhofftem Fortschritt dereinst aufgetaut *forever young* singen oder beim ersten Flug zum Mars live dabei sein zu können. Sie wechseln nach dem Tod aus dem analogen in ein digitales Leben und dann wieder zurück ins analoge. Das klingt zwar absurd und nicht von dieser Welt, aber zwei amerikanische Firmen, Alcor und das Cryonics Institute, machen mit diesem Menschheitstraum, den sich finanziell nur wenige leisten können, schon jetzt gute Geschäfte. Mehr als zweihundert Tote, deren Blut gegen eine die Zellen schützende Lösung aus Salz und Glyzerin ausgetauscht wurde, haben sie bereits in silbernen Glasröhren gelagert.

Grundsätzlich geht es darum – und wer das glaubt, ist vor dem letzten Atemzug zumindest noch einmal selig –, einzelne menschliche Organe, bevorzugt Gehirne, einzufrieren und sie so lange künstlich gewissermaßen im Tiefschlaf zu erhalten, bis es in ferner Zukunft gelingt, sie wieder zu erwecken. Sie ruhen, allzeit bereit, aufgetaut und wieder aktiv zu werden, in flüssigem Stickstoff, gekühlt auf minus 196 Grad Celsius. Falls tatsächlich einmal Wissenschaftler eine Methode der Wiederauferstehung gefunden haben sollten, was unter gläubigen Christen nicht bezweifelt wird, aber deren Überzeugung nach allein in Gottes Willen liegt, werden die Eingefrorenen von den Toten auferstehen.

Neurobiologen des Max-Planck-Instituts für Neurobiologie in München drücken sich zwar vorsichtiger aus, doch schätzen auch sie, dass in etwa vierzig oder fünfzig Jahren ein künstlich erzeugtes Comeback von tiefgekühlt eingelagerten Verstorbenen machbar sein könnte. Undenkbar ist das vielleicht nicht. Vorstellbar aber dagegen Schreckensszenen, in denen homunkulusartige Wesen versuchen, in einer fremden Welt, in der sie niemand mehr kennt, zu überleben.

Ich höre diese Botschaft, doch fehlt mir solch ein kindlicher Glaube. Denn wenn es dank der Fortschritte von Medizin und Technik frühestens so weit sein dürfte, bin ich, in welcher Gestalt und wo auch immer, längst bei denen, die vor mir gegangen sind. Spiele mit meinem Großvater vierhändig auf dem Klavier, was allerdings davon abhängt, ob ich bis zur letzten Stunde so viel gelernt haben werde, dass es für seine Ansprüche reicht.

Wer aber daran glaubt, muss zunächst je nach Organ zwischen 80 000 und 100 000 Dollar an Alcor oder Cryonics überweisen und kann fortan nur hoffen, dass sich diese Ausgaben eines Tages amortisieren werden. Im traditionellen Sinn

172

lebendig werden sie einen Durchbruch zur Unsterblichkeit nicht mehr erleben, und ob sie überhaupt noch im Wortsinne lebensfähig sind, falls sie aufgetaut werden, ist gleichfalls höchst fraglich.

Die amerikanische Studentin Kim Suozzi glaubte an eine frühere Auferstehung von den Toten, die ja nach Lehrmeinung von Theologen und Gottesdienern allen anderen Gläubigen erst am Jüngsten Tag zuteil werden wird. Sie war mit ihren dreiundzwanzig Jahren zu jung, um für immer zu vergehen, als ihr die Chirurgen eröffnen mussten, dass ihr Hirntumor nicht mehr operabel sei, und so beschloss sie, auf eine Rückkehr nach dem Tod zu setzen. Ihre Chancen, diese zu erleben, schätzte sie realistisch auf zwei Prozent. Den Betrag für die Einfrierungskosten beabsichtigte sie per Crowdfunding einzusammeln, was sie auf ihrer Facebook-Seite mitteilte. Daraufhin reckten sich in der ganzen Welt die Daumen, 89 Prozent von denen gingen nach oben, verbunden mit entsprechend vielen kleinen und größeren Spenden. Kims Lebenspartner versprach, ihren Wunsch zu erfüllen. Als ihr Sterben begann, was Apparate anzeigten, an die sie angeschlossen war, alarmierte er das bereitstehende medizinisch-technische Team von Alcor. Er begleitete seine Freundin bis zu ihrem letzten Atemzug.

Die dann für klinisch tot Erklärte wurde zunächst in eine Wanne mit Eiswasser gebettet. Eine Herz-Lungen-Maschine sorgte bis zum Austausch mit der zellerhaltenden Lösung für den nötigen Blutkreislauf, um das Gehirn in Betrieb zu halten. Chirurgen trennten dann Kims Kopf vom Körper, Techniker froren ihn ein. Ihr Freund schaute auch dabei zu. Niemand kann heute wissen, ob die Nervenzellen bei einem künftigen Auftauen, falls es je dazu kommen sollte, dann nicht so verfallen sein werden wie der nach der Operation bestattete Körper von Kim. Gespeichert werden ja nur Landkarten eines individuellen Gehirns, aber ob die begehbar sein werden, ist ungewiss. Kritiker der Methode argumentieren deshalb sowohl logisch als auch moralisch. Unlogisch sei es zu glauben, dass ein Gehirn nach einem möglicherweise geglückten Auftauen noch so funktioniere wie zu Lebzeiten seiner Besitzerin. Das gelinge nur in Sciene-Fiction-Filmen. Unmoralisch sei es gewesen, die junge Frau im Angesicht des Todes nicht friedlich sterben zu lassen, sondern ihr vorzugaukeln, dass sie eines Tages zurückkehren könne ins Leben. Vieles lässt sich bereits zu Lebzeiten mit dem Gehirn veranstalten. Ein digitales Gedächtnis müsste doch um Längen, also um viele Bytes, besser sein als das analoge menschliche. Die künstliche Erweiterung des Gehirns um die neuesten Errungenschaften der Technik, zumeist entdeckt im Silicon Valley, ist für Neurobiologen deshalb das, was für Parsifal der Heilige Gral war oder für Novalis die blaue Blume der Romantik. Beides symbolisiert das zutiefst menschliche Streben nach Erkenntnis, Erleuchtung und Erfüllung ihrer Sehnsucht nach Vollendung.

Einst musste sich dieses Streben nach Vervollkommnung auf die Schöpfung von Musik, Dichtung, Kunst beschränken. Heute jedoch kann beispielsweise die digitale Brille Google Glass, eine Art tragbarer Minicomputer samt Kamera, bereits für ihren Träger aufnehmen, was in dessen unmittelbarer Umgebung passiert oder was sein Gegenüber sagt, ob seine Geliebte glaubwürdig wirkt, während sie von Liebe spricht, oder ob ihre Augen, auch in digitalen Zeiten Sitz der Seele, das genaue Gegenteil ausstrahlen. Alles wird gespeichert, mit vorhandenen Daten verknüpft und kann künftig abgespielt und entsprechend eingesetzt werden – etwa in peinlichen Momenten, wenn plötzlich freudestrahlend zur

Begrüßung Menschen heraneilen, deren Namen Schall und Rauch geworden sind. Einziger Ausweg in solchen Situationen ist bislang das neutrale, allgemeine »Hallo, und wie geht's selbst?«, was aber nicht immer hilft. Das digitale Gedächtnis von Google Glass vermag das Bild des scheinbar Fremden mit einem konkreten Namen zu verknüpfen, weil im Googlegeführten Archiv nichts und niemand verloren geht.

Rechtzeitiges Erkennen und Zuordnen gehören zu *Augmented Human,* der Wissenschaft von der Erweiterung des Menschen, und könnten als *Augmented Reality*, die digital gesteuerte Wahrnehmung von Wirklichkeit in erweitertem Horizont, auch im Alltag nützlich sein, nicht nur beim Wiedererkennen der üblichen Verdächtigen auf den Jahrmärkten der Eitelkeiten. Wer getrost alles vergessen darf, weil alles für die Festplatte Gehirn Bestimmte parallel digital gespeichert wird, wird nie mehr nervös an einer Ladenkasse oder vor einem Bankautomaten stehen und versuchen, sich an die Geheimzahl seiner Kreditkarte zu erinnern.

Es gibt in der schönen neuen digitalen Welt aber analoge Helden, die jeden Computer alt aussehen lassen. Menschen mit einer besonderen Begabung. In London werden sie bei der Polizei eingesetzt, der Metropolitan Police, weltweit besser als Scotland Yard bekannt, wie sie einst getauft wurde nach dem Platz, an dem ihr Hauptquartier lag. Längst haben die Beamten in der Londoner City of Westminster einen modernen Glaspalast bezogen, aber die Tradition wird gehütet. New Scotland Yard lautet die Adresse. Die *Super Recognizer*, 152 Männer und Frauen, verfügen offenbar über ein hochwirksames Programm in ihrem Hirn, mit dessen Hilfe sie Gesichter auch dann wiedererkennen können, wenn sie die nur ein einziges Mal kurz gesehen haben. Die in ihnen schlummernden Fähigkeiten wurden bei Gelegenheit zwar bewundert, aber nur als bizarre Begabung betrachtet und nicht als nützliche Ergänzung der bisherigen Ermittlungsmethoden. Das änderte sich erst, als die möglichen Kandidaten zwei Prüfungen fehlerfrei absolviert hatten. Im *Cambridge Face Memory Test* wurden ihnen Gesichter gezeigt, denen die Haare wegretuschiert wurden, danach dieselben Probanden samt Frisuren präsentiert. Im *Before They Were Famous Test* mussten Prominente anhand ihrer Kinderbilder identifiziert werden. In beiden Tests blieben die Bewerber fehlerfrei. Ihre Fähigkeiten beweisen sie nun in der Praxis bei der Jagd nach den Gesichtern des Bösen. Keinen Gauner, den sie einmal gesehen haben, live oder auf einem Fahnungsplakat, werden sie je wieder vergessen. Sobald der in ihrem Gesichtsfeld auftaucht, schlägt ihr Gehirn Alarm. Jeder Blick kann ein Treffer sein. Andere Waffen brauchen sie nicht. Ihr Star ist Constable Gary Collins. Nach wüsten Straßenschlachten in einigen Londoner Stadtteilen waren vom *Closed Circuit Television System* (CCTV), dem allgegegenwärtigen Überwachungssystem der britischen Metropole per Videokameras, rund viertausend Verdächtige digital gespeichert worden. Die eingesetzte Software erkannte einen. Superrecognizer Collins dagegen einhundertundachtzig.

Tochter *Siri* liefert nur das, was Mutter Apple in sie einprogrammiert hat, aber der Bruder *Cognitive Services*, gegenwärtig in der Erprobungsphase, wird in Zukunft nicht nur Gesichter erkennen und namentlich die benennen können, zu denen sie gehören. Nicht nur Gefühle aufgrund von Gesichtsausdrücken deuten können, Zorn oder Hass, Glück oder Angst. Sondern auch aktuell erworbenes Wissen aus unterschiedlichen Disziplinen blitzschnell verknüpfen können per E-Mail, SMS, Skype, Telefon, Video, Web-Chats. Künstliche Intelligenz wird nie Menschen ersetzen können, weil sie – außer im Kino, hervorragend präsentiert im Science-Fiction-Thriller *Ex Machina* – keine autonomen Gefühle kennt. Aber sie wird ihnen im Alltag abnehmen, was auf automatischen Abläufen oder Handlungen beruht.

Die Möglichkeit des *Lifelogging*, des Sammelns von Daten und Bildern im Zeitraffer über einen Tag oder auch über Wochen hinweg, war früher allenfalls attraktiv für Tech-Freaks. Die trugen auf dem Kopf eine riesige Kamera, deren Aufnahmen auf einen großen Computer übertragen und dort gespeichert wurden. Inzwischen reicht eine winzige Kamera am Hemdkragen, um automatisch im Sekundentakt Bilder von der Welt zu machen und zu speichern. Emotionslose Algorithmen durchforsten dafür bei Bedarf Tausende von Biografien und graben verschüttete Erinnerungen wieder aus.

Das könnte, falls die kognitiven Dienste jemals Marktreife erringen, einen Beruf in ähnlicher Weise gefährden oder gar überflüssig machen, wie das einst die digitale Technik mit dem ehrenwerten Handwerk des Setzers oder Druckers gemacht hat – gemeint ist die Gilde der Psychiater. Wer braucht noch Seelenklemperer, wenn sich die Patienten selbststreinigend heilen können? Oder werden in Zukunft bei Fällen von allzu menschlicher Eifersucht trainierte Hacker innerhalb von wenigen Minuten mehr erfahren als Privatdetektive in tagelanger Überwachung? Für Digital Natives, die von Kindesbeinchen an vertraut sind mit Tablets und Smartphones, mit Wischen und Klicken, die sich ungezwungen tummeln auf Facebook und Instagram, sich twitternd vor ihrer Followern entblößen oder entblöden, ist *Lifelogging* keine Horrorvorstellung auf zudem noch freiwilliger Basis, sondern ein logischer Schritt in ihre Zukunft.

Was aber passiert, wenn sich Konzerne oder Regierungen ins Privatleben einloggen und Daten manipulieren, wie es ihnen gefällt? Das steht in Dave Eggers Weltbestseller *The Circle.* Der Roman wurde millionenfach verkauft als Science-Fiction. War aber, wie nach den Enthüllungen von Snowden und Wikileaks klar wurde, in vielen Passagen wohl eher ein Sachbuch über bereits vorhandene und insgeheim genutzte Einsatzmöglichkeiten moderner Computertechnik.

Warum aber sollte ich wehmütige Erinnerungen an das Kind, das neben seinem Großvater an der Orgel sitzt, freiwillig mit anderen teilen, nur weil es mittels der Google-Brille oder anderer Wearables möglich ist? Warum sollte ich jemand bitten, sich in meine Biografie einzuloggen auf der Suche nach Szenen, die ich zwar vergessen habe, aber zum Glück nicht mehr benötige? Sich solche Fragen zu Fragen zu stellen hat sich in früheren Zeiten bewährt und tut es heute nicht weniger: weil Privatleben ein Privateigentum ist. Und was nur mich etwas angeht, geht sonst keinen etwas an.

Allerdings könnte die Speicherung der eigenen Biografie hilfreich sein, bevor die Erinnerung daran verdämmert im Niemandsland. Alzheimer-Kranke zum Beispiel, deren Zahl dank gestiegener Lebenserwartungen wächst, in Deutschland um geschätzt rund fünfzigtausend pro Jahr, verlieren durch den Verlust ihrer persönlichen Erinnerungen ihre Identität. Wegen verklumpter Synapsen, verstopfter Nervenbahnen, abgelagertem Eiweiß – aber genau weiß man das bis heute nicht – versagen ihre Gehirne den Dienst. In einem nicht zu stoppenden Prozess fallen sie aus der Wirklichkeit und wissen bald nicht mehr, wer sie einmal waren, wer sie noch sind.

Ein Chip, auf dem ihr bisheriges Leben archiviert ist bis zu dem Moment, als die Krankheit des Vergessens sie einfängt, wäre das digitale Seil, das sie vor dem totalen Absturz in die Dunkelheit bewahrt. Szenen aus ihrer Kindheit sind bekanntlich die letzten Inseln lebendiger Erinnerung. Mit der digitalen Technik des *Lifeloggings* ließen sich die hörbar machen in Liedern, sichtbar machen in Jugendbildern. Es nimmt etwas vom Schrecken, seine Identität verloren zu haben. Digitales hilft auch, körperliche Leiden zu heilen. Der drittgrößte Pharmakonzern der Welt, Roche in Basel, generiert bei seinen Tests auf der Suche nach neuen Medikamenten fünfzehn Milliarden Daten – pro Jahr. In Krankenakten stehen, analog erfasst auf Papier, die Diagnosen Tausender, gar Hunderttausender von Patienten. Wenn man diese Daten verknüpft, was nur Algorithmen schaffen, denn deren Arbeitskraft ist unbegrenzt einsetzbar, lässt sich herausfiltern, welche Therapien erfolgreich sind, welche Medikamente in welcher Dosis funktionieren und welche nicht.

Diese Art der Verbindung von Daten aus der Praxis des klinischen Alltags einerseits und präklinischen und klinischen Studien in Forschungslabors und mit Patientengruppen andererseits wird die Methoden der Behandlung revolutionieren. Ein bereits verwirklichtes Beispiel ist die Einpflanzung eines winzigen Chips, der bei Diabeteskranken aufgrund personalisierter Daten die individuell nötige Dosis von Insulin berechnet und dementsprechend zur richtigen Zeit freigibt. Die Angst vor dem gläsernen Patienten, dessen Privatsphäre offengelegt wird, kontern Pharmafirmen mit der Zusage, dass alle Daten anonymisiert werden würden.

Kardiologen der Heidelberger Universitätsklinik bereiten sich am Bildschirm auf schwierige Herzoperationen vor. Noch sind es keine Echtfälle. Ein krankes Organ ist dreidimensional sichtbar. Die Daten haben sie gewonnen dank Computertomografie. Bevor sie tatsächlich operieren, üben sie am digitalen Modell und simulieren dort die Operation so lange, bis sie den idealen Schnitt gefunden haben. Oder bis sie erkennen müssten, dass sich der Eingriff nicht mehr lohnt.

Der digitale Assistent hilft dabei. Entscheiden wird und muss nach wie vor der Mensch.

Digitaler Fortschritt kann sogar vor den apokalyptischen Reitern der analogen Welt retten. Die sind zwar alle inzwischen ebenfalls online aktiv. Aber Google ist überparteiisch, es hilft genauso den Guten gegen das Böse und lehrt, wie man mit Twitter laut gegen die Bösen anzwitschern kann. Millionen Syrer, Iraker und Afghanen flüchten vor dem Krieg aus ihren Heimatländern. Hunderttausende von Afrikanern kennen nur ein Ziel, um Hunger und Elend zu entkommen, und das heißt Europa. Mitte 2016 waren nach Schätzungen der UNO weltweit rund 25 Millionen Menschen auf der Flucht – Kriegsflüchtlinge und Wirtschaftsflüchtlinge, Männer und Frauen, Kinder und Jugendliche.

Ohne ihre treuen digitalen Wegbegleiter, die Smartphones, wären sie verloren. Ohne Google Maps würden sie keine Straßen finden, die sie an den kriminellen, faschistoiden osteuropäischen Bürgerwehren in Polen, Ungarn, Serbien vorbeiführen. Ohne Skype und WLAN würden ihre zurückgebliebenen Freunde und Familienangehörigen nie erfahren, ob sie lebend angekommen sind auf dem europäischen Kontinent. Wer sich Schleuserbanden und Menschenhändlern anvertraut auf deren Todesrouten übers Mittelmeer, muss sein Smartphone vor dem Besteigen eines Schlauchboots abgeben. Schlepper werfen alle Handys ins Meer. Die Patrouillen von FRONTEX oder NATO sollen keine Funksignale empfangen und so ihre schmutzigen Geschäfte stoppen können.

In analogen Zeiten sangen die Vorfahren »Die Gedanken sind frei, kein Mensch kann sie jagen«. Aber wer weiß, ob selbst das nicht irgendwann möglich ist? Hätten sie sich jemals vorstellen können, dass es mal Flugzeuge geben würde oder Telefone oder Fernsehen? Selbst in den 50er- und 60er-

Jahren sind die meisten noch nie geflogen. Telefoniert wurde nur sonntags, weil es da günstiger war als an Werktagen. Ansonsten nur in Notfällen. In jener Zeit hatten alle genug Zeit. Sogar Zeit genug, sich einfach nur zu langweilen. Aber fürs Nichtstun hätten sie sich geschämt. In jener Zeit zeigten Frauen niemals, dass sie sich mit ihren Männern tödlich langweilten, denn sie mussten, weil es die herrschende Moral verlangte, bei denen bleiben, bis dass der Tod sie scheide. In jener Zeit wurde Langeweile verachtet als Faulheit, obwohl nicht jeder Faulenzer ein Langweiler war, sondern oft genau der, dem mehr einfiel als vielen Fleißigen ohne Fantasie. In jener Zeit wurde Langeweile als undeutsches Verhalten verleumdet, denn angeblich war Müßiggang, zu dessen Sippe die Langeweile gehört, aller Laster Anfang.

In jener Zeit wurden junge Männer, damit es ihnen bloß nie langweilig wurde und sie auf die Idee kommen könnten, herrschende Verhältnisse zu ändern, im Namen des Vaterlandes oder des Heiligen Geistes in Kriege geschickt. In jener Zeit wurden Jugendliche, die sich langweilten, von ihren Alten gerügt, weil ihnen der Drang zu Höherem fehlte. Als Verbalkeule diente ein Sprichwort, wonach ohne Fleiß kein Preis zu gewinnen sei. Bedeutende Philosophen unterstützten mit ihrer wohlformulierten Verachtung der Langeweile den Zeitgeist. Kritiker erledigten mit dem Vor-Urteil »langweilig« die Hoffnungen vieler junger Talente.

Der Engländer Tom Hodgkinson ist überzeugt davon, dass in unserer Zeit des Menschen wahres Lebensglück im Nichtstun beruht. Der Müßiggänger ist aber kein langweiliger Schnarchsack, der im sozialen Netz schaukelt. Seine beste Idee überkam Hodgkinson, als er mal wieder in den Tag träumte. Nichts zu tun müsste doch zu erlernen sein, dachte er sich damals. Und schrieb daraufhin einen Bestseller unter dem Titel *Anleitung zum Nichtstun*. Von den Erlösen gründete er die *Idler Academy* für Lebenskunst, in der – gegen Gebühr selbstverständlich – die hohe Kunst sinnvoller Untätigkeit gelehrt wird und wie man sich die auch leisten könne. Hodgkinson geht mit seiner Philosophie auf Tournee, obwohl er lieber zu Hause faulenzen würde, aber die Familie muss ernährt werden. Außerdem gibt er eine Vierteljahreszeitschrift namens *The Idler* heraus. Der *Müßiggänger* im Titel ist Programm. Zu lesen gibt es dort vor allem Tipps für müßige (Un-)Tätigkeiten, aber auch ernst gemeinte Essays bekannter britischer Müßiggänger.

Sich zu langweilen, zu faulenzen ist eine entspannende, eine klassenlose Beschäftigung. Sie lässt sich überall ausüben, sie kostet nichts, kommt ohne Hilfsmittel wie Smartphone oder Kopfhörer, Navi oder Tablet aus. Durch die Digitalisierung, bei der es zum Anforderungsprofil für Erfolg gehört, stets erreichbar zu sein, das Handy nie auszuschalten, freie Minuten beim Essen oder auf dem Klo für Mitteilungen via Facebook zu nutzen und sie nicht untätig verstreichen zu lassen – dass viele Geschäfte während der Erledigung des Geschäftes erledigt werden, erforschte übrigens ein Bamberger Informatiker in seiner Doktorarbeit über Technostress –, hat Langeweile einen ganz anderen Wert bekommen. Gehört sozusagen zum Menschenrecht des *Pursuit of Happiness*.

Nichts zu tun außer vor sich hin zu denken, zu träumen, zu dösen, mit weißen Wolken in blaue Fernen zu reisen oder Regentropfen zu zählen, wird in Seminaren gelehrt oder in Meditationskursen gemeinsam eingeübt. Das nannte man früher Faulheit, und wir mussten in diesem Fach nicht unterrichtet werden, denn faul zu sein fiel uns leicht. Faulheit heißt jetzt Entspannung oder auch Muße. Was sie bewirken soll, eine Balance von Arbeit und Leben, wird verkauft als *Work*

Life Balance. Wer sich bei einem solchen Businessmodell an des Kaisers neue Kleider erinnert fühlt, ein Märchen aus der Kindheit, damals vorgelesen von analogen weiblichen Prototypen wie Müttern, Großmüttern, Tanten, Cousinen, liegt damit richtig.

Faulheit ist ein energiesparender Glücksmoment. Für Langweiler allerdings ist faule Zeit nicht zu empfehlen. Sie würden sich langweilen.

6

Von Smartphone-Zombies, Cyberhackern und Mördern im Darknet

Schon an ihrem Gang sind Süchtige erkennbar. Gesenkten Hauptes eilen sie durch Fußgängerzonen, starren auf ihre Smartphones, überqueren Kreuzungen ungeachtet des fließenden Verkehrs, rempeln blind für ihre Umgebung nieder, wer ihre Wege kreuzt. Stöpsel in beiden Ohren, aus denen dünne Kabel zum Handy führen, halten ihnen akustische Störungen wie klingelnde Straßenbahnen oder hupende Autos fern. Der öffentliche Raum ist privatisiert, aber die Ohren, natürliche Alarmorgane im analogen Leben, haben eine wichtige Funktion verloren. Smartphonies befinden sich zwar in ihrer virtuellen, bewegen sich aber in der realen Welt und sind deshalb laufend gefährdet an Leib und Leben.

Andersartige Abhängige wiederum treten bevorzugt in Gruppen auf: junge Mütter, vereint unterwegs Richtung Sandkasten in nahe gelegenen Parks. Auch sie zeigen ungeniert, woran sie hängen. Mit einer Hand schieben sie ihre Kinderwagen, mit der anderen halten sie ihre Geliebten fest an sich gepresst. Die flüstern ihnen was ins Ohr, schicken ihnen eine SMS oder hin und wieder ein Selbstporträt. Smartphone-Frauen siedeln hauptsächlich in Großstädten. In ländlichen Regionen hat das digitale Netz noch Löcher. Dort kommt es hörbar zu Rückfällen in analoge Zeiten: Menschen kommunizieren mittels Sprache. In Bayern und im Rheinland wortfreudiger als in Brandenburg oder Mecklenburg-Vorpommern, wo als redselig gilt, wer dem Nachbarn einen Morgengruß entbietet. Das ist nichts Neues. War immer so und gilt dort für Jung wie für Alt.

Früher kommunizierten auch großstädtische Mütter auf dem Weg zum Spielplatz mit ihren Nesthäkchen. Im Vorübergehen klang das nach Ei-die-dei und Da-da-da oder so ähnlich, auf jeden Fall aber menschlich. Ihr kindgerecht liebevolles Gestammel erstarb nach der Geburt mobiler Telefone. Von da an folgten sie Schritt um Schritt dem Fortschritt hin zum Smartphone, dem auffälligsten Attribut moderner Mobilmütter. Der Darling schmiegt sich in ihre Hand, hängt an ihren Lippen, versendet Ansichten, empfängt Aussichten. Er ist ihr treu, bis in den Tod des Akkus. Die Verbindung hält, solange sie steht. Könnten ihre Babys schon sprechen, würden die allerdings so lange quengelnd ihre Menschenrechte einfordern, bis *Mama Digitale* den Blick vom Display ab- und ihnen zuwendet. Was jedoch nur gelingen wird, wenn sie nicht schalldicht verkabelt ist.

Sie bevölkern zuhauf zwar Straßen und Parks, U-Bahnen und Züge, aber wie viele tatsächlich süchtig sind, kann nur geschätzt werden. Im Suchtbericht 2015 der Bundesregierung wird »Internetabhängigkeit« zwar erwähnt, aber im Unterschied zu illegalen Drogen wie Crystal Meth, Heroin, Kokain, LSD oder legalen wie Alkohol und Tabak der mögliche Anteil digitaler Junkies an der Gesamtbevölkerung nur vage in wenigen Absätzen beschrieben. Laut einer repräsentativen Studie über digitales Suchtverhalten, der von den Universitäten Greifswald und Lübeck erstellten »Prävalenz der Internetabhängigkeit«, kurz PINTA genannt, sind von den 14- bis 64-jährigen Deutschen ein Prozent dem Online-Rausch verfallen, was 560 000 Menschen entsprechen würde. Vermutlich gehört die Mehrheit von ihnen zur Altersgruppe zwischen vierzehn und dreißig. Insgesamt gelten zweieinhalb Millionen Bundesbürger als latent gefährdet, als »problematische Fälle«, weil sie mehr Lebenszeit in der virtuellen Welt verbringen als in der realen. Auch bei solchen Fällen dürfte es sich hauptsächlich um die handeln, die ihre Zukunft noch vor sich haben. Gemeinhin wird »digital« als Synonym für jung und »analog« als eines für alt gebraucht.

Dass sich Jugendliche lieber mit ihresgleichen an der Bushaltestelle trafen – Landbevölkerung – oder in der Eisdiele – Stadtvolk –, als mit ihren Eltern einen sonntäglichen Waldspaziergang zu machen, galt schon in – nicht immer! – guten alten Zeiten als normales soziales Verhalten. Eine friedliche Koexistenz beider Welten fand selten statt. Den einen waren ihre Alten grundsätzlich eher peinlich, die anderen bestanden auf ihrem Elternrecht, bis zur Volljährigkeit als maßgebliche Instanz respektiert zu werden.

Die amerikanische Psychologin Sherry Turkle hat über Jahre hinweg das Auseinanderdriften von analoger und digitaler Welt am unterschiedlichen Verhalten von Alten und Jungen untersucht. Der Graben wurde zwar immer größer, tiefer, breiter, aber die alltäglichen Situationen, in denen sich beide bewegten, blieben vergleichbar. Wie sie sich in denen zurechtfanden und wie sie auf Verlockungen des Fortschritts reagierten, war zwar höchst unterschiedlich, aber auch den über Sechzigjährigen sind die Funktionsweisen des Internet längst geläufig. Wenn es ihnen wirklich wichtig ist, vertrauen sie allerdings eher ihren eigenen Erfahrungen und Gewohnheiten: Bringen ihre Steuererklärungen zur Post, statt sie online abzuschicken. Treffen ihre Freunde in der Kneipe statt in einem Chatroom. Folgen den Empfehlungen ihrer Buchhändlerin statt denen von Big Book Brother Amazon. Sie informieren sich online, kaufen aber offline.

Mit ihren kanpp siebzig Jahren gehört Sherry Turkle zu den jung gebliebenen Alten. Die Professorin für »Science, Technology and Society« am renommierten Massachusetts Institute of Technology (MIT) studiert seit Jahrzehnten das Sozialverhalten der qua Geburtsdatum tatsächlich Jungen. Das ihrer Studentinnen und Studenten. Ergebnisse von Prüfungen, in denen sie ihre Laptops benutzen dürfen – wobei der Internet-Zugang jedoch gesperrt wird –, bilden das Fundament von Turkles Theorien. Sie verbindet die Erkenntnisse aus Vorlesungen und Seminaren in ihrem Spezialfach mit persönlichen Erlebnissen aus ihrem Freundes- und Familienkreis.

In ihrem Buch *Reclaiming Conversation – The Power of Talk in a Digital Age* schildert sie typische amerikanische Alltagsszenen. Zum Beispiel berichtet sie von einer Familie, die ihren lang geplanten Sommerurlaub abgebrochen hat, weil in der gebuchten Naturlandschaft der WLAN-Empfang für Vater, Mutter, Kind zu wünschen übrig ließ. Die Entscheidung, abzureisen, fiel einstimmig. Doch was sie als grenzwertig auffällig notierte, hätte Sherry Turkle ähnlich beobachten und erleben können in westeuropäischen oder südostasiatischen Gesellschaften, also überall dort, wo digitales Suchtverhalten akzeptiert ist als *way of life*.

Manches in den USA fällt aber dann im Vergleich zu Europa doch aus dem Rahmen. In bestimmten Großstadtvieren, bevölkert von bestens verdienenden Amerikanern, sind die klassischen Schaukeln aufgerüstet worden mit festen Halterungen für die iPads der Kleinen. Durch eine natürliche Umgebung – Bäume, Wiesen, Hunde – könnte ihr Blick abgelenkt werden von der virtuellen Welt. Und während sie stillvergnügt auf ihre Bildschirme starren, können Mütter oder Nannys ungestört ihren Trieben folgen und surfen.

Mit plakativen Buchtiteln wie *Alone Together – Why We Expect More from Technology and Less from Each Other* oder dem oben bereits erwähnten *Reclaiming Conversation – The Power of Talk in a Digital Age* schlägt Sherry Turkle Alarm. Sie warnt vor den Folgen des durch das Internet ausgelösten Wandels in der Familie, am Arbeitsplatz, in der Politik. Vor allem der *Pursuit of Happiness*, das menschliche Streben nach Glück, sei zu einem Rattenrennen von Glücksrittern, Glücksspielern, Glücksjägern verkommen. *Alone Together* – deutsch unter dem Titel *Verloren unter 100 Freunden: Wie wir in der digitalen Welt seelisch verkümmern* erschienen – war deshalb bei online nach Glück Suchenden ein veritabler Bestseller.

Bei denen gilt inzwischen als normales soziales Verhalten, sich per Kurzmitteilung von einer Liebe zu trennen, sich mit 140 gezwitscherten Anschlägen auf Twitter zu verabschieden aus einer Beziehung oder gar einem Lebensentwurf zu zweit. Ein Hauch von Poesie begleitet den Kurznachrichtendienstleister Twitter. In der Form, nicht etwa inhaltlich. Die klassische japanische Gedichtform Haiku, eine Art Lyrik to go, hat weltweit keine Konkurrenz. Kürzer als in Haikus wird nirgendwo sonst gedichtet. Twitterer halten sich daran. Auch beim Abschiednehmen. Erspart dem Absender zudem den Anblick von Tränen beim Adieu, mon ex amour. Früher wäre ein solches Verhalten als herzlos angeprangert worden. Was es nach wie vor ist. Denn gleich geblieben seit Menschengedenken ist in solchen Fällen, dass einer/eine leidet, wenn eine/einer geht.

Andere wiederum tweeten alles in die Welt hinaus, was ihnen gerade so ein-, ge- oder missfällt. Egal, ob erfunden oder erlogen. Grammatik und Rechtschreibung abhängig

188

vom jeweiligen Bildungsgrad. Was nicht weiter bemerkenswert wäre, würde es sich bei dem Gezwitscher nur um pubertäres Gestammel oder strunzdumme Laute von den Rändern der Gesellschaft handeln. Wenn aber ein neureicher Prolo trotz – oder wegen? – seiner von keines Gedankens Blässe angekränkelten selbstverfassten Tweets zum Präsidenten der Vereinigten Staaten gewählt wird, reichen bereits 140 Zeichen, um die geistige Verwahrlosung und Verrohung in der Mitte des Landes zu belegen. Zwar hatte für die Könige des Silicon Valley – Google, Facebook, Apple, Tesla –, dazu in Seattle Amazon, der Kandidat Trump die »Anziehungskraft einer Bettwanze«, so die *Neue Zürcher Zeitung*, aber als die Bettwanze dann an der Macht war, folgten sie erst einmal eilfertig beflissen Trumps Aufforderung, sich an König Donalds Tafelrunde im Weißen Haus einzufinden. Gingen erst wieder auf gehörige Distanz, als er gegen Migranten, Minderheiten und Muslime pöbelte.

Nicht nur Twitter beförderte den Sieg reaktionärer Rednecks. Auch das andere globale Jugendidol, das für Fortschritt steht. Ohne Facebook, wo jeder Schwachsinn, jede Verschwörungstheorie, jede üble Nachrede von seinen Anhängern geglaubt, geliked und weiterverbreitet wurde, hätte er die Wahl nie gewonnen. Algorithmen recherchieren nicht. Vierundvierzig Prozent der amerikanischen Bevölkerung, so der *New Yorker* in einer Wahlanalyse im November 2016, nutzen als einzige Informationsquelle Facebook. Auch eine Erklärung für Trumps Erfolg.

Dem widerspricht natürlich Mark Zuckerberg. »Es ist höchst unwahrscheinlich, dass solche Fälschungen die Wahlen in der einen oder der anderen Richtung beeinflusst haben.« Es sei kompliziert, zwischen Wahrheit und Lüge zu unterscheiden. Ist es in Wahrheit aber nicht. Fakten bleiben Fakten auch im postfaktischen Zeitalter. Es ist schlicht so, dass sich Facebook, das Fakebook zu nennen naheliegt, einen Dreck um echt oder falsch, um Hass und Hetze auf seiner Plattform scherte, sondern nur erfolgstrunken die stets steigende Zahl seiner Gemeindemitglieder vermeldete. Ende 2016 waren es weltweit 1,4 Milliarden.

Nach der Wahl Trumps zeigte die weltweit aufkeimende Kritik aber beim Gründer Wirkung – Zuckerberg versprach auf seinem Account, künftig verstärkt und konsequent gegen Lügen und Hassaufrufe auf Facebook vorzugehen. Ausgerechnet Rechte und Rechtsradikale setzen den Fortschritt namens Social Media für ihre Ziele ein. Trump verdankte hauptsächlich ihnen seinen Erfolg: »Ich glaube, dass soziale Medien mehr Macht haben als Werbegelder.« Auch hierzulande toben sich alternative Deutsche auf Facebook aus. Dummheit kennt keine Grenzen.

Die ersten Digital Natives, die in einer virtuellen Welt aufwuchsen, sind inzwischen erwachsene Enddreißiger und haben Familien gegründet. Ihre Eigenheiten behielten sie. Turkle erzählt von Eltern, die sich lieber mit ihren Smartphones unterhalten als mit ihren Kindern und sich wundern, dass die so wenig reden. Das Internet ist ein wesentliches Mitglied der Familie. Sitzt mit bei Tisch. Liegt mit im Bett. Geht mit auf Reisen. Sogar die verdrängten und dann aus nichtigem Anlass plötzlich wieder aufbrechenden Kräche unter Blutsverwandten werden online ausgetragen, weil dabei keiner dem anderen ins Wort fallen kann. Typisch die Aussage einer Mutter, die sich mit ihrer Tochter nur noch im Austausch via E-Mails streitet und sich seitdem mit ihr besser verstehe denn je.

Die Soziologin beschreibt Tischrunden mit langjährigen Freunden. Die hätten zwar alle miteinander gesprochen, aber ihre Gespräche bewusst reduziert auf den klassischen Small Talk. Denn der lässt sich im Gegensatz zu wesentlichen Dialogen jederzeit unterbrechen und an irgendeiner Stelle unverbindlich wieder fortsetzen, sobald die Mailboxes der vor allen liegenden Smartphones abgehört worden sind. Einst besangen The Buggles in ihrem Hit »Video Killed The Radio Star« den Quantensprung vom Radio zum Musikvideoversender MTV. Heute würde Cliff Richards' »We don't talk anymore« in einer modernen Coverversion dem Zeitgeist entsprechen. Deshalb reicht auch vielen Restaurantbesitzern Stummschaltung von Handys nicht mehr. Gäste werden diskret gebeten, ihre ständigen Begleiter am Eingang abzugeben.

Turkles Studien von Fall zu Fall lassen sich bündeln in der nüchternen Erkenntnis, dass sich zwar jeder mit jedem im Netz unterhalten kann, jedoch immer weniger Menschen tatsächlich miteinander sprechen. Schau mir in die Augen, Kleines, funktioniert auch als Selfie. Maschinen aber kennen keine Gefühle. Smartphones sind keine Freunde im Leben, sondern Zuarbeiter auf Zeit. Wer sich ihren Diensten anvertraut via Facebook oder Instagram, wo es nur so wimmelt von Freunden fürs Leben, verliert die Orientierung. Hält den Like-Daumen für ein freundschaftliches Lebenszeichen statt für ein nichtssagendes Leerzeichen. Fühlt sich deshalb erniedrigt, gar aus der Welt verstoßen, wenn die Likes ausbleiben.

Permanente Ablenkung durch Begegnungen im Netz erschöpft den Geist, bis er sich aufgibt. Wer dagegen immer wieder sich entschließt zu »Stop the world, I want to get off«, weil er gelernt hat, mit sich und der Welt allein sein zu können in guten oder in schlechten Zeiten, findet Kraft in selbst gewählter Einsamkeit. Verliert keine Zeit, sondern gewinnt Ruhe, beschäftigt seine Synapsen und seine Neuronen und hält sie nachdenkend in Form. Nichts anderes verspricht die global einsetzbare Heilpraktikerin Meditation. Große Geister schöpften aus frei gewähltem Alleinsein: Wolfgang Amadeus Mozart mit seiner Musik, Pablo Picasso mit seiner Malerei, Thomas Mann mit seiner Literatur etc. Dass es in analogen wie in digitalen Zeiten Hunderte von Romanen, Gedichten, Liedern, Gemälden zum Thema Einsamkeit gab und gibt, ist ja kein Zufall.

Die Organisation Gehirn und ihre Funktionsweise werden von Wissenschaftlern weltweit seit vielen Jahren gründlich erforscht. Sie wissen schon vieles, aber kennen längst noch nicht alle Geheimnisse dieser Denkfabrik. Dass dort selbst im Zustand der Ruhe, im Schlaf, noch zwanzig Prozent ihrer Neuronen und Synapsen Nachtdienst haben, jederzeit bereit, alles wieder auf Höchstleistung hochzufahren, die Produktion neuer Ideen anzuwerfen, macht dieses System konkurrenzlos einmalig. Schlaflose bei ihren Gedanken durch die Nacht zu begleiten, das können die digitalen Helfer nicht. Im Gegenteil: Sie schläfern die natürlichen Fähigkeiten des menschlichen Computers sogar ein, weil sie ihm Tätigkeiten abnehmen und Fähigkeiten verkümmern lassen: Sich ein Depot mit Namen und Daten anzulegen. Sich zu orientieren in fremden Geländen, statt sich dem Navi anzuvertrauen. Sich wichtige Termine aufzuschreiben, statt sich zu verlassen auf rechtzeitig plingende, summende, aufleuchtende Zeichen der Erinnerung. Sich auf ein Rechtschreibprogramm zu stützen, statt sich über eigene Fehler zu beugen und daraus zu lernen. Weil es immer mehr bequem einsetzbare Apps gibt, erspart sich das Gehirn die Arbeit und geht in den Vorruhestand. Was dann nicht mehr gebraucht wird, rostet ein. Ganz so wie im realen Alltag. Übertragen aufs Gehirn bedeutet dies, dass der Hippocampus ganze Abteilungen stilllegt und so Energie spart.

Damit ihre Prognose, in den nächsten zehn Jahren werde

Autismus zu einer neuen Volkskrankheit, wenigstens nicht bei ihr selbst Wirklichkeit wird, behilft sie sich Sherry Turkle – außer dass sie ihr persönliches Immunsystem durch Handyverbote in der Küche, im Schlafzimmer, bei Tisch stärkt – dreier Stühle. Die hat sie entliehen bei Henry David Thoreau, dem amerikanischen Philosophen, Dichter, Historiker, Naturforscher aus dem 19. Jahrundert, der sich für zwei Jahre in die Einsamkeit einer selbst erbauten Blockhütte, der *Walden Hut*, in die Wälder von Massachusetts zurückgezogen hatte, wo er ungestört von alltäglichen Ablenkungen einer Stadt über das Wesen der menschlichen Existenz nachdenken wollte. Heute ist seine Eremitage etwa eine Autostunde entfernt von jener Universität in einem Vorort von Boston, an der Sherry Turkle forscht und lehrt.

Was er fand, beschrieb Thoreau in seinem Essay *Walden oder Leben in den Wäldern*. Ein Klassiker mit nachhaltiger Wirkung bei allen, die zum Beispiel wie die Hippies der 1960er-Jahre nach dem richtigen im falschen Leben suchten. Der leidenschaftliche Kämpfer gegen die Sklaverei und Verfechter des Rechts auf gewaltfreien Widerstand gegen staatliche Gewalt beflügelte auch noch hundert Jahre nach seinem Tod politische Prediger wie Mahatma Gandhi oder Martin Luther King, als sie von der Pflicht zum zivilen Ungehorsam sprachen.

Doch was haben Turkles Stühle mit den Stühlen in Thoreaus *Walden Hut* zu tun? Sie stehen als Metaphern im Raum. Er habe, schrieb Thoreau, »drei Stühle in meinem Haus.« Einen für die Einsamkeit, den zweiten für die Freundschaft, den dritten für die Gesellschaft. Genau diese Metaphorik übertrug Turkle auf ihre Studien. Zusätzlich gibt es bei ihr – der Gegenwart angemessen – einen vierten Stuhl. Auf dem sitzen *Siri* und ihre Geschwister und warten auf Fragen, die ihr Erfassungsvermögen nicht übersteigen.

Weil sie aber nicht mehr wissen können als das, was ihnen als künstlich erzeugte Intelligenz mitgegeben wurde, sind sie auf die klassischen ewigen Menschheitsfragen nicht vorbereitet: Wer bin ich? Woher komme ich? Wohin gehe ich? Sie müssen in Turkles abstrakter philosophischer Weltordnung deshalb den vierten Stuhl räumen. Auf dem nimmt dann ein Mensch Platz. Weil die künstliche Intelligenz von *Siri* und Co. mit Standardantworten programmiert worden ist – denn mehr ist halt nicht denk- und machbar –, fehlt es ihr an echten Gefühlen. Google verordnete seiner Artificial Intelligence (AI) zwar einen Crashkurs in Empathie. 2800 Liebesromane musste sie durcharbeiten, und danach wurden Standardbegriffe in sie einprogrammiert. Ein Fortschritt also. Allerdings ein beschränkter. Selbst eine noch so verblüffend intelligente künstliche Intelligenz hat keine Chance gegen überraschende Einfälle der Software Gehirn.

Der deutsche Psychiater und Hirnforscher Manfred Spitzer hatte mit Blick in die nahe Zukunft frühzeitig radikale Konsequenzen gezogen. Und beschlossen, auf die im Vergleich zum Internet eher sanfte Droge Fernsehen in seiner Familie zu verzichten. Seine Kinder waren weniger begeistert, seien ihm aber, inzwischen erwachsen, heute dafür dankbar. Glaubt er. Während ich spontan an seinem Glauben zweifle, bestürmen mich bereits meine Neuronen mit eigenen Botschaften des Zweifels. Die haben sie aus Synapsen geholt, in denen meine Erinnerungen archiviert sind. Denen glaube ich blind vertrauen zu dürfen. Sie beruhen auf Fakten. Zum Beispiel diesen hier:

Keusch zu bleiben trotz aller bunter TV-Verlockungen war vom Kollegium verordnetes Pflichtprogramm für Zöglinge einer Albert-Schweitzer-Schule. Zur »ganzheitlichen Bildung« mit Herz, Kopf und Verstand passte Triviales wie Fernsehen nicht. Wochen vor dem ersten Schultag wurden Eltern in gütig vorgetragener Strenge ermahnt, dieses Verbot zu achten. Ausnahmen von diesem Prinzip waren mit Berufung auf die Philosophie Albert Schweitzers nicht gestattet. Selbst die von Bildungsexperten gerühmte *Sesamstraße* im dritten TV-Programm stand auf der schwarzen Liste. Wo doch Ernie und Bert, Bibo und Graf Zahl, Kermit und das Krümelmonster, Schlemihl und Oscar bis heute zum festen Freundeskreis der Vorschulkinder und damit zur Familie gehören.

Zum Klassenverbund, in dem die schöpferischen Kräfte des Lebens gelehrt und gepflegt wurden, angstfrei, weil es bis zur zehnten Klasse keine Zensuren mit allen üblen Folgen wie Sitzenbleiben gab, zählten in Dreifaltigkeit von Herz, Kopf und Verstand neben Schülern und Lehrern deshalb auch Eltern. Die Väter, die zu rauchen pflegten, wurden missbilligend beschnüffelt. Die Mütter, die nicht flöten wollten, mussten Mützen häkeln.

Wir beugten uns trotz des Eingriffs in elterliche Freiheiten scheinbar widerspruchslos der Pflicht, unsere Kinder vom häuslichen Fernseher fernzuhalten. Der von Zweifeln an diesem weltfremden Konzept befallene harte Kern der eigentlichen Erziehungsberechtigten aber gab sich nur nach außen hin einsichtig, indem er versprach, sein Bestes zu geben. Hatte insgeheim jedoch bereits Besseres im Sinn. Ein taktisches Manöver unter Einbeziehung der selbst erzeugten kindlichen Bodentruppen und von deren Bedürfnissen. Unsere Sprösslinge, die jahrelang gebannt gelauscht hatten, als ihnen in der *Sesamstraße* erklärt worden war, was geheim bleiben müsse, hörten deshalb aufmerksam zu, als ihnen Bibo und Bert in der Gestalt von Vater und Mutter diese Strategie in ihre neue Schulwelt übersetzten.

Auch künftig durften sie auf der Sesamstraße mitspielen,

unter der Voraussetzung, dass das so geheim blieb, wie ihnen vieles dort vertraut war. Sie sollten in der Schule nie davon erzählen, nie auf scheinbar unschuldige Fragen ihrer Lehrer reinfallen, wie zum Beispiel: Mögt ihr Grobi lieber oder Bert, Ernie oder Kermit? Es funktionierte störungsfrei. Beispielhaft für die Stärke von Familien, die ein gemeinsames Ziel eint. Auch Kinder pflichtbewussterer Eltern, die ähnlich wie Spitzer den Verführer aus dem Haus geworfen hatten, befolgten das Gebot. Besuchten aber häufig zu festen Uhrzeiten, die sich zufällig mit den Sendezeiten der *Sesamstraße* deckten, ihre angeblich besten Freunde.

Parallel zur steigenden Digitalisierung seiner Umwelt, sowohl in der Klinik, die er leitet, als auch in der Universität, an der er lehrt, weitete Manfred Spitzer seine Kampfzone aus und schrieb Bestseller unter den Titeln *Digitale Demenz* oder *Cyberkrank*. Seine Thesen in beiden Büchern lassen sich so zusammenfassen: a) Wer googelt, verblödet im Alter, und b) Digitales Suchtverhalten ist eine typische Zivilisationskrankheit und verursacht Depressionen, Stress, Bluthochdruck, Krebs. Dass er in sozialen Netzwerken als populistischer Angstmacher, als »Thilo Sarrazin der Computerkritik« beschimpft wurde, steigerte die Auflagen. In der Welt verunsicherter Eltern wurde er gefeiert, was seiner Eitelkeit schmeichelte.

Kulturpessimisten wie Spitzer oder Peter Sloterdijk, der die Computerkids als die »schrecklichen Kinder der Neuzeit« beschimpft, widerspricht der Frankfurter Psychoanalytiker Martin Altmeier überzeugend. Er sieht in entwickelten Kommunikationsgesellschaften, also all denen, in denen freier Zugang zu sozialen Netzwerken das Leben bestimmt, eher eine »Verbesserung der seelischen Gesundheit«. Statt Digital Natives zu »Opfern des Informationskapitalismus« zu erklären, sollte man ihnen »neugierig und interessiert« begegnen, weil die am besten den analogen Totalverweigerern über ihre Sehnsucht erzählen könnten nach Nähe, nach Kontakt, nach Beachtung durch andere, kurzum: nach einer resonanten Weltbeziehung. Es schade ihren Seelen, gibt Altmeier zu, wenn sich Menschen nur noch in Sozialmedien aufhalten, aber er habe dennoch Vertrauen in das »soziale Gespür, die moralische Integrität, die technische Intelligenz und praktische Lernfähigkeit einer jungen Generation«. Altmeier übrigens ist 68 Jahre alt.

Der Psychiater Jan Kalbitzer, Leiter des »Zentrums für Internet und seelische Gesundheit« an der Berliner Charité, hält ebenfalls nichts von den »alarmistischen Warnungen« Spitzers. Vier Stunden täglich online zu sein dünkt ihm vertretbar, mehr noch: »Wenn jemand den ganzen Tag im Internet ist, sich sein Essen per Lieferdienst bestellt und finanziell versorgt ist, dann darf ich grundsätzlich erst mal niemandem einreden, dass das schlecht sei.«

Dass zu Risiken und Nebenwirkungen digitaler Medien in Enquete-Kommissionen des Deutschen Bundestags oder der Bundesregierung ausgerechnet die befragt werden, von denen sie gesteuert und produziert werden, und nicht beispielsweise Hirnforscher wie er, hält wiederum Spitzer für einen politischen Schildbürgerstreich. Das ist etwa so, meint er, als würde man McDonald's fragen, was Kinder essen sollten. Vorletzte Worte, wonach früher grundsätzlich alles besser gewesen sei, scheinen ihn auf den ersten Blick zu bestätigen: Früher waren weniger Menschen krank als heute. Früher gab es weniger von Stress Geplagte. Ehen hielten früher länger. Renten waren früher sicher.

Aber ebenso überzeugend lassen sich Antithesen aufstellen. Es gab schon allein deshalb weniger Kranke, weil viele

Krankheiten noch nicht entdeckt worden waren. Es gab weniger Stress, weil Arbeit monoton nach Vorschrift ablief. Es gab weniger Scheidungen, weil Frauen von der Versorgung durch Männer abhängig waren und sich ein Leben als Single nicht leisten konnten. Die Renten waren so sicher, weil viele Empfangsberechtigte ihren Ruhestand nur um wenige Jahre überlebten und die Sozialkassen nicht weiter belasteten. Zyniker nennen das »sozialverträgliches Ableben«. Es war früher vieles schlechter.

Die äußeren Zeichen, wie etwa der körperliche Verfall bei Crystal-Meth-Süchtigen, sind bei Digitalsüchtigen nicht auffällig. Verdächtige Symptome ihrer krankhaften Neigungen könnten stattdessen abstürzende Leistungen in der Schule, Fehlzeiten im Beruf, Rückzug von Freunden sein. Der sogenannte »pathologische und problematische Internetgebrauch« sei verbreitet in allen sozialen Schichten, heißt es im Bericht zur Suchtlage der Nation, denn: »Immer mehr Menschen verbringen einen erheblichen Teil ihrer Zeit im Internet, und ein Teil von ihnen vernachlässigt andere Lebensbereiche. Insbesondere Arbeitslose haben ein erhöhtes Risiko, ein entsprechendes Suchtverhalten zu entwickeln.«

Wissenschaftler sprechen in dem Zusammenhang von einer »stoffungebundenen Sucht«, im Unterschied zu sexsüchtigen oder regelmäßig in Kaufräusche verfallenden Zeitgenossen. Die stoffungebundene Sucht ist gesellschaftsfähig. Angehörige der globalen Großfamilie *Digital Natives and Relatives* zeigen deshalb ungeniert ihre Neigungen. Was auch daran liegt, dass es für zutreffende medizinische Diagnosen noch nicht einmal einen gültigen Begriff gibt, den Krankenkassen in ihre Gebührenordnung aufnehmen könnten, und demzufolge auch keine passenden Therapien. Die jener Sucht verfallen sind, werden nicht wie Süchtige früher von

Bahnhofsvorplätzen verjagt, in ein staatliches Methadonprogramm aufgenommen oder von ihren bessergestellten Verwandten diskret in Entzugskliniken abgeliefert. Sondern eher als Experten eingeladen zu Kongressen, in denen es um die Chancen nachwachsender Generationen geht, um die Einsatzmöglichkeiten von künstlicher Intelligenz, um eine von Applications gesteuerte mobile Welt.

Statt sie herablassend zu definieren oder zu diffamieren als Smombies – ein Kofferwort aus Smartphone und Zombie –, wären kühl überlegte Programme notwendig, um Kinder und Jugendliche gegen die grenzenlosen Verlockungen des Internet zu wappnen. Sie anhand überzeugender Fälle zu warnen vor dem im Netz lauernden Bösen, sie fit zu machen für eigene Entscheidungen. Was kann ich brauchen, was macht Spaß? Was ist Müll, was macht blöde? Wer ihnen von oben herab in intellektueller Früher-war-alles-besser-Arroganz begegnet, wird noch nicht einmal mehr ausgelacht. Schon das wäre Zeitverschwendung. Denn die Zeit ist selbstbefriedigender online zu verschwenden. Für Digital Natives ist es ein Naturgesetz, dass sich die analoge Welt der digitalen nicht nur anpassen, sondern unterwerfen muss. Auch in ihrem eigenen, ja noch immer auch analogen Alltag.

Auf der Konferenz re:publica 2016 in Berlin, wo sich Digital Natives über Weblogs, soziale Medien und digitale Gesellschaft austauschten, präsentierte eine Arbeitsgruppe von 16- bis 19-jährigen Schülerinnen und Schülern ein hochtrabend »Manifest zur Revolution des Einheitsmenschen« betiteltes dreiminütiges Video, in dem sie den Weltmächten des Internet den Kampf ansagten:»Ihr seht uns als Schwarm. Als Masse. Aber das sind wir nicht. Wir wollen uns auf die Suche nach einer eigenen Identität machen, um zu Individuen zu werden. Wir wollen uns nicht lenken lassen. Wir wollen uns auch nicht mehr ablenken lassen. Wir wollen kreativ sein und mitgestalten. Wir versprechen auch aufzustehen.«

Sie schreiten zwar nicht Seit' an Seit' der Zukunft entgegen wie voller Hoffnung auf bessere Zeiten einst in ihrer Jugend die inzwischen Alten. Jeder aber ist unterwegs mit einer individuellen Landkarte, einer digitalen. Auf der sind viele Wege eingetragen, und wer sich verläuft, kann online andere Netzwanderer befragen. Was allen fehlt, sind genaue Angaben über das Ziel und darüber, welcher Weg am besten dahin führt. Früher hieß es, jeder sei seines Glückes Schmied. Diese Binsenweisheit reicht heute nicht mehr für einen Start und erst recht nicht für ein Start-up. Eigene überraschende und oft wahnsinnig anmutende Ideen wie einst die von Jeff Bezos oder die von Steve Jobs sind die international gültige Währung für den Einstieg in die Zukunft. Danach braucht es einen Businessplan, der den real existierenden Kapitalismus mit dem angedachten Projekt verkabelt. Der digitale *Business Angel*, dessen analoger Vorläufer noch in der Gestalt eines menschlichen Wesens auftrat, das junge Existenzgründer mit Rat und Investitionen auf allen Wegen behütend begleitete, heißt heute Smartphone.

Nutzwertig programmiert, ist es im Alltag ein nützlicher Schutzengel, indem es beispielsweise unaufgefordert informiert über eventuelle Zugverspätungen, indem es vor Staus oder nassen Straßen warnt, indem es brummend oder plingend an bevorstehende Termine erinnert – kurzum: mit seinen digitalen Fähigkeiten das analoge Leben erleichtert und somit beide Welten verbindet zum gegenseitigen Nutzen.

Auf einer Plattform im Internet begann vor drei Jahren ein außergewöhnliches Joint Venture. Die Start-up-Firma *HackerOne* bietet seitdem den Global Playern Yahoo, Twitter,

Snapchat und Airbnb, aber auch traditionellen Großmächten wie Banken, Ölmultis, Versicherungen ihre Dienstleistungen an. *HackerOne*-Mitarbeiter hacken sich legal in deren Netze ein auf der Suche nach Schwachstellen, die deren eigene Experten nicht entdeckt haben. Denn die freien Mitarbeiter von *HackerOne*, das zum Start von einem *Business Angel* mit 34 Millionen Dollar finanziell angeschubst wurde, können mehr als die Festangestellten. Einzudringen in als sicher geltende Netze war ihnen stets Herausforderung, Herzensangelegenheit, Lebensaufgabe. Dass sie die bestehen, haben sie in der Vergangenheit häufig bewiesen. Zu oft engagiert von kriminellen Organisationen, die sie so gut bezahlten wie Dienstleister einst ihre Auftragskiller. Logischerweise mussten sie danach alle Spuren wie IP-Adressen, Accounts etc. löschen und abtauchen in den Untergrund. Denn auch die IT-Profis der Strafverfolgungsbehörden sind längst nicht mehr von gestern.

Statt auf den Dunkelfeldern der Kriminalität kassieren die *HackerOne*-Hacker jetzt ihre Honorare auf den Hellfeldern der Marktwirtschaft. Für das Aufspüren von Sicherheitslücken im System überweisen ihre Auftraggeber üppiges, in der Szene *Bug Bounty* genanntes Kopfgeld. Empfänger ist immer die Firma *HackerOne*, die davon nach Abzug von zwanzig Prozent ihre Hacker bezahlt. Im Jahr 2015 wurden rund fünf Millionen Dollar Prämien unter solchen Spürnasen verteilt. Die hätten zwar auf dem Schwarzmarkt leicht das Doppelte verdienen können, vor allem in den fernen Regionen von Russland oder in Pakistan oder Indien, wohin kein noch so langer Arm des Gesetzes reicht. Aber sie würden, erklärte Firmenmitgründer Merijn Terheggen, der in seiner Heimat Holland studierte und vom Geist des Silicon Valley geprägt wurde, jetzt einfach in dem Wissen, auf der richtigen Seite der Guten zu stehen, besser schlafen als zuvor mit ihrem wachen schlechten Gewissen.

Das Start-Up-Unternehmen *Wag!* (Wedeln) in Los Angeles entwickelte in einer ähnlich Win-win-Koexistenz eine mobile Application, mit der Hundebesitzer einen Dogwalker in ihrer Umgebung finden und außerdem auf ihren Smartphones in Echtzeit überprüfen können, ob ihre vierbeinigen Angehörigen genügend Auslauf bekommen. Eigene Spaziergänge offline sind in ihren verplanten Karrieren nicht mehr vorgesehen. In Vor-*Wag!*-Zeiten mussten sie sich verlassen auf Berichte der von ihnen engagierten Hundeausführer.

Mit der *Dog Walking App* von *Wag!* können Herrchen und Frauchen, wo auch immer sie sich gerade befinden, am Schreibtisch oder beim Seitensprung, jeden Schritt ihres treuen Gefährten live verfolgen. Sie wissen, wo ihr Hund seine Geschäfte erledigt, wo er sich mit befreundeten oder verfeindeten Artgenossen trifft, welche Strecke er in welcher Zeit schafft. Für 30 Minuten seines Soloauftritts an der Leine, immer im Blickfeld des übertragenden Smartphones, zahlen sie 20 Dollar an den Dogwalker, 40 Prozent davon gehen an den Vermittler *Wag!*.

Gruppenausflüge sind billiger, erfordern aber genaue Kenntnis der jeweiligen Charaktere, damit die sich unterwegs nicht bekriegen oder begatten. Die Wedel-Idee *Wag!* passt ideal in eine Zeit, in der Zeit ein seltenes Gut ist und wie andere Waren auch je nach Angebot und Nachfrage ihren Preis hat. *Wag!* bietet seine *On-Demand Dog Walking App* in vielen Großstädten der USA an. Wegen großer Nachfrage sucht *Wag!*, natürlich online, dringend *Dog Walker*. Leine sowie Smartphone werden gestellt. Ohne Zweibeiner, die beides in den Händen halten, geht es nun mal nicht. Eine App, mit deren Hilfe die Hunde ihre eigenen Wege gehen und nach Erledigung ihrer Geschäfte selbstständig wieder zurückfinden zu ihrer Heimatadresse, ist noch nicht erfunden.

Mein einst bester Freund, der auf den Namen Kimble hörte, wusste nur, wohin und wann er ausgeführt werden wollte. Er hatte feste Zeiten in den Vorderlappen seines Gehirns gespeichert. Die setzte er spürbar oder sichtbar durch. Spürbar morgens, indem er das Gesicht eines nahe liegenden Menschen abschleckte, oder abends, indem er so lange aufrecht sitzend stur mahnend die Sicht auf die Mattscheibe versperrte, bis ihm endlich Ausgang signalisiert wurde. Zu seinen speziellen Eigenschaften gehörte außer permanenter Fresslust ein starker Wille, sich mit seiner Art zu behaupten. Unter allen Umständen und selbst dann, wenn Artgenossen schon resigniert hatten.

Bestärkt durch diese Kraft, die nur Straßenkötern zu eigen ist, war ihm die Flucht aus einer universitären Tierversuchsanstalt gelungen. Abgemagert und hungrig suchte er sich über schneeverwehte Straßen einen sicheren Platz. Den fand er in einer offen stehenden Garage, wo ihn Nachbarn entdeckten. Er ließ sich, erschöpft, wie er war, widerstandslos ins Warme führen. Telefonische Nachfragen, ob ein Hund als vermisst gemeldet worden sei von seinen unglücklichen Besitzern, ergaben schnell, woraus und von wo er geflohen war und wer ihn dringend suchte. Daraufhin wurde er zu einem sicheren Versteck auf dem Land verbracht, bis in der Stadt die Luft rein war und er, zur eigenen Sicherheit unkenntlich kurzhaarig geschoren, dort in einem menschlichen Familienrudel sein zweites Leben begann.

Passend zu den wenigen uns bekannt gewordenen Bruchstücken aus seiner Biografie wurde er Kimble genannt, als Reminiszenz an die berühmte Fernsehserie »Dr. Kimble – ein Mann auf der Flucht«. Diesen Rufnamen akzeptierte er über Nacht. Wahrscheinlich hätte er auch jeden anderen angenommen, weil er spürte, dass er in Sicherheit war. Wie er einst hieß, habe ich nie erfahren.

Als ich ihm Wochen später während eines Spaziergangs im Park berichtete, dass die Versuchsanstalt, aus der er mit sicherem Instinkt geflohen war, aufgrund der Enthüllung der dort stattfindenden Tierversuche geschlossen wurde, wedelte er. Aber die Erinnerung mag mich täuschen. Sie neigt zu geschönten Bildern. Wahrscheinlich hatte er wedelnd nur andeuten wollen, dass es an der Zeit sei, wieder den heimischen Futternapf anzulaufen. Er wusste zeitlebens instinktiv, wo es etwas zu fressen gab. Den Weg dorthin hätte er allein gefunden. Ein kluger, ein widerborstiger, ein stolzer Hund. Bevor das Internet-Zeitalter begann, begab er sich, betrauert von seinen Freunden, auf seine letzte Reise.

Cogito ergo sum, ich denke, also bin ich — die Maxime des französischen Philosophen René Descartes, unterscheidet Tiere von Menschen. Wer sich damit bescheidet, lediglich zu googeln, um zu sein, wird nur erfahren, was andere einst oder jetzt vorgedacht haben. Fleißig in Computer zu tippen, was in Proseminaren oder Fortbildungskursen vorgetragen wird, bringt ebenfalls nur wenige Erkenntnisse. Handschriftliches ist nutzbringender. Es bekommt vom Gehirn einen Platz zugewiesen und kann sich dort einrichten.

In einem Feldversuch der Princeton University wurden fünfundsechzig Studenten in verschiedenen Gruppen getestet, was sie von einem Vortrag, dessen Thema sie zwar interessierte, aber von dem sie nichts Wesentliches wussten, behalten würden. Die einen benutzten wie üblich bei Klausuren ihre Laptops, die anderen Kugelschreiber und Papier. Anschließend wurden die Ergebnisse verglichen. Ergebnis: Die wichtigsten Fakten waren allen präsent. Aber als es darum ging, diese sinnvoll zu verknüpfen, zeigten sich die Analogen den Digitalen überlegen. Sie hatten offenbar begriffen, worum es wirklich ging, wohingegen die Laptop-Tipper zwar ein Drittel mehr Wörter und Begriffe notiert, aber neben dem Tippen keine Zeit mehr hatten, darüber nachzudenken, was ihnen referiert worden war.

Ihre Kommilitonen hörten erst zu und versuchten dann, in eigenen Worten aufzuschreiben, was ihnen wichtig schien. Sie hatten sich im wahrsten Sinne Gedanken gemacht und dafür den zuständigen Teil ihres Gehirns, jetzt im übertragenen Sinne, ausgelagert auf Papier. Etwas handschriftlich zu notieren ist die nach Hinhören höchste Form von Aufmerksamkeit. Logisch. Bevor aufgeschrieben werden kann, was einen Sinn ergibt, muss darüber nachgedacht werden. Das dauert zwar länger, hält aber auch länger vor. Denn eine Woche später, bei einem weiteren Test, waren ihre Notizen im Gehirn immer noch abrufbereit archiviert. Als wiederum beide Gruppen hinterfragt wurden, hatten die Analogen mehr im Kopf behalten. Auch eine dritte Gruppe, die angewiesen worden war, nicht alles Wort für Wort mitzutippen, sondern sich Zeit zu lassen und erst dann die Tasten zu bedienen, schnitt schlechter ab.

Die ersten Handybesitzer schienen noch öffentliches Aufsehen zu genießen. Sie gehörten mit ihren schwarzen Kloben sichtbar zu einer privilegierten Schicht. Während ihre Mitmenschen noch vom Festnetz umfangen waren, zeigten sie sich bereits der Zukunft gewachsen. Dass es sich zumeist um ruhestörende Angeber handelte, wurde allerdings bald hörbar. Sie nervten, offenbar im naiven Glauben, nur durch besondere Lautstärke ließe sich die Distanz zu ihren fernen Gesprächspartnern überbrücken. Die in den Augen ihrer Nachbarn im Großraumwaggons der Deutschen Bahn aufkeimende Mordlust hielten sie für bewundernde Blicke. Sie waren zwar von sich überzeugt und stolz auf ihre Fähigkeiten, aber auch misstrauisch. Sie legten ihr Handy nicht aus der Hand und laberten sogar auf dem Klo. Hätten sie es auf dem Sitzplatz liegen lassen, um beidhändig pinkeln zu können, wäre es in der Zwischenzeit von genervten Mitreisenden entjungfert worden. Technisch ein simpler Akt. Handy öffnen, Speicherkarte raus, Handy wieder schließen, Chip in den Müll.

Fortschritt der revolutionär technischen Art passiert mitunter in einem Quantensprung über Nacht. Was gestern undenkbar schien, zum Beispiel autonom fahrende Autos, wird heute mit Prototypen getestet und kann bald in die Massenproduktion gehen. Falls einem IT-Nerd im Silicon Valley oder in Shanghai ein Heureka gelingt, wird sein Jubel innerhalb weniger Sekunden auf der ganzen Welt empfangen. Dort pflegen Dreißigjährige alle als *Old School* zu betrachten, die noch E-Mails verschicken, statt sich via Facebook zu verbreiten, und die dort vereinten Fans gereckter *Like*-Däumlinge wiederum werden als Digital-Dinos belächelt von denen unter zwanzig, deren Alltag von Snapchat bestimmt wird. Über deren App werden, Stand Sommer 2016, täglich rund siebenhundert Millionen Fotos gepostet. Konkurrent Instagram ist verglichen mit Snapchat ein mittelständisches Unternehmen.

Jede Nachricht, jedes Foto, jedes Video, egal, ob es sich dabei um ein Attentat in Paris handelt, einen Clip über eine Katze oder den Auftritt jenes bereits erwähnten blonden US-Dekretins von geringem Verstand, wird behandelt wie Eintagsfliegen. Nach einem Tag sind die in der digitalen Welt tot, nach spätestens vierundzwanzig Stunden werden bei Snapchat automatisch alle Postings gelöscht. Ebenso die begleitende Kommentierung durch ihre User, die noch stärker als bei Twitter begrenzt ist auf nur achtzig Anschläge.

Snapchat ist ein digitales Murmeltier für Jugendliche, die einst Teenager genannt wurden. Jeden Morgen grüßt es seine Fans aufs Neue. Dieses hier hat zwar wie jenes Tierchen alles aus dem Gedächtnis gelöscht, was gestern noch neu war, aber postet nach demselben Muster den stets gleichen Schrott: Bilder von einem tödlichen Unglück, einem sich tierisch über Honigbienenstöcke freuenden Braunbär, irgendeiner vermenschlichten Katze aus der näheren Umgebung.

Wie lässt sich einem älteren Mitbürger das Erfolgsmodell Snapchat erklären, ohne dass der daran zu zweifeln beginnt, für diese Welt noch einsetzbar, brauchbar zu sein? Gar nicht. Denn nach einem tieferen Sinn zu suchen ist sinnlos. Jeder Snap hat eine maximale Verfallsdauer von zehn Sekunden und landet danach auf der täglichen Müllhalde der Aktualität, falls er nicht sofort per Screenshot in einer Zwischenablage des Empfängers abgespeichert wird. Das simple Geschäftsmodell lockt Investoren. Die Konsumwünsche von einhundertdreißig Millionen jugendlichen Usern auszuloten, die durchschnittlich fünfunddreißig Minuten täglich snapchatten, und deren Bedürfnisse dann gezielt zu erfüllen ist ihnen einen Wechsel auf die Zukunft in Höhe von neunzehn Milliarden Dollar wert. Snapchat-Gründer Evan Spiegel, fünfundzwanzig Jahre alt, lehnte alle Übernahmeangebote ab. Die Rangliste der Global Digital Players nach Nutzerzahlen unter den Zehn- bis Neunzehnjährigen aufgeschlüsselt sieht, Stand Herbst 2016, inzwischen so aus: WhatsApp 91 Prozent , You-Tube 56 Prozent, Instagram 52 Prozent, Snapchat 35 Prozent, Facebook 32 Prozent.

Die globale Plattform Facebook, geniale Idee von Mark Zuckerberg, wird wie Twitter von Erwachsenen genutzt.

Auch für aktuelle Nachrichten und nicht nur, um sich mit der wachsenden Schar unbekannter Freunde zu treffen. Politiker verbreiten Erfolge in Echtzeit und hoffen so, mögliche Wähler anzustupsen (*Nudging*). Die Inhalte sind nicht von gar so großer Relevanz. Ähnlich unbedeutend die Neuigkeiten von Showgrößen. Alles eigentlich keiner weiteren Rede wert. Aber das soziale Medium ist gleichermaßen erfolgreich degeneriert zu einem asozialen Medium, das Monster der Unvernunft anzieht. In anonymen Shitstorms rufen sie zum Hass gegen alle auf, die ihre Ansichten nicht per Däumling teilen. Tatsächlich ist das, was sie von sich geben in einem Shitstorm, »die kollektive Ausscheidung von Scheiße, die Mitläufer im Kopf haben. Eigentlich eine anatomische Unmöglichkeit, aber das digitale Zeitalter bringt ja bekanntlich viele Wunder hervor«, wie der Soziologe Harald Welzer lästerte und damit den digitalen Mob treffend als anonymen Scheißhaufen einordnete.

Dass Menschen lustvoll zur Gemeinheit neigen, eine auch unter Journalisten weit verbreitete Eigenschaft, ist nichts Neues. Aber wir mussten uns wenigstens den Folgen stellen. Einer Verleumdungsklage. Einem Strafbefehl. Einem Gerichtsurteil. Das Internet dagegen hat Massen von Bösartigen, Hämischen, Widerlichen, Geifernden ein Forum gegeben. Sie lassen die Sau raus, die auch früher schon immer in ihnen schlummerte, aber nicht geweckt werden konnte aus Angst vor den Folgen. Diese Furcht ist verstorben. Der Online-Mob, ein Pack aus allen sozialen Schichten, tobt sich aus in Hetzkampagnen. Im schlimmsten Fall, und es gibt viele Fälle, treiben anonyme Mobber, Monster, Mörder unschuldige naive Menschen in den Selbstmord.

Weil sie sich nicht mehr anders zu helfen wissen, so wie die fünfzehnjährige kanadische Schülerin Amanda Todd. Sie hatte einen dummen pubertären Fehler gemacht und einem ihr unbekannten Flirtpartner im Chatroom ein Foto ihres nackten Busens geschickt. Der Unbekannte wollte mehr sehen. Sie weigerte sich. Er postete das Foto auf einer Porno-Plattform und schickte es an alle ihre sogenannten Freunde auf Facebook. Vier Wochen danach brachte sie sich um. In einem Video auf YouTube erzählte sie von ihrer Demütigung und dass sie damit nicht länger leben könne. Ihr aufrüttelnder Nachruf auf sich selbst wurde mehr als zwei Millionen Mal angeklickt. Den Mann, der sie in den Selbstmord trieb, nahm die Polizei in Holland fest. Ermittelt worden war er durch seine IP-Adresse. Kanada beantragte seine Auslieferung, um ihn wegen Cybermord anzuklagen. Laut einer Untersuchung der amerikanischen Initiative »Working to Halt Online Abuse« trifft Cybermobbing, der im Netz wiederauferstandene Pranger des Mittelalters, vor allem Mädchen und Frauen. Im Verhältnis zu bedrohten und beschimpften Jungen und Männern etwa 25-mal so oft.

Wer behauptet, die peinlichen, obszönen, schamlosen Realityshows des Fernsehens, in denen gnadenlos Jugendliche zum Vergnügen der Juroren und Zuschauer erniedrigt werden, hätten ganz allgemein die Verrohung gesteigert und die Hemmschwellen gesenkt, dürfte so falsch nicht liegen.

Die Welt dreht sich zwar digital. War aber noch lange sichtbar in Scharen derer, die sich werktäglich in Richtung ihrer höheren Lehranstalt bewegten. Anfangs begleiteten nur dickbauchige Kopfhörer sie auf dem Weg zur Schule. Durch die klang zwar kein Hupen, kein Klingeln, aber ihre Blicke galten umherschweifend noch Verkehrsampeln und signalisierten ans Gehirn Grün für Weiterfahrt oder warnendes Rot für Zwischenhalt. Auch die folgende Headphone-Generation bewegte sich noch im Rahmen der Straßenverkehrsordnung.

Aus den Ohrmuscheln baumelten zwar jetzt dünne Kabel, die zu den an Fahrradlenkern hängenden iPods führten. Aber ihre Träger hielten Ausschau aufs analoge Geschehen, blieben auf Augenhöhe mit der realen Welt.

Erst mit dem Smashhit Smartphone geriet diese überschaubare Welt außer Kontrolle. Weil sie aus dem Blick verschwand. Schüler fahren einhändig Rad, weil sie in der anderen Hand ihr Smartphone halten und sehenden Auges kontrollieren, was auf dem passiert. Irgendwas auf dem zu versäumen gilt als uncool, aber nur sie wissen, was cool und wesentlich ist. Allgemein verbindliche Kriterien sind aus der Mode. Sobald sich die Schultore hinter ihnen schließen, sind Schüler offline. Im Unterricht müssen ihre Handys ausgeschaltet bleiben. Also braucht es unterwegs noch eine digitale Dosis, um die Stunden zu überstehen, bis sie wieder online sind. Ampeln pflastern zwar weiterhin ihren Weg, aber deren Rot sehen sie nicht mehr. Im Frühjahr 2016 wurde in München eine Kopfhörer tragende 15-jährige Schülerin von einer Straßenbahn, in Bayern Tram genannt, überfahren und getötet. Das Klingeln hatte sie nicht gehört.

Weil Kontrollen angesichts der Massenbewegung der *Smombies* unmöglich sind, haben die Städte Köln und Augsburg Bodenampeln an gefährlichen Übergängen installieren lassen in der Hoffnung, dass die Zielgruppe der Tiefblicker diese in Gefahr und Not rechtzeitig registriert. In China wurden neben Zebrastreifen sogar Extraspuren für Handynutzer eingerichtet.

Störenfriede, die in nervig analoger Art hupen, weil die Farbe Grün ihnen freie Fahrt verheißt und logischerweise nicht den anderen, werden von den digitalen Zombies beschimpft. Die warten nicht auf Grün und denken grundätzlich nicht daran, sich an Regeln zu halten, die sie nicht selbst aufgestellt haben. Wer sich nicht bewegt, versäumt die Welt Bewegendes. Dabei bleibt ihr Blick fest aufs Smartphone gesenkt. Eine Hand aber ist frei für den Mittelfinger. Der besagt bei Baseballcap tragenden Prolos wie bei fein gewandeten Jungmanagern gereckt gleichermaßen: *Fuck you*. Lässt sich auch als typisches Zeichen der Zeit interpretieren, das Frauen und Männer, Alte und Junge, Gebildete und Ungebildete in einer gemeinsamen respektlosen Haltung vereint.

Am Vorbild der Erwachsenen orientieren sich Kinder auf dem Weg in die Schule. Das alles sind, um einen sich einst als unangreifbar dünkenden deutschen Banker zu zitieren, im Vergleich zu den im Internet herrschenden Sitten nur Peanuts. Denn seit Hassprediger und Hooligans das Netz als ihren Lebensraum entdeckt haben, fühlen sie sich in dem unangreifbar stark und lassen alle Hemmungen fallen. Trauen sich, was sie sich einst nie getraut hätten: zu lügen, zu betrügen, zu mobben. Weil sie in zwei Wirklichkeiten zu Hause sind, Übergang fließend, benutzen sie für beide ein Passwort. In der einen den *Fuck-you*-Finger, in der anderen einen falschen Namen.

Süchtige verlangen bekanntlich nach immer stärkeren Dosen. Und so begab es sich, dass von den Propheten Google und Facebook und Instagram und Twitter das Gebot ausging, Multitasking zu ehren. Die Botschaft totaler Zerstreuung stieß auf begeisterte Zustimmung. Die von den globalen Online-Diensten erzielten Einnahmen verwandelten sie offline in echte Milliarden. Die machten sie zu Weltmächten des 21. Jahrhunderts.

Viele ihrer Kunden aber verloren beim Genuss der Droge Multitasking ihr Leben. Zum Beispiel Autofahrer, die unterwegs bei hohem Tempo Multitasking betrieben und ihrer Sucht nachgaben. Während sie Auto fuhren, gleichzeitig

211

auf ihren Smartphones texteten, Fotos versendeten, 140 Anschläge twitterten, E-Mails beantworteten, sogar Selfies produzierten und dabei den Verkehr aus den Augen verloren. Die Folge: tödliche Unfälle. Ein Fahrdienstleiter der Deutschen Bahn war am Faschingsdienstag 2016 so vertieft in ein Computerspiel, dass bei Bad Aibling zwei Züge ungebremst ineinanderrasten und zwölf Menschen ihr Leben verloren. Auch wenn er vom Gericht wegen fahrlässiger Tötung und Körperverletzung nur zu dreieinhalb Jahren Haft verurteilt wurde: Für ihn persönlich wird das Urteil lauten auf lebenslänglich. Denn er wird weiterleben müssen mit seiner Schuld.

Laut Schätzungen der deutschen Versicherer dürfte bei fünfzigtausend der jährlich rund 2,5 Millionen Verkehrsunfälle in Deutschland der Blick aufs Smartphone statt auf die Außenwelt der Auslöser gewesen sein. Es gibt nur Schätzungen, weil digitale Ursachen in analogen Statistiken nicht erfasst werden. Dass jede Ablenkung schon bei einer geringen Geschwindigkeit tödliche Folgen haben kann, wissen zwar die meisten. So wie die meisten wissen, dass eine rot leuchtende Verkehrsampel keine unverbindliche Empfehlung ist, sondern ein verpflichtendes Signal.

In den Vereinigten Staaten von Amerika, wo laut Statistik aus dem Jahr 2015 die Zahl der durch Multitasking verursachten Verkehrsunfälle um acht Prozent zugenommen hat, parallel zum multiplen Angebot im Internet, reagierten die Behörden. Landesweit müssen die an Unfällen Beteiligten ihre Handys zur Auswertung abgeben. In New York wird eine neue Methode getestet, die am Unfallort sofort eingesetzt werden kann. Die Hardware heißt *Textalayzer* und klingt nicht von ungefähr so wie *Breathalyzer*. Mit dem wird der Alkoholgehalt im Blut kontrolliert. Per Textalayzer lässt sich in Sekunden in den Smartphones der Fahrer ermitteln, ob sie im Moment des Geschehens abgelenkt waren durch Texten, Simsen, E-Mails versenden, durch Facebook oder Snapchat, selbst erzeugte oder eintreffende Selfies.

All das soll künftig bestraft werden wie Trunkenheit am Steuer. Die Kampagne gegen *Distracted Driving* wird unterstützt durch Spots auf YouTube und Warnungen in allen großen Fernsehsendern. Warum sollten wir, verkündeten die Initiatoren, bei der Strafverfolgung unterscheiden zwischen einer verbotenen Substanz, die verzehrt wurde – Alkohol, Cannabis – und einer Substanz, die uns verzehrt – Selfies, SMS? In Deutschland hat die Methode Textalayzer keine Chance. Hier gelten die strengen Regeln des Datenschutzes. Unter normalen Umständen ein hohes Gut bürgerlicher Freiheit, selbst in solchen Fällen, bei denen der Verdacht naheliegt, dass menschliches Fehlverhalten verursacht wurde durch die Bedienung des Smartphones. Polizei und Rettungskräfte konnten sich bei Unfällen auf deutschen Landstraßen oder Autobahnen nicht unmittelbar und ohne Zeitverzögerung um Verletzte kümmern, weil sie von schaulustigen Gaffern mit gezückten Smartphones am Einsatz behindert wurden. Frei von Skrupeln und Mitleid wurden per Handy die blutigen Szenen gefilmt und anschließend sofort an Freunde und Verwandte versendet. In besonders widerlichen Fällen wurde die Polizei gar aufgefordert, gefälligst Platz zu machen für ein freies Schussfeld. Bis endlich im Sommer 2016 auf Initiative des Landes Niedersachsen der Bundesrat einstimmig einer Gesetzesänderung zustimmte. Zukünftig wird Gaffern ihr digitales Menschenbild abgenommen. Ein analog verschickter Strafbefehl folgt auf Papier. Was die meisten der Verrohten nicht so sehr treffen dürfte wie der Verlust ihres ständig einsatzbereiten Begleiters.

Nicht die Smartphones jedoch sind schuld, sondern ihre

User. Von jenen ginge insgesamt, behauptet der amerikanische Medizinprofessor Jon Kabat-Zinn, dessen Bücher über die segensreiche Entschleunigung durch Meditation, von ihm »Mindfulness Based Stress Reduction« (MBSR) genannt, zu Bestsellern wurden, eine Suchtgefahr aus wie bei den Drogen Kokain oder LSD. Wenn man Schülern, die auf dem Fahrrad Musik hören und dabei die Außenwelt ausblenden und nicht auf Gefahren achten, noch kindlichen Leichtsinn zugutehalten kann, wird Multitasking bei Erwachsenen als Zeichen permanenter innerer Unruhe diagnostiziert. Als Suchtverhalten. Multitasking ist in der Organisation Gehirn nicht vorgesehen. Aufgaben und Probleme gleichzeitig und gleich gut zu bewältigen ist dort nicht programmiert. Neue Informationen werden erst einmal geparkt im Präfrontalen Cortex und dann vom Vorderhirnlappen über die Nervenbahnen geordnet in verschiedene Regionen des Gehirns verteilt. Das Striatum ist zuständig für eine sinnvolle Verdrahtung von Gefühlen, Abläufen, Bewegungen. Nur dann, wenn eine Aufgabe nach der anderen gelöst, ein Problem nach dem anderen gelöst, eine Information nach der anderen verarbeitet wird, erst dann wird unter der Oberaufsicht des genialen Dirigenten Maestro Hippocampus alles so abgespeichert und im Archiv der 85 Milliarden Neuronen eingeordnet, dass es künftig jederzeit blitzschnell auffindbar ist.

Das wahre Leben, schreibt Harald Welzer in seinem Buch *Die smarte Diktatur*, ist und bleibt analog: »Beziehungen sind analog. Empathie, Liebe, Hass, Wut, Mitleid und Freude sind analog. Erinnern Sie sich stets daran, dass Sie im Netz Hilfe nur in trivialen Fällen bekommen; wenn es hart auf hart kommt, brauchen Sie richtige Menschen. Die da sind. Die mit ihnen gemeinsam etwas machen. Mit denen Sie gemeinsam etwas machen. Lassen Sie sich nicht isolieren.«

Durch Smartphones. Ein Leben ohne Smartphones ist möglich, aber so, wie eines ohne Möpse einst Loriot sinnlos erschien, erscheint jenes heute denen sinnlos, die mit dem Smartphone durchs Leben eilen. Bedrohlich werden die Algorithmen ja erst, wenn sie sich untereinander absprechen ohne Rücksprache mit ihren Besitzern und ohne auf Anweisungen zu warten.

Enthüllungen wie die von Wikileaks, Edward Snowden, Swissleaks oder über die so streng geheim gehaltenen TTIP-Verhandlungen über das geplante Freihandelsabkommen zwischen den USA und Europa oder gar die von der *Süddeutschen Zeitung* koordinierte Veröffentlichung der *Panama Papers* machen Geheimhaltung obsolet. Die einen nennen das einen Segen, die anderen Fluch. Enthüllungen dieser Größenordnung entwickeln im Internet global durchschlagende Wirkung. Alle erfahren alles fast gleichzeitig. Für viele, die sich anmaßten, über andere autoritär entscheiden zu können, beispielsweise Politiker oder Manager, bedeutete es das Ende ihrer Karrieren.

Das Weltwissen ist digital gespeichert. Wer Zugang hat zum Internet, kann sich seiner bedienen. Ein Hellfeld der Aufklärung, das es nie zuvor in der Menschheitsgeschichte gegeben hat. Auf dem können theoretisch alle mitspielen, ohne Ansehen von Rasse und Religion. Können Kontakte in analog unerreichbare Regionen der Erde knüpfen, fürs Leben lernen, falls sie den Einwahlknoten kennen, ein Passwort haben und nicht in China oder Nordkorea offline geschaltet werden, sobald das Regime Handlungsbedarf gegen unerwünschtes Eindringen freiheitlicher Gedanken sieht.

Ebenso groß wie das Hellfeld ist das Dunkelfeld. Denn das Internet steht allen offen. Dort mischt sich wie im richtigen Leben auch das Böse unter die Guten. Trolle genannte Giftzwerge verbreiten ihr Gift mit gezielten Dosen von Beleidigungen, durch Mobbing, durch Lügen. Sie stellen Andersdenkende bloß, bleiben im Dunkeln unsichtbar anonym. Sind nicht zu fassen, können nicht zur Rechenschaft gezogen werden wie früher in den guten alten Zeiten. Das wissen sie. Also surfen sie auf der Jagd nach Opfern furchtlos durchs Netz. In der Darth-Vader-Armee dort sind versammelt irre Endzeitpropheten, Verschwörungstheoretiker, die früher nicht weiter auffielen, Putin-treue Polit-Trolle, rechtsradikale Volksverhetzer, Pädokriminelle und global aktive kriminelle Organisationen. Sie alle, von den chinesischen Triaden bis zur russischen Mafia, von nigerianischen Voodoo-Priestern bis zu serbischen Waffenhändlern, von mexikanischen Drogenkartellen bis zu albanischen Menschenhändlern, von libyschen Schleusern bis zu belgischen Kinderpornoproduzenten, von deutschen Hells Angels bis zu den IS-Schlächtern, benutzen das Internet. Dort haben sie sich organisiert wie Global Players in der legalen Wirtschaft. Die diversen Mafiabosse der Firma Cybercrime Inc. International bilden den Vorstand. Für ihre Geschäfte haben sie Modelle entwickelt, die es früher nicht gab. Die im World Wide Web notwendigen Spezialisten haben sie aus dem Hellfeld mit Millionenhonoraren auf die Dunkelfelder des Verbrechens gelockt.

Unnötig, mit maskierten Räubern eine Bank zu stürmen und die Kasse zu leeren, wenn sich Millionen im Netz ergaunern lassen per Phishing und man darin nach PINs fischen kann, die das Plündern von Konten weltweit und über Nacht ermöglichen. Unnötig, den Konkurrenten Schläger auf den Hals zu hetzen, wenn es genügt, per DDoS (*Distributed Denial of Service* – eine absichtlich herbeigeführte Serverüberlastung) deren Server lahmzulegen, damit die Firma vom Netz zu nehmen und ihren Handel auszuschalten. Unnötig, in Banken einzubrechen, wenn es genügt, in deren Rechnern einen Trojaner, ein nach außen nützlich erscheinendes Schadprogramm, heimlich einzuschleusen, der Millionensummen umleitet auf Nummernkonten auf den Cayman Islands und keine Spuren am Tatort hinterlässt. Ausgestorben sind die klassischen Scheckbetrüger, weil Schecks kaum noch benutzt werden. Im Darknet wird unblutig gemordet durch Rufmord. Doch warum sollte es in der kriminellen Welt anders zugehen als in der legalen, wo durch den digitalen Fortschritt einst ehrenwerte Berufe wie Setzer, Drucker, Kupferstecher ausgestorben sind? Analoge Verbrechen finden jetzt digital statt. Sogar Kidnapping. Die Entführer brauchen keine Geiseln, keine Masken, keine Fluchtautos, kein sicheres Versteck mehr wie früher. Sie müssen für die Tat nicht einmal mehr ihr Haus verlassen. Ihre Trojaner senden sie auf fremde Rechner. Wenn die entdeckt werden, ist es schon zu spät für Gegenmaßnahmen. Die Daten einer Firma X sind unlesbar geworden. Gekidnappt worden. Die Kidnapper verlangen für die Freilassung ein hohes Lösegeld. Das wird von den Opfern schnellstmöglich verschlüsselt auf das angegebene Offshorekonto überwiesen, denn erst nach einer Eingangsbestätigung der geforderten Summe können sie wieder mit ihren gewohnten Geschäften beginnen. Den legalen.

Cyberkriminelle werden bekämpft von Cybercops. Auch sie sind bewaffnet, auch sie haben aufgerüstet, auch sie nutzen alle Möglichkeiten des Internet. Nach Straftätern wird auch online gefahndet. Mitunter sind die Guten und die Bösen auf den ersten Blick nicht mehr zu unterscheiden. Mitunter stellt sich durch Enthüllungen heraus, dass offiziell miteinander befreundete Geheimdienste wie die amerikanische National Security Agency (NSA) oder der deutsche Bundesnachrichtendienst (BND) oder die britischen Government Communication Headquarters (GCHQ) ihren Partner abgehört und seine E-Mails mitgelesen haben. Was unter Freunden, um Angela Merkel zu zitieren, nun wirklich gar nicht gehe.

Böse Hacker nennt man in der Fachsprache *Black Hats*, im Gegensatz zu den guten Hackern wie – dem allerdings nach seiner indirekten Unterstützung für Trump umstrittenen – Julian Assange oder Edward Snowden, die zwar ebenfalls Gesetzesbrecher im juristischen Sinne, aber moralisch im Recht sind, weil sie enthüllt haben, wie Vater und Mutter Staat ihre Kinder aushorchen und ihre Verbündeten überwachen. Sie gehören zu den weißen Rittern. Deshalb werden die *White Hats* genannt.

Einem alle bedrohenden Todfeind haben sie allerdings gemeinsam den Krieg erklärt. Mit allen Mitteln. Dem sogenannten Islamischen Staat. Dessen Propagandisten benutzen für ihre mörderischen Ziele ebenfalls das Internet als Verbündeten. Sie rekrutieren ihren Nachwuchs online, versenden Dokumentationen von Hinrichtungen live auf Facebook oder YouTube, sammeln über die verschlüsselten Online-Dienste *Telegram* oder *Silent Circle* Spenden bei Sympathisanten. Europol-Chef Rob Wainwright stellte der großen Gefahr entsprechend eine neue Antiterroreinheit auf, die *Internet Referral Unit* (IRU) mit den fünfzehn besten Cybercops aus verschiedenen EU-Staaten, die ausschließlich nach Inhalten fahnden, die dem Terrornetzwerk IS nahestehen könnten.

Die globalen Netzwerkfirmen, die sich lange Zeit wehrten gegen ihnen aufgetragene Löscharbeiten, helfen inzwischen als Feuerwehr. Sie sind nicht etwa über Nacht einsichtig geworden, sondern wissen, dass ihnen andernfalls hohe Strafen drohen. Nach den Attentaten in Paris und in Brüssel hatten ihre Lobbyisten im Europäischen Parlament gegen den geballten Druck staatlicher Macht keine Argumente mehr, keine Chancen. Die sozialen Netzwerkgiganten Twitter und Facebook haben im Jahr 2015 zehntausend von mehr als siebzigtausend Benutzerkonten gelöscht, über die IS-Kämpfer angeworben worden waren. Angeberische Selfies im Netz, mit denen sich IS-Schlächter ihrer Bluttaten brüsteten und dabei nicht darauf achteten, vor welchem Hintergrund sie posierten, verschafften zudem den IS-Jägern im fernen Florida die nötigen Daten für den Einsatz ihrer tödlichen Drohnen. Selfie-Extremismus ist extrem hilfreich bei Ermittlungen und tödlichen Gegenschlägen aus der Luft.

Früher wussten rechtsradikale Nationalisten oder islamistische Bombenleger nicht, wo sie Gleichgesinnte treffen konnten. Bei Facebook fanden sie zueinander. Auf dieser Plattform rotten sie sich zusammen und machen untereinander ab, wann sie Flüchtlingsheime anzünden oder ein voll besetztes Restaurant in die Luft jagen. Ausgerechnet die radikalen Gegner einer freien Gesellschaft, geistig verankert im Mittelalter, nutzen die Freiheit, die das Netz eröffnet, um die Freiheit zu bekämpfen. Und ausgerechnet staatlich legitimierte Überwachungskraken, von NSA bis BND, die ihre geheime Macht oft schon missbrauchten, müssen die Zivilgesellschaft schützen vor ihren Feinden.

In seiner Biografie *Ich war ein Salafist* beschreibt Dominic Schmitz, der als Siebzehnjähriger zum Islam konvertierte und sich Musa Schmitz nannte, wie die Islamisten im Netz nach Leitwölfen suchende Jugendliche ansprechen, anfixen, anlocken, ausbilden und dann zurückschicken in den verhassten Westen, aus dem sie kamen, um dort zu morden und zu bomben. Rechtsradikale geben vor, das christliche Abendland vor den Fremden retten zu müssen, und machen keinen Unterschied zwischen den Millionen friedlichen Muslimen in Europa und den Terroristen, die den Namen Allahs so schändlich missbrauchen. Islamisten schlachten Christen, die sich weigern, so wie einst die frühen Christen, ihrem Gott abzuschwören. Die einen fordern »Tod allen Ungläubigen«, die anderen »Alle Ausländer raus«. »Es gibt«, weiß Dominic Schmitz, aus Erfahrung inzwischen klüger, »ganz viele Parallelen zwischen Rechten und Salafisten. Die Rechten sehen sich auch gern in der Opferrolle, unterdrückt im eigenen Land. Der Ausweg der Salafisten ist der Gottesstaat, bei den Rechten heißt es halt: Ausländer raus.«

Salafisten und Neonazis auf einem Schiff im Mittelmeer auszusetzen, bis das Boot voll ist mit ihnen, und ihr weiteres Schicksal einem Gottesurteil zu überlassen wäre vor einigen Jahren noch eine Frieden stiftende Strategie gewesen. Jetzt ist es zu spät. Sie sind einander ähnlich. Beide bedienen sich frustrierter Unterschichten, beide schöpfen das Biotop der Verbohrten aus, beide lieben den Hass. Parallelen sind sicht- und hörbar auf Facebook und unzähligen Websites: Lügen, Mordaufrufe, Verleumdungen. So etwas verstehen auch die, denen ein Hauptschulabschluss nicht vergönnt war. Sowohl Nazis als auch IS versprechen ihnen, was ihnen im Leben verwehrt blieb: Anerkennung.

Doch Unterschiede gibt es nicht nur in der ideologischen Ausrichtung. Die einen morden für einen Gottesstaat, die anderen wollen wieder einen Führer haben. Die Hassprediger des sogenannten Islamischen Staates dagegen setzen wohlweislich mehr aufs Jenseits. Sie verheißen zweiundsiebzig Jungfrauen, die nur darauf warten, im Paradies von ungewaschenen bärtigen islamistischen Selbstmordattentätern nach deren Märtyrertod gevögelt zu werden. In der Hölle dagegen, wo Christen und Juden landen, denen sie die Kehle durchgeschnitten oder die sie in die Luft gejagt haben, gebe es nur

»Eiter und Blut zu essen und ständig Prügel von gefallenen Engeln«.

Im Überwachungsstaat DDR benutzte die allgegenwärtige Stasi noch Einweckgläser, in denen Duftproben sogenannter Staatsfeinde und Dissidenten archiviert wurden, Regal um Regal füllend. Wie üblich bei den größenwahnsinnigen Bürokraten Ost verbunden mit dem Anspruch auf einen Spitzenplatz im Dunkelfeld der Geheimdienste. In der Tat war die Sammlung duftender Staubtücher, gefaltet in deutscher Ordnungsliebe auf Kante, weltweit einmalig. Die Schnüffler allerdings konnten sie nicht mehr einsetzen, weil die Mauer fiel und das Volk die herrschenden Greise vertrieben hatte, bevor sie ihre Hunde auf Menschenjagd hätten schicken können.

Die Stasi-Büttel sind zwar entsorgt. Aber der Schlaf der Vernunft gebiert nach wie vor unermüdlich neue Ungeheuer. Manche tarnen sich als gesetzestreue Hüter der Freiheit. Bewegen sich in den Grenzen eines demokratischen Rechtsstaates. Doch wer garantiert, dass sie nicht überschritten werden? Weder von Regierungen noch von Konzernen? Geheimdienste können mithilfe spezieller Algorithmen ja nicht nur die Handys bekannter Politiker überwachen und auswerten, sondern jede und jeden weltweit aushorchen und kontrollieren. Tot sind nur die toten Briefkästen, derer sich die Spione aller Nationen einst bedienten.

Beste Waffe gegen digitale Überwachungsmodule, beste Verbündete gegen die im Netz allgegenwärtigen Spione ist die gute alte Schreibmaschine. So verkündete es auf der Miami Book Fair im November 2015 der amerikanische Philosophieprofessor Richard Polt, als er sein Buch *The Typewriter Revolution* vorstellte. Statt des üblichen Laptops brauchte er zur Präsentation eine sechzig Jahre alte Schreibmaschine ausgerechnet aus der ehemaligen Spionagefestung DDR mit, eine klobige *Groma Kolibri*. Was auf Schreibmaschinen verfasst wird, so seine verblüffende Antithese, kann im Gegensatz zu E-Mails selbst von den besten Hackern der Welt nicht entschlüsselt werden.

Jeder, der sich im Internet bewegt, hinterlässt Spuren. Wer seine Privatsphäre schützen will, darf Privates nicht ins Netz stellen. So einfach ist das. Der Rohstoff verspricht Google und Facebook, Instagram und Snapchat, Twitter und WhatsApp Milliardengewinne. Sie haben die Welt mit Algorithmen überzogen, die alles speichern über die Bedürfnisse ihrer Kunden und ihr Know-how ausspucken für gezielt einsetzbare personalisierte Werbung. Das Politische ist privat, und das Private wird politisch ausgeschlachtet. Weil die Netzwerkbetreiber freiwillig nicht genug unternommen haben, um sowohl Hasskommentare zu löschen als auch personenbezogene Einträge, von denen die Betroffenen verlangten, dass sie entfernt werden, hat die Politik nach langem Zögern doch etwas unternommen. Das Bundesjustizministerium wurde endlich aktiv gegen den »Wildwuchs an Hetze und Denunziation im Netz« (*Spiegel*). Social Networks, vor allem Facebook war gemeint, werden unter Androhung einer Geldstrafe von bis zu 200 000 Euro pro Einzelfall verpflichtet, »offensichtliche Rechtsverletzungen binnen 24 Stunden zu löschen«. Nur in Ausnahmefällen endet diese Frist erst in sieben Tagen. Die nötigen Internet-Feuerwachen müssen Tag und Nacht besetzt sein, ihre Besatzungen von Facebook und Co. bezahlt und sofort nach Eingang einer Beschwerde tätig werden.

In einer digitalen Welt, in der Taxiunternehmen wie Uber ohne eigene Autos auskommen, Wohnungen vermittelnde Multis wie Airbnb ohne eigene Immobilien, Facebook ohne eigene Inhalte und Alibaba ohne Lagerhallen, scheint in der Tat alles gestern Unmögliche heute möglich zu sein.

Andererseits ist auch alles bislang Undenkbare plötzlich denkbar. Daten können nicht nur gesammelt werden, sie müssen auch gelöscht werden können. Wem gehört schließlich am Ende das, was wir im Internet hinterlassen haben? Uns. Nur wir entscheiden, was über uns gespeichert werden darf. Weil »fast jedes Unternehmen und fast jede Behörde die Datenschutzgesetze bricht«, wie der junge grüne EU-Parlamentarier Jan Philipp Albrecht aus Erfahrung weiß, denn er kämpft seit Jahren einen heroischen Kampf gegen gierige Datensammler im Internet, hilft nur ein im EU-Parlament verabschiedetes Gesetz, das die Rechte und Pflichten regelt, die Pflichten der Provider, die Rechte der User.

Das neue unveräußerliche Menschenrecht garantiert jedem EU-Bürger sein »Recht auf Vergessenwerden«. Einfordern kann der es jederzeit auch online. Der Wissensdurst der Algorithmen ist aber einfach zu löschen. Das Passwort lautet *Delete*. Es wirkt auf allen Computern per Klick, wird auf der ganzen Welt verstanden und von den Algorithmen sofort befolgt. Sie sind schließlich keine menschlichen Wesen, die sich unseren Befehlen verweigern könnten.

7

Von analogen Maulhelden und digitalen Hohlköpfen

Die Volksweisheit »Dumm geboren und nichts dazugelernt« gehört unter Deutschen zu den beliebtesten Beleidigungen. Sie wurden im Volk seit Martin Luthers Grobheiten von Generation zu Generation und von Mund zu Mund vererbt, weshalb die Quelle »Volksmund« genannt wird. In dem brütet Sprichwörtliches von eher schlichter Denkungsart, das aber aufgrund seiner Popularität als trefflich gilt. Immer dann, wenn Politiker oder Journalisten bei der Suche nach dem richtigen Wort an der richtigen Stelle zur richtigen Zeit scheitern, was beiden Arten von Volksvertretern, sowohl den gewählten als auch den selbst ernannten, täglich passieren kann, schauen sie googelnd dem Volk aufs Maul. Jeder Topf findet dort einen zu ihm passenden Deckel und jeder Tropf ein ihm verwandtes Leergut.

Dummheit ist dennoch eine Himmelsmacht. Sinn stiftend sowohl in analogen als auch in digitalen Zeiten. Ungeachtet der Hautfarbe, Religion, Nation, unabhängig von Alter, Stand, Einkommen bewegt sie die Menschen. Denn sie ist entscheidend für Fortschritt. Das zumindest behauptet der holländische Wissenschaftler Matthijs van Boxsel, der sie besser kennt als andere, denn er hat sie erforscht und darüber den Bestseller *Die Enzyklopädie der Dummheit* verfasst. Ein Standardwerk für Kluge, die mehr wissen wollen über das, was nicht gar so Kluge bewegt. Niemand sei, sagt der Niederländer, intelligent genug, die eigene Beschränktheit zu begreifen, deshalb sei Intelligenz nur der Versuch, es dennoch immer wieder zu versuchen, so wie »Kultur das Produkt einer Reihe mal mehr, mal weniger misslungener Versuche ist, die Idiotie in Schach zu halten«. Dummheit und Weisheit sind also zwei Seiten einer Medaille, beide wurden in die Welt entlassen nach dem Sündenfall.

Dumm war es von Adam und Eva, Gottes Verbot zu missachten. Aber erst, als sie den Apfel vom Baum der Erkenntnis gegessen hatten, wussten sie, dass es eine Dummheit gewesen war. Danach war es zwar zu spät, wurden sie aus dem Paradies vertrieben, aber fortan waren sie aus Erfahrung klüger. Denn »um nicht von seiner eigenen Dummheit zerstört zu werden, war der Mensch überhaupt erst genötigt, Intelligenz zu entwicklen«, weiß Boxsel, aber auch: »Je intelligenter der Mensch, desto desaströser die Folgen, wenn er Dummes tut.« Dafür gibt es in der Tat viele Belege. Zu allen Zeiten. Insbesondere aber täglich in den heutigen, weil auf den digitalen Plattformen die Dummheit ihre weltweit allzeit bereit lauernden Fußtruppen gegen die Intelligenz aktivieren kann. Ein Klick genügt.

Menschen, die schreiben und malen und musizieren und tanzen, sind luftige Wesen, die über erdverhafteten Mitbürgern schweben. Das war schon immer so. Dichter und Maler, Musikerinnen und Ballerinen haben dennoch kein Anrecht auf gesellschaftlichen Mehrwert, auf soziales Prestige allein wegen ihres Könnens. Sie sind rein menschlich betrachtet nicht etwa mehr wert als Briefträgerinnen, Vermögensverwalter, Pastorinnen oder Berufsschullehrer. Auf Theater- und Opernbühnen tummeln sich begnadete Schauspieler und göttliche Sopranistinnen, die vielleicht im richtigen Leben bereits bei der Fünfzig-Euro-Frage von Günther Jauch scheitern würden. Was sie besser können als alle anderen, hat nichts zu tun mit ihrer Intelligenz oder ihrem Intelligenzquotienten und erst recht nichts mit Klugheit oder gar Bildung. Und zwar unabhängig von ihrem Alter, dem tatsächlichen, nicht dem gefühlten. Einer der jungen analogen Sprachzauberer des digitalen Zeitalters ist Joel Dicker. Der 32-jährige Schweizer wurde über Nacht berühmt mit seinem Roman *Die Wahrheit über den Fall Harry Quebert*. Eine lebenspralle Geschichte in der Tradition von Alexandre Dumas oder Scott Fitzgerald, aber aufbereitet mit allen, wirklich allen Gewürzen der Neuzeit:

Auf dem Grundstück eines prominenten amerikanischen Schriftstellers wird die Leiche eines vor vielen Jahren verschwundenen jungen Mädchens entdeckt. Daneben verpackt gut erhalten das Originalmanuskript jenes Erstlings, mit dem der damalige Universitätsprofessor berühmt geworden ist. Hat er das hochgelobte Meisterwerk womöglich gar nicht selbst geschrieben? Er wird verhaftet und wegen Mordes angeklagt. Nur einer hält zu ihm, ein Schriftsteller auf der Suche nach einem guten Stoff für sein neues Buch, und begibt sich auf die Suche nach der Wahrheit. Der literarische Krimi auf sage und schreibe 736 Seiten wurde in dreißig Sprachen übersetzt. Ein Weltbestseller.

In seinem nächsten Roman, *Die Geschichte der Baltimores*, spielt Joel Dicker, der erneut in die Rolle eines Schriftstellers geschlüpft ist, den er durch seine Eigenarten verdichtete, mit den Sorgen der Branche. Mit der Angst vor einer Zukunft, in der nur noch die Alten lesen, und wenn die mal tot sein werden, niemand mehr. Schaut dem zynischen Agenten seines Ich-Erzählers, der so heißt wie jener, der im Fall Quebert die Fäden der Handlung gesponnen hatte, einem typischen Vertreter der neuen Managerklasse von Verlegern, aufs Maul und lässt ihn dem jungen Erfolgsliteraten die finstere Zukunft schildern: »In zwanzig Jahren liest doch kein Mensch mehr. Das ist nun mal so. Die Leute sind nur noch damit beschäftigt, wie blöd auf ihrem Handy rumzuspielen. Wissen Sie, Goldman, das mit den Verlagen ist vorbei. Die Kinder Ihrer Kinder werden Bücher mit derselben Neugier betrachten wie wir die Hieroglyphen der Pharaonen. Großvater, wozu hat man denn Bücher gebraucht? Zum Träumen. Oder um Bäume zu fällen. Ich weiß es nicht mehr. Dann wird es zu spät sein, um aufzuwachen. Die menschliche Dummheit wird ihre kritische Schwelle überschritten haben.«

Eine Maßeinheit für Dummbeutel gibt es nicht. Niemand weiß, wann die kritische Schwelle von normalmenschlicher Einfältigkeit zur rettungslosen Verblödung überschritten sein wird. Intelligenz ist mittels Tests messbar. Das Ergebnis ergibt den Intelligenzquotienten. Eine Größe namens Menschlichkeit, einen Faktor Mensch, gibt es nicht. Laut Verfassung sind vor dem Gesetz alle Menschen gleich, und bei Gott sowieso. Dereinst werden sich deshalb beim Jüngsten Gericht auch Frauke Petry, Til Schweiger, Eugen Drewermann in die Schlange der Wartenden einreihen müssen. Ihre irdischen Follower auf Twitter und Facebook mögen noch so zahlreich gewesen sein, oben zählen sie alle nicht mehr. Dort sind tatsächlich alle Menschen gleich, nicht nur auf dem Papier.

Im Himmel herrscht Gerechtigkeit. Auf Erden bekanntlich selten. Gottes Urteile sind letztinstanzlich, das irdische Rechtsmittel der Revision existiert in der Ewigkeit nicht. An diese Regel soll sich, doch Genaues weiß man nicht, auch der andere Alleinherrscher, der in der Hölle, halten, der seine Verdammten dann hoffentlich dadurch quält, dass sie als Strafe für ihre Sünden Peter Hahne vorlesen und Margot Käßmanns *Bild am Sonntag*-Predigten nachbeten müssen.

Unter Intellektuellen gibt es nicht weniger Kotzbrocken als beispielsweise unter Tenören, die von jenen wiederum als natürlich blöde verleumdet werden, weil Kopfresonanz am Gehirn nage und das hohe C den Verstand schwäche. Ein dämliches Vorurteil, vergleichbar dem über blonde Frauen. Selbstverständlich existieren Blondtussis von geringem Verstand. Aber Beschränkte dieser Art gibt es auch unter Brünetten, Schwarzhaarigen, Rothaarigen. Kluge Blondinen haben längst erkannt, wie schlau es sein kann, sich in der Männerwelt dumm zu stellen. Eine unendliche Geschichte? Ja. Aber zu oft schon erzählt.

Im Folgenden geht es also eher um dumm Gebliebene und um dumm Gemachte, um ausgebildete Blödmacher und um gebildete Klugscheißer. Die agieren zwar in allen Branchen, denn das Geschäft der Verblödung ist seit jeher ein Wachstumsmarkt mit naturgemäß unbegrenzten Möglichkeiten. Dienstleister dieser Art nisten haufenweise in Fernsehanstalten. Das war in den 1950ern nicht anders als im 21. Jahrhundert. Man brauchte damals aber noch nicht so viele, weil es erst einen einzigen Fernsehkanal für alles und jeden gab. Was seitdem über Jahrzehnte hinweg ausgestrahlt dem Volk zum Fraß vorgeworfen wurde, zeitigte zwangsläufig Wirkung. Wer zu viel Fastfood verschlingt, kriegt Blähungen und muss notgedrungen Luft ablassen. Die stinkt. Nicht den Köchen. Was anderen stinkt, ist für sie Ambrosium. Der Duft von Erfolg. Den atmen sie tief ein.

Sichtbare, hörbare, erkennbare Dummheit ist klassen- und zeitlos. Sie ist sichtbar in TV-Kanälen und im Internet. Sie ist hörbar bei Politikern und bei Populisten. Sie ist erkennbar in Texten und in Taten. Es gab sie in den alten Zeiten ebenso, wie es sie in den neuen gibt. Unterschiede waren dem Zeitgeist geschuldet, der technologische Fortschritt bestimmte die Form, doch die Inhalte blieben auf gleich niedrigem Niveau. Um bislang ungestillte Bedürfnisse zu stillen, stürmten mit Beginn des Privatfernsehens RTL und Sat1 die Manege. Hape Kerkeling hat es einmal auf den genial einfachen und einfach genialen Nenner gebracht, wonach das ganze Leben ein Quiz sei. Sowohl im Rückblick als auch im Überblick müssten sich Indizien finden lassen für die Vermutung, dass Dummheit nicht nur angeboren oder anerzogen ist, sondern dass Verblödung mittelbar zur Verrohung führt.

Sich rührend um die im Geiste Schwachen zu kümmern, sie nicht allein dem seit der Einheit aufblühenden Mitteldeutschen Rundfunk zu überlassen, der in seinen Nachmittagsprogrammen vorbildlich war und ist, aber auch im Abendprogramm mit singenden Lemuren Vorbildliches angerichtet hat, ist mehr als dreißig Jahre nach dem Start des Privatfernsehens die Raison d'Être, die Daseinsberechtigung von RTL 2 und Kabel 1. Ohne ihr rührendes soziales Verantwortungsbewusstsein unter dem Motto »Lasset die Tumben zu uns kommen« würden noch mehr Dummbeutel streunend die Straßen unsicher machen, statt auf dem Sofa liegend fernzuglotzen, wo sie zumindest keinen Schaden anrichten können. Serien wie *Hilf mir! Jung, pleite, verzweifelt* sind punktgenau auf die Kernzielgruppe und deren Probleme hingeschustert und lassen daran schon im Titel keinen Zweifel aufkommen: *Ich liebe meinen Lehrer* oder *Alles für die Brüste* oder *Wenn die Schwiegermutter klingelt* oder *Der Terror-Teenie*.

Im Sommer 2016 gab RTL bekannt, man werde in Zukunft die Machart der beliebten Unterschichtssendung *Schwiegertochter gesucht* insofern verändern, als Kandidaten mit geistiger

Beeinträchtigung nicht mehr teilnehmen dürfen. Eine sich anbietende Ausdehnung dieser Regel auch auf die Moderatorinnen und Moderatoren allerdings ist nicht vorgesehen.

Die öffentlich-rechtliche Konkurrenz setzt auf eigene Formate, aber inhaltlich gleichfalls auf das bewährte Niveau plusminus Null und baut sogenannte Boulevardmagazine wie *Leute heute* oder *Hallo Deutschland* oder *Brisant* ins Programm ein. Versendet wird in denen, was auf internationalen Seichtgebieten passiert, gern auch Abgründiges, das auf nationalen Hintertreppen spielt. Mit dem diskreten Charme des Boulevards, Gossip mit Glamour, hat das nichts gemein. Auf Prachtstraßen lustwandeln Flaneure, für Gassenhauer ist der Auftritt dort verboten.

Für Plattmacher der Knallpresse, die eigennützig seit Jahrzehnten Wesentliches zur Verblödung beiträgt, gilt das Gleiche: Sie wissen, was sie tun und was sie damit anrichten. Deren sogenannte Redakteure geben vor, noch dümmer zu sein als ihre Leser. Was unvorstellbar ist, aber Woche um Woche in Millionenauflagen nachweisbar. Ohne die sonntägliche intelligente Boulevard-Kolumne »Herzblatt« der *Frankfurter Allgemeinen Sonntagszeitung*, in der guten alten (Zeitungs-)Zeit erfunden von Peter Lückemeier, inzwischen formidabel gefüllt von Jörg Thomann, hätten gebildete Stände nie von einem Leben jenseits gültiger Geschmacksgrenzen erfahren. Ganz egal, wie tief die Messlatte des Verstandes gelegt wird – die in den wöchentlichen »Herzblatt«-Chronicles vorgeführten Haupt- und Nebendarsteller schaffen es immer wieder, aufrecht unter ihr durchzulaufen.

Eine weitere Binse aus der Abteilung Volksmund lautet nicht von ungefähr, sondern von daher: »Dumm zu sein bedarf es wenig.« Tatsächlich dumm aber wäre es, Unterhaltendes in arroganter Überheblichkeit denen zu überlassen, die

230

keine Hemmungen haben, aus wohlig duftendem Ackerland übel riechende Sumpflandschaften zu machen. Bei der Ursachenforschung ist Polemik von oben herab nicht hilfreich, so verlockend sie auch sein mag. Es geziemt sich, getreu der Thesen von Mijnheer Boxsel, stattdessen von der eigenen Dummheit auszugehen. Selbstverständlich nur in Bezug auf die zu analysierende Masse, denn immerhin sind wir aus früh gewonnener Erfahrung klüger. Das Leitmotiv der *Sesamstraße*, »Wieso? Weshalb? Warum? Wer nicht fragt, bleibt dumm«, singen wir noch immer bei jeder unpassenden Gelegenheit.

Fragen also in diesem Sinne: Sind die Spießbolde von Pegida, die Spießgesellen der Reichsbürger, die Spießbürger der AfD verblendet, verblödet oder schon so verroht wie die grölenden Kameradschaften der NPD? Führt Verdummung automatisch zur Verrohung? Endet Hirnleere automatisch in Hass? Sind Sprechchöre nach der Melodie »Und willst du nicht mein Bruder sein, so schlag ich dir den Schädel ein« immer öfter ernst gemeint? Machen wir von der Lügenpresse es uns zu einfach, wenn wir die Erfolge der Alternative für Deutschland selber mit schrecklichen Vereinfachungen kontern? Ist Björn Höcke beim Versuch, sich aus der Enge seiner Gedanken zu befreien, auf den Kopf gefallen? Gab es früher schon ebenso viele Blöde im Volk wie heute, oder fielen die nur deshalb nicht auf, weil sie unter sich blieben? Weil sie noch keine eigene Partei gegründet und noch keine eigenen Sender hatten? Liegt seit der Vertreibung aus dem Paradies Dummheit gottgewollt in der Natur des Menschen? Sind also Adam und Eva an allem globalen Übel und allen nationalen Übeln schuld?

Bequem wäre es jetzt, auf der Suche nach kompatiblen Antworten abzuheben in Wolkiges, wohin der gemeine Feld-, Wald- und Wiesen-Dummy nicht wird folgen können.

231

Im Himmel und auf Erden gab es zwar stets mehr Dinge, als wir uns träumen ließen, doch von überirdischen Himmelsmächten wie Liebe & Co. und durch sie sporadisch ausgelöste Verblödung auf Zeit wird erst in Kapitel 9 erzählt. Noch geht es um Irdisches. Es wird sich hier jedoch kaum vermeiden lassen, bei den Ermittlungen auch Unterirdisches zu beschreiben.

Für den Verdacht, dass sich Verblödung parallel zum steigenden Fernsehkonsum der Deutschen entwickelt hat, gibt es handfeste Belege. Ihr Anstieg zeigt sich wie bei kommunizierenden Röhren in Quoten des ausgestrahlten Volksvergnügens. Unstrittig ist, dass bereits vor dem Start des Privatfernsehen 1984 von öffentlich-rechtlichen Sendern, erst von der ARD, dann ab 1963 unterstützt vom ZDF, hausgebacken Spießiges versendet wurde. Laut Staatsvertrag, in dem von einer Pflicht für Quote keine Rede ist, besaßen sie das Monopol auf Information und Unterhaltung. Geld für Produktionen war dank der hoheitlich verordneten Volksfürsorge namens Rundfunkgebühr reichlich vorhanden.

Die daraus gewonnenen Unterhaltungsformate blieben jedoch zumeist öde Bastarde ohne auch nur eines Gedankens Blässe. Selbst das wäre nicht weiter auffällig gewesen und außer böswilligen Kritikern keinem weiter aufgefallen. Um die Bedürfnisse der Zuschauer nach einem Hauch von großer weiter Welt zu befriedigen, reichten eine Showtreppe, leicht bekleidete Ballettgirls, ein paar Schlagerfuzzis und Ansager der Marke Dieter Thomas Heck.

Leichtes anspruchsvoll zu präsentieren war und ist grundsätzlich schwerer, als Anspruchsvolles zu versenden. Beste Unterhaltung braucht kreativen Mut der Besten. Unterhaltende Operetten, wie einst in Berlin aufgeführt, sind große Kunst. Einzigartige Könner, die große Kleinkunst perfekt beherrschten, Könige des Boulevards, waren von den dann herrschenden Horden ermordet oder aus dem Land gejagt worden – Richard Tauber, Marlene Dietrich, die Comedian Harmonists, Friedrich Hollaender, Fritzi Massary, Billy Wilder, Douglas Sirk, Max Ophüls und und und. Ein Kulturbruch mit weitreichenden Folgen über deren Tod hinaus. Oder wie es der amerikanische Filmstar Robin Williams, mittlerweile Mitglied im Klub der toten Komödianten, einst einem deutschen Journalisten erklärte: »You killed all the funny people« – ihr habt alle witzigen Leute getötet.

Die systematische Verrohung der Nation, als staatliches Erziehungsprogramm betrieben im sogenannten Tausendjährigen Reich, zeugte Zerstörung, Krieg, Völkermord. Es ist insofern sogar verständlich, dass die übrig gebliebenen Deutschen nach der Befreiung ihr Heil im Eskapismus suchten, egal wie banal, wie flach sich der äußerte. So verdrängten sie mit der Sehnsucht nach einer heilen Welt gleichzeitig die Schande, begeistert »Heil« gebrüllt zu haben. Sie waren zur Barbarei nicht gezwungen worden, sie hatten sie sich gewählt. Die wenigen, die Widerstand leisteten, wurden hingerichtet. Die Mehrheit der Soldaten tötete voller Überzeugung, erfüllte mordend Pflicht und Kür zugleich und schickte davon Fotos an die Lieben nach Hause.

Entertainment galt als nicht gesellschaftsfähig, selbst dann nicht, wenn sich die besseren Kreise gar köstlich amüsiert hatten. Shakespeare war ein genialer, volksnaher, volkstümlicher Verzauberer. Der beste, den es je gab. Sein Publikum fühlte sich glänzend unterhalten durch ihn. Egal, ob im Globe Theatre das blutige Drama *Macbeth* aufgeführt wurde oder ein romantischer *Sommernachtstraum* oder *Viel Lärm um nichts* oder *Was ihr wollt*. Bei keinem anderen Dichter starb es sich auf der Bühne unterhaltsamer. Gilt bis heute. Shakespeares Morde sind einfach die besten. Deshalb ist William der Große mehr als vierhundert Jahre nach seinem Tod weiterhin jung und unsterblich und der meistgespielte Autor im Sinne von *Bang for the Buck*, wonach beste Unterhaltung den meisten Wert liefert fürs Geld. Dafür muss sich niemand schämen.

In den 50er- und 60er- und 70er-Jahren der Bundesrepublik beliebte Grüßauguste der Nation wünschten zu Beginn ihrer Sendungen zwar ebenfalls beste Unterhaltung, was sich für die Zuschauer mangels einschaltbarer Alternativen auch erfüllte. Aber es blieb halt im beschränkten Rahmen der Möglichkeiten. Solange es nur zwei Fernsehprogramme gab, saßen Familien vor elektronischen Lagerfeuern mit Lou van Burg oder Vico Torriani oder Caterina Valente oder Vivi Bach und Dietmar Schönherr, bei Robert Lembke oder Hans Rosenthal oder Wim Thoelke oder Hans-Joachim Kulenkampff. Alles Namen, die außer den Alten niemand mehr kennt. Heutige Stars dürfte schon in zwanzig Jahren allerdings auch niemand mehr kennen.

Shows und Ratespiele und Moderatoren sollten *am laufenden Band dalli dalli* und *auf los geht's los* nicht nur bloß unterhaltend, sondern gefälligst auch mit der herrschenden Moral kompatibel sein. Als Burgs außereheliches Liebesleben öffentlich wurde, entsorgte ihn das ZDF und überließ sein Ratespielchen *Der Goldene Schuß* fortan dem Schweizer Schlagersänger Vico Torriani.

Andererseits musste sich die Moral der Herrschenden aber auch dem gewandelten Zeitgeist anpassen. Als in der *Wünsch Dir was*-Show die transparente nasse Bluse einer jugendlichen Kandidatin bislang Unerhörtes sichtbar machte, brüllte zwar kurzfristig noch das sogenannte gesunde Volksempfinden auf. Fand jedoch kein politisches Echo mehr wie noch Mitte der

60er-Jahre, als unter dem Slogan »Saubere Leinwand« gegen jene Kunst im Kino polemisiert wurde, die über den Horizont katholischer und christdemokratischer Sittenwächter hinausging: »Wir Bürger der Stadt xy wollen sittlich saubere und moralisch vertretbare Filme. Wir verwahren uns dagegen, dass unter dem Deckmantel einer Kunst mit Unmoral Geschäfte gemacht werden.« Die Mehrheit des Volkes empfand Nippelgate eh nicht als Skandal, sondern als Höhepunkt der Show.

Der frische Zeitgeist wehte sogar im CDU-nahen Staatssender ZDF. Als die private Konkurrenz auf Sendung ging – così fan *tutti frutti* –, stieg in allen Anstalten bei sinkendem Niveau der Bedarf an cleveren Profis, die sich als Gleichgesinnte unter den Dummen bewegten wie einst Maos Fische im Wasser. Sie wurden nicht aufgrund großartiger Ideen, sondern nach hohen Quoten beurteilt. »Je niedriger der Anspruch, desto höher die Zahlen«, lautete in geschlossenen Anstalten die Formel für erfolgreiche Fernsehunterhaltung. Um Neues vorzugaukeln, wurde Bewährtes in immer neuen Farben und immer bunteren Formen gestrickt, aber es blieb zumeist bei den alten Mustern.

Als über Nacht passierte, womit niemand mehr gerechnet hatte, nämlich dass die Mauer fiel, wuchs beispielhaft in Carmen Nebel zusammen, was zusammengehörte. Brüder und Schwestern aus dem bisher fernen Osten Sachsen, Sachsen-Anhalt, Thüringen, Mecklenburg-Vorpommern und Brandenburg wurden in den 90er-Jahren nicht nur von jenen Typen betrogen, die man im Westen längst aus der Sendung *Nepper, Schlepper, Bauernfänger* kannte, von schamlosen Volksvertretern, schmierigen Versicherungsagenten, zweitklassigen Managern, dreisten Bankern und zwielichtigen Maklern. Sondern dazu auf gleichem Niveau, wenngleich geschickter getarnt, auch von den Programmmachern des Trivialfernsehens attackiert. Automatisch vergrößerte sich mit der Wiedervereinigung die Zielgruppe. Logisch. Statt 63 Millionen Deutsche gab es quasi über Nacht von denen plötzlich rund 80 Millionen. Und in einer Zeit, als das digitale Zeitalter noch in klobigen Rechnern schlief, als E-Mails noch als elektronische Post bestaunt wurden, die nur bei wenigen ausgewählten Adressen ankam, hatten die neuen Bundesbürger nach vierzig Jahren des ihnen verordneten TV-Einheitsprogramms plötzlich freie Wahl unter allen Kanälen. Höhepunkt des Vergnügens in der DDR einst war *Ein Kessel Buntes*, den es bis heute als Relikt aus deren alten nicht gar so guten Zeiten noch immer gibt. In dem köchelte einheimische Kost, gelegentlich gewürzt durch Gastspiele von Westimporten, die wiederum hüben außer bei der Eröffnung von regionalen Baumärkten und Autohäusern ihre Zukunft schon hinter sich hatten.

Spießig Volkstümelndes wie im Westen liebten auch die im Osten immer schon, darin bestand die unteilbare Sehsucht der geteilten Nation. Das lag in ihren Genen. Hier sang Heino, dort Frank Schöbel. Hier erstrahlte Volkes wahrer Himmel im *Blauen Bock* oder in der *Schwarzwaldklinik*, dort auf *Schusters Rappen* oder bei *Lutz und Liebe*. Heile Heimat hier, heile Heimat dort. Die beliebten Sketche unter dem Titel *Ein Bums wirkt manchmal Wunder* galten im Osten nicht als saudumm, sondern als saukomisch.

Abweichende Ansichten zu vorgeschriebenen Meinungen waren nicht erlaubt. Ebenso wenig durften sich Künstler von leichten Musen küssen lassen, deren Linientreue als fragwürdig galt. Wer gegen die staatliche Doktrin, wonach die Partei, die Partei immer recht habe, ansang und anspielte und anschrieb, flog aus dem Programm oder ins Kuckucksnest der

Psychiatrie nach Waldheim. Falls Glück im miesen Spiel war wie bei der SED-Kulturbanausenkampagne gegen Wolf Biermann, wenigstens raus aus der DDR. Einzelne Songtexte, insbesondere die der üblichen Verdächtigen wie City, Silly, Karat, Puhdys, mussten sogar persönlich von Mitgliedern des Politbüros abgesegnet werden, bevor die Plattenfirma Amiga ins Tonstudio bitten durfte. Staatlich gefördert dagegen wurden preiswerte Volksvergnügungen wie jene, sich in der Jugend Blüte für den Sieg des Sozialismus zu paaren – Herbst und Winter – oder in FKK-Ferienlagern nackt zu tollen – Frühling und Sommer.

Die klassenfeindlichen Westsender ARD und ZDF waren wegen unsichtbarer und für Genosse Stasi nicht zu kontrollierender grenzüberschreitender Wellen im Laufe der Jahre zwar fast überall in Dunkeldeutschland zu empfangen, weshalb der *Schwarze Kanal* des prominenten Hetzers Karl-Eduard von Schnitzler gegen die unabhängig enthüllenden Politmagazine der ARD keine Chance hatte. Seine Propagandalügen wurden als sozialistische Realsatire verlacht. RTL und Sat 1 dagegen ließen sich bis zur Grenzöffnung nur in grenznahen Regionen einschalten.

Im sogenannten »Tal der Ahnungslosen« in und um Dresden herum weder die einen noch die anderen, was eine Erklärung für die hörbare und sichtbare, geradezu beispielhafte Dummheit von Pegida-Anhängern sein könnte, die dem Ruf Dresdens schaden. Es ist schade, dass manche gute Idee nie verwirklicht werden kann. Denn allein die Vorstellung, Elbflorenz würde fremdenfeindliche Störenfriede entweder wegen Rufmords anklagen oder per Oneway-Ticket zu Wladimir Putin schicken, den sie so verehren, hat für ein paar Momente etwas Befreiendes. Dass die scharfschüssige AfD-Grenzschützerin Frauke Petry in Dresden geboren wurde,

237

passt dabei wie die Faust der Rechten aufs Auge der Aufrechten. In der Nussschale Dresden lässt sich beispielhaft besichtigen, wie Verblödung zu Verrohung und Hirnleere zu Hass werden. Wie sich der gesamte Dreck innerhalb von wenigen Minuten im Netz verbreiten lässt. Dass gedanklich Beschränkte alles glauben, was ihnen vorgekaut wird, ist dabei die geringste Überraschung.

Aber Dresden liegt auf diesem Niveau mitten in Deutschland. Da habe der Patriotismus stets die »aggressive Form« gewählt, schrieb der liberale deutsche Politiker jüdischen Glaubens Walther Rathenau 1921, »die Liebe zum Heimischen kleidete sich in den Hass gegen Fremdes«. Ein Jahr später wurde er auf der Fahrt ins Auswärtige Amt von rechtsradikalen Akademikern erschossen. Der Außenminister hatte an jenem Samstagmorgen auf Polizeischutz verzichtet.

Seit die Parolen der Rechtspopulisten bundesweit erschallten, seit der Pöbel überall zu prügeln begann, war geistige Verarmung zwar nach wie vor dem völkischen Sachsen, wo laut einer Umfrage vom Herbst 2016 58 Prozent der Befragten ihr Land für »überfremdet« hielten, aber nicht mehr verallgemeinernd dem gesamten Osten anzukreiden. Die Pauschalverdächtigung, Ossis seien verbiestert spießbürgerlich statt tolerant gutbürgerlich und brauchten, wie der Islam, noch hundert Jahre Aufklärung, um frei denkend handeln zu können, ist unsinnig und beruht auf westlicher Arroganz. Eine Schwester der Dummheit. Es scheint als Folge jahrzehntelang versendeter und gedruckter Blödmacherei auf beiden Seiten seit der Einheit zusammen verroht, was zusammengehört.

Eine verführbare Deutschmasse lässt sich durch stichhaltige Argumente nicht von ihrem rechten Weg abbringen. Ihr Hass auf »die da oben« ist stärker. Sobald Dummheit in der Gestalt marschierenden Volkes auftritt, sobald die Dummen mobil machen, sobald bisher regional begrenzte Dummheit kippt in Richtung nationale Mobilmachung, muss allerdings die Zivilgesellschaft zu den Waffen greifen. Denen des Rechtsstaats. Die Zähmung der Widerlichen nur der Polizei zu überlassen ist feige. Die Mutter Courage aller Schlachten heißt Zivilcourage.

An die alltägliche Verblödung haben sich die achselzuckend gewöhnt, die bereits den Schritt auf die nächste Ebene der Evolution selbstbestimmt vollzogen hatten. Linke Liberale. Konservative Liberale. Christdemokratische Aufrechte. Die demokratische Mitte. Die Säulen der Zivilgesellschaft. Die radikalen Verfechter des Rechtsstaats. Das aufgeklärte Bürgertum. Die kampfbereiten Arbeiter. Sie schalteten ab oder hörten weg, um sich die Dummen fernzuhalten von Leib und Seele. Deren Helden und Heldinnen, Shows und Spiele schauten Bildungsbürger mitunter zwar auch, aber selbstverständlich, wie sie erklärten, falls sie dabei erwischt wurden, nur geleitet von höheren Interessen. Man müsse schließlich wissen, was das Volk so treibt, wenn es unter sich ist, weil es der Fortbildung unter uns diene, der Wahrheitsfindung.

Brot und Spiele für Unterschichten waren in uralten guten Zeiten der Quotenbringer aller Kaiser von Rom. Im Circus Maximus, einem Vorläufer der RTL-Studios, durfte das Volk abstimmen über den Superstar des Römischen Reiches so wie heute das Volk über den des vereinten Deutschland. Nur die Technik war eine andere. Daumen runter damals, Daumen hoch heute. Wesentliches hat sich nicht geändert, nur manche Inhalte und die Gestalt der Protagonisten. Statt wie einst nach Niederlagen im Wettkampf die Tagesmenüs der Löwen zu bereichern, werden versagende Kandidaten der Castingshows von Heidi Klum oder Dieter Bohlen heute psychisch zerfleischt. Aber sie überleben. Auf diesem weiten Feld des Volksvergnügens hat sich die Menschheit in den vergangenen zweitausend Jahren zum Besseren entwickelt.

Weil Wölfe in Schafspelzen grummelnden Stimmungen eine Stimme verleihen, glauben sich heutzutage ihre Anhänger im allein seligmachenden Besitz von Wahrheiten und fordern lautstark den Aufstand der Deutschen gegen Andersdenkende. Beschimpfen oder verprügeln, aufgestachelt von ihren beliebten Hetzern, all jene, die anders aussehen als sie, anders leben als sie, in Moscheen beten statt in Kirchen, aber sich berufen können auf die für alle geltende Verfassung: »Die Würde des Menschen ist unantastbar. Sie zu achten und zu schützen ist Verpflichtung aller staatlichen Gewalt.« Auch die Würde derer, die nicht einen deutschen Pass oder zumindest einen deutschen Schäferhund besitzen.

Die einzige legitime Gewalt gegen Völkisches geht vom Volk aus. Sobald Pöbel seinen verbalen Hass umsetzt in Handlung – Brandstiftung in Flüchtlingsheimen, Prügel für Journalisten, Mordaufrufe gegen Politiker –, muss die Staatsgewalt tatkräftig eingreifen. Eine der wesentlichen Lehren aus schlimmen alten Zeiten lautet, allen möglichen Anfängen per Erstschlag zu wehren. Als nach den Volksreden der Hassprediger Goebbels und Hitler die kruden Thesen von jüdischer Weltverschwörung und bedrohter deutscher Herrenrasse mehrheitsfähig wurden und sich die dummen Kälber 1933 ihren Schlächtern in freier Wahl hingegeben hatten, war es für Widerstand zu spät. Allgemeine Verdummung erzeugte gemeingefährliche Verrohung. Getragen unten auf den Straßen vom verrohten SA-Pack, dessen Nachfahren heute in Pegida-Horden auftreten. Umgesetzt oben am Schreibtisch als »Endlösung« von gebildeten Staatsbürgern in SS-Uniform. Was beiden fehlte, Moral und Empathie, machte sie gemeinsam stark. Als erste Amtshandlung ermordeten die Nazis die Pressefreiheit, geduldet wurde für die nächsten zwölf Jahre nur die von ihnen kontrollierte staatliche Lügenpresse.

Anständige Deutsche, die sich gegen Mörder und Schreibtischtäter wehrten im Namen von Johann Wolfgang von Goethe, Friedrich Schiller, Heinrich Heine oder auch des angeblich unsterblichen Vaterlands wie die Konservativen vom 20. Juli 1944 oder wie die Mitglieder der Bekennenden Kirche und die Zeugen Jehovas im Namen Gottes, des Allmächtigen, wurden vom Volksgerichtshof, an dem niemals Recht gesprochen wurde, im »Namen des deutschen Volkes« zum Tode verurteilt und standrechtlich erschossen oder an Metzgerhaken aufgehängt.

Weil Volksvertreter aus dieser Erfahrung klug geworden sind, ist Paragraf 130 des Strafgesetzbuchs eine der Säulen, die den Rechtsstaat Bundesrepublik tragen und vor den aus Dummheit wachsenden Gegnern der Freiheit schützen. Formuliert und beschlossen, um wann auch immer und wo auch immer und gegen wen auch immer rechtzeitig den Rattenfängern die Ratten abspenstig zu machen. Über Bürgerrechte wachende Justiz ist die einzig legitime Bürgerwehr. Mit dem, was im Paragraf 130 steht und denen als Konsequenz angedroht wird, die andere bedrohen, macht sich die Demokratie wehrhaft und kann so bewaffnet dann urteilen im Namen des Rechts. Selbst Dummheit schützt vor Strafe nicht. Wer eine schwere Kindheit hatte, nichts gelernt hat und deshalb arbeitslos ist, nie eine Frau fürs Leben oder wenigstens mal für eine Nacht gefunden hat, hat dennoch keinen Anspruch auf mildernde Umstände, denn so steht es im Paragraf geschrieben:

(1) Wer in einer Weise, die geeignet ist, den öffentlichen Frieden zu stören,

1. gegen eine nationale, rassische, religiöse oder durch ihre ethnische Herkunft bestimmte Gruppe, gegen Teile der Bevölkerung oder gegen einen Einzelnen wegen seiner Zugehörigkeit zu einer vorbezeichneten Gruppe oder zu einem Teil der Bevölkerung zum Hass aufstachelt, zu Gewalt- oder Willkürmaßnahmen auffordert oder

2. die Menschenwürde anderer dadurch angreift, dass er eine vorbezeichnete Gruppe, Teile der Bevölkerung oder einen Einzelnen wegen seiner Zugehörigkeit zu einer vorbezeichneten Gruppe oder zu einem Teil der Bevölkerung beschimpft, böswillig verächtlich macht oder verleumdet, wird mit Freiheitsstrafe von drei Monaten bis zu fünf Jahren bestraft.

(2) Mit Freiheitsstrafe bis zu drei Jahren oder mit Geldstrafe wird bestraft, wer

1. eine Schrift (§11 Absatz 3) verbreitet oder der Öffentlichkeit zugänglich macht oder einer Person unter achtzehn Jahren eine Schrift (§11 Absatz 3) anbietet, überlässt oder zugänglich macht, die

a) zum Hass gegen eine in Absatz 1 Nummer 1 bezeichnete Gruppe, gegen Teile der Bevölkerung oder gegen einen Einzelnen wegen seiner Zugehörigkeit zu einer… Gruppe oder zu einem Teil der Bevölkerung aufstachelt,

b) zu Gewalt- oder Willkürmaßnahmen gegen in Buchstabe a genannte Personen oder Personenmehrheiten auffordert oder

c) die Menschenwürde von in Buchstabe a genannten Personen oder Personenmehrheiten dadurch angreift, dass diese beschimpft, böswillig verächtlich gemacht oder verleumdet werden.

Darauf basierend leitete die Staatsanwaltschaft Dresden Anfang 2016 gegen die nationale Frontkämpferin Tatjana Festerling Ermittlungen ein. Selbst der Alternative für Deutschland, als deren Kandidatin sie 2015 bei den Oberbürgermeisterwahlen an der Elbe noch 9,6 Prozent der Wählerstimmen der Blöden eingesammelt hatte, war sie zu weit nach rechts gerückt, und das will angesichts der üblichen üblen AfD-Parolen der Denkungsart von Höcke und Storch nun wirklich etwas heißen! Bevor die Frau, die aus dem Westen stammt, ausgeschlossen wurde, trat sie aus und mit widerwärtigen Reden bei Pegida auf. Sprachlich zwar unterirdisch, inhaltlich aber noch weiter darunter: »Wenn die Mehrheit der Bürger noch klar bei Verstand ist, dann würde sie zu Mistgabeln greifen und diese volksverratenden, volksverhetzenden Eliten aus den Parlamenten, aus den Gerichten, aus den Kirchen und aus den Pressehäusern jagen.«

Höhepunkt ihrer sogenannten Karriere als Journalistin, was Tausende von anständigen Vertretern dieses Berufes beleidigt, war die Position der Pressesprecherin bei einer privaten norddeutschen Eisenbahngesellschaft. Dort möchte man an das Schandmaul, das unanständigen Menschen die Gewissheit gibt, es sei okay, eine rassistische Dummtussi zu sein, ebenso wenig erinnert werden wie die Freie und Hansestadt Hamburg an ihre Schande, als gerade die Bürger, die in den besseren Vierteln der Stadt zu Hause waren, einen völkischen Psychopathen namens Ronald Schill wählten und Ole von Beust, dem dies heute hochnotpeinlich ist, ihn zum Innensenator machte.

Die Berliner Republik ist, und das ist endlich mal eine gute

Nachricht, nicht vergleichbar mit der von Weimar. Schon damals hätte es genügend Demokraten gegeben, um gemeinsam handelnd die Machtergreifung der Volksverführer zu verhindern, aber sie waren untereinander zerstritten, wehrten sich nicht, und als sie dann endlich begriffen, wohin das führte – Holocaust, Völkermord, Krieg –, saßen sie im KZ oder im Zuchthaus. »Ein Land ist nicht nur das, was es tut – es ist auch das, was es verträgt, was es duldet«, schrieb Kurt Tucholsky 1934 an Arnold Zweig, der das Land, um sein Leben zu retten, verlassen musste, nachdem seine Bücher verbrannt worden waren.

Heute wehren sich, pathetisch ausgedrückt, rechtzeitig die Anständigen gegen die Unanständigen. Vertreter der vierten Gewalt oder, besser: der vierten Säule der Demokratie, in Zeitungen, Zeitschriften, Rundfunkanstalten und Fernsehsendern, stehen ihnen zur Seite. Gegen moralfreie Polithooligans braucht es die moralische Haltung der Medien ebenso wie den Widerstand der Zivilgesellschaft. Die ging in die Gegenoffensive. Im Westen trauten sich Rohlinge nachts nicht mehr auf die Straßen, auch unter den nicht mehr Schweigenden in Ost und West ist zusammengewachsen, was zusammengehört. Straßen und Plätze sind Räume der Demokratie, und die überlassen Westler wie Ostler nicht deren Feinden.

Unmoralische Brandstifter, die sich als christlich-abendländische Biedermänner tarnen, gehören in Bürgerbräukeller. In denen fand einst Hitler schon seine Kälber. Björn Höcke oder Frauke Petry, Alexander Gauland oder Beatrice von Storch passen dorthin. Auch sie haben selbstverständlich ein Recht auf freie Meinungen, wie verbohrt und abstoßend die auch sein mögen, aber kein Zugriffsrecht auf die Farben der wahren Patrioten, auf Schwarz-Rot-Gold. Sie schänden immer dann die Nationalflagge, wenn sie sich auf sie berufen und sich hinter ihr versammeln, »Lügenpresse« schreien und frei gewählte Volksvertreter an den Galgen wünschen. Dass »Lügenpresse« ein Begriff der Nazis für eine ihnen nicht genehme freie Presse war, schert sie nicht. Getreu diesem Ungeist lügen sie sich die Wirklichkeit so lange zurecht, bis die in ihr rechtes Weltbild passt.

Die einst abstrakte Masse der Dummen ist in digitalen Zeiten zu einer berechenbaren Größe gewachsen, mitunter sogar bis hinters Komma in Einschaltquoten und bei Wahlen messbar: 6,4 Millionen Zuschauer beim *Dschungelcamp* oder zweistellige Ergebnisse der Alternative für Deutschland bei den Landtagswahlen in Baden-Württemberg mit 15,1 Prozent, in Rheinland-Pfalz mit 12,0 Prozent und in Sachsen-Anhalt mit 24,2 Prozent. Die einen sind schlicht blöde, ihre Helden heißen Mario Barth oder Cindy von Marzahn. Man möchte sie nicht kennenlernen, denn worüber wollte man mit ihnen reden? Sie sind jedoch ungefährlich. Führende Gemütsnazis dagegen, Männer zwischen fünfzig und sechzig zumeist, wissen, was sie anrichten mit dem, was sie tun: So lange volksaufhetzend eine Pogromstimmung erzeugen, bis auch die eigentlich ungefährlichen Dummen marschieren.

Vor der Wiedervereinigung im Jahr 1990 schien der rechte Sumpf in Deutschland ausgetrocknet. Es gab sie zwar noch, die Ewiggestrigen, die Unverbesserlichen, aber sie trauten sich nicht mehr in Kohorten vors Haus. Blieben in ihren Höhlen, hakten bei Bundestagswahlen ihr Kreuz bei den Republikanern, bei NPD oder DVU, aber deren Ergebnisse waren stets unter der Sperrklausel von fünf Prozent, die eine Partei für den Einzug in den Bundestag benötigt, und fielen deshalb nicht weiter ins Gewicht. Im Westen ausgemusterte Rechtsradikale zogen nach der Einheit deshalb in den Osten. Nutzten die einmalige historische Chance, dort ihre Stinkmorcheln zu pflanzen, weil ihre Zielgruppe in den neuen Bundesländern deren Mordsgeruch noch nicht kannte.

Die zweite deutsche Diktatur, in der die Deutschen dort vierzig Jahre lang geprägt worden waren, hatten die zwar gerade mutig zur Hölle gejagt. Aber die Euphorie nach dieser unblutigen Revolution, der ersten gelungenen in der Geschichte der Nation, war von der Realität erdrückt worden. Klagelieder erschallten im Jammertal Ost. Schuld an der Misere waren jetzt gemeine Wessis, nicht mehr die einst herrschenden SED-Greise. Die Rechten aus den alten Bundesländern boten sich nicht nur als Klagemauer an, sondern auch als Alternative zu bestehenden Zuständen. Sie befeuerten mit antikapitalistischen, antiamerikanischen und fremdenfeindlichen Parolen die Enttäuschten und die ehemaligen Kader. Auf diese Mischung konnte lange Zeit bei Wahlen auch die PDS beziehungsweise *Die Linke* zählen. Linke und rechte Dummköpfe sind – »les extrêmes se touchent« (Jean de La Bruyère) – kaum zu unterscheiden. Politiker der einen wie der anderen Richtung wissen das genau. Sahra Wagenknecht ist viel zu klug, um nicht zu wissen, in welch trüben Gewässern sie nach Stimmen fischt, wenn sie gegen Merkels Entscheidung der Grenzöffnung für Flüchtlinge im Herbst 2015 wettert, eine kaputtgesparte Polizei beklagt oder gar von einer Mitverantwortung der Kanzlerin spricht nach dem IS-Attentat auf dem Berliner Breitscheidplatz.

Die neue Rechte, die AfD, bemächtigte sich des Internet. Die grenzenlose Freiheit im Netz hatte völkischer Mob schon für sein asoziales Netzwerk benutzt. Unsägliche Beschimpfungen und brutale Drohungen, unbelastet von Rechtschreibung und Grammatik, gehören zur Taktik von Rechtspopulisten und Rechtsradikalen, von Wutbürgern und Psychopathen, von Verschwörungstheoretikern und Mordgesellen

Unter dem Titel »Wir köpfen dich« zitierte das *SZ-Magazin* der *Süddeutschen Zeitung* aus den Hassmails, von denen katholische und evangelische Pfarrer überschwemmt wurden, die mit Wort und Tat den vor den Terrorbanden des IS Geflohenen in gottgefälliger christlicher Nächstenliebe geholfen hatten. Was ihnen rechtsextremes Pack analog antat – Hakenkreuzschmierereien, Molotowcocktails, Reizgas, Stockschläge –, steigerte sich digital zu Morddrohungen via Facebook & Co.: »Wir köpfen dich, du Sau und bieten dich zum Fraß an. …Aufhängen sollte man dich, du Verräter. …Du sollst an deiner eigenen Laterne baumeln, du Judas. …Wag du dich nachts noch einmal alleine vor die Tür, dann wirst du sehen, was passiert. …Wir wollen keinen Terroristenfreund als Pastor. …Warten Sie, bis der Wind sich gedreht hat und wir dran sind, dann werden sie sich wundern.«

Früher wagten sich Hemmungslose nicht aus der Anonymität; fremdenfeindliche Hetze, sexistische Beleidigungen von Frauen, mörderische Drohungen wurden umgehend von den Betroffenen per Strafanzeige beantwortet. Die Unterscheidung von ethischem und unethischem, moralischem und unmoralischem Verhalten war allgemein akzeptierter Standard. So etwas wie einen von rechts inszenierten Shitstorm gab es nicht.

Zwar stellte die Post mitunter auch Umschläge mit Hundescheiße zu, womit Böswillige anonym ihre Meinung ausdrücken wollten, aber es war eben nur ein kleines Stück Scheiße und kein Sturm. Heutzutage toben sich die Rüpel mit ihrer verbalen Scheiße flächendeckend digital aus, und die meisten scheuen sich nicht einmal mehr, dies unter ihrem echten Namen zu tun. Sie fürchten keine Strafanzeige und verlassen sich darauf, dass es den Belästigten lästig ist, die Justiz zu bemühen.

Oder müssen Gewaltfantasien inzwischen als zu bezahlender Preis für virtuelle Freiheit akzeptiert werden? Hat in der Gesellschaft herrschender Mangel an Empathie das gemeine Volk im Netz ermutigt? Muss man, wenn man nach den Ursachen sucht, vor der eigenen Haustür kehren? Google ist »der Multiplikator der Scham«, wie die *Neue Zürcher Zeitung* schrieb, weil alle, die einmal Opfer eines Shitstorms wurden, für immer auf Google Search zu finden sind. Sind die Menschenschinder Klum und Bohlen mitschuldig an der Verrohung der Sitten? Imitieren deren Fans das sichtbare Verhalten ihrer Idole in ihrer kleinen Welt? Fäkalsprache. Beleidigungen. Sexismus. Demütigung gehört zwar nur zum versendeten Spiel, aber vielleicht fühlen sich dadurch auch die am Ende der intellektuellen Nahrungskette ermutigt, die Sau rauszulassen. Weil sie im realen Leben als arme Schweine verachtet werden? Ist obszönes Verhalten alltäglich geworden?

Solange Polizei und Justiz sich Respekt verschaffen bei denen, die sich einen Dreck um Recht und Ordnung scheren, egal zu welcher Rasse, zu welcher Religion, zu welcher Nation sie gehören, hat der Staat noch immer das letzte Wort. Und alle, die dessen Gewaltmonopol missachten, ganz egal, ob sie Plakate hochhalten, auf denen Politiker am Galgen baumeln, oder ob sie wie an Silvester 2015 in Köln oder Hamburg Frauen begrabschen, beschimpfen, gar vergewaltigen, müssen im Rahmen der Gesetze so hart bestraft werden, dass potenzielle Nachahmer nachhaltig abgeschreckt werden. Das wirkt selbst bei denen, die dumm geboren sind und seitdem nichts dazu gelernt haben.

Eher unappetitlich ist es, wenn sich im Bürgertum geschätzte Groß- als Vordenker für eine nationale Bewegung verdächtig machen. In den guten alten Zeiten wären ihre

Rufe verhallt. Doch nachdem als Reaktion auf rund eine Million Flüchtlinge im Jahr 2015 die Alternative für Deutschland zweistellige Wahlergebnisse einfuhr, fühlten sie sich berufen, Volkes dumpfen Stimmungen ihre intellektuellen Stimmen zu leihen: Rüdiger Safranski, Peter Sloterdijk, Botho Strauß, Reinhard Jirgl oder der Karlsruher Lokalphilosoph Marc Jongen, der sich in der AfD bereits bis zum stellvertretenden Landesvorsitzenden in Baden-Württemberg hochgeschwurbelt hatte. Sie fühlten sich berufen, oder waren sie nur beleidigt, weil keiner sie gerufen hatte in den Debatten, die seit dem Welcome-Sommer 2015 die Nation bestimmten? Waren ihre Einlassungen nur Ausdruck verletzter Eitelkeiten?

Artikel 5 des Grundgesetzes, das Recht auf Meinungsfreiheit, gilt uneingeschränkt für sie selbst dann, wenn sie in raunendem Alarmdeutsch abgestandenen Unsinn verbreiten. Hörbar erkennbare Polithooligans wie Björn Höcke oder Lutz Bachmann sind am Ende des Tages doch nur Helden der asozialen Netzwerke und nicht satisfaktionsfähig. Die Gebildeten müssten wissen, was sie bewirken mit ihrem nationalkonservativen Schlachtgesang. Sie kennen die geistigen Vorbereiter der Hitlerbande wie Zehrer, Salomon, Sieburg, Schmitt, Gehlen. Wären empört, wenn man sie mit denen in einem Atemzug nennt – wie hier geschehen.

Als im deutschen Fernsehen das Testbild abgeschafft wurde, das bis dato die Botschaft »Gute Nacht, Sendeschluss bis morgen früh« verkündete, als ab Ende der 80er-Jahre kein Sender mehr den anderen schlafen ließ und *around the clock* 24 Stunden Programm anbot, als keiner mehr Ruhe gab, schlug uns die Stunde null. Als das Testbild verlosch, ging es sehenden Auges blind bergab. Seitdem erfährt jeder in Echtzeit alles, was auf der Welt passiert, ohne dabei zu erfahren, was es bedeutet. Überbordende Informationswellen stumpfen auf

249

Dauer ab. Um Massen zu erreichen, muss gegen die Konkurrenz der Massengeschmack ausgeschöpft werden. Mit allen Mitteln des Marketings. Unter aller Sau, unter jedem Niveau, unter der Gürtellinie. So begann die Verrohung von Sprache und Sitte, so starb die Scham.

Es ließen sich jetzt als Endlosschleife die einzelnen Stationen auf dem Weg nach unten aufführen, beginnend mit *Tutti Frutti* auf RTL, heute im Vergleich zu den strunzdummblonden *Geissens* auf RTL 2 ein Klassiker gehobener Unterhaltung, oder mit den nachmittäglichen Beichtmüttern und -vätern à la Margarethe Schreinemakers und Jürgen Fliege auf SAT 1, heute im Vergleich zu Bauernverkupplerinnen und Schuldenberatern Kandidaten für den Grimme-Preis. Aber das wäre verlogene Liebesmühe, denn diese Klassiker der Frühzeit sind längst entsorgt auf irgendeinem vertrockneten Müllhaufen im Internet.

Falls es dagegen gelingen würde, den Kant'schen Imperativ auf seine wesentliche Aussage so zu reduzieren, dass ihn auch Blöde verstehen und danach handeln, könnte diese Regel ihnen einen schweren Schlag versetzen: »Was du nicht willst, das man dir tu, das füg auch keinem andern zu.« Oder noch näher dran an der Zielgruppe: Wer auf anders Denkende, anders Aussehende einprügelt, darf sich nicht wundern, wenn die bei Gelegenheit auf ihn einschlagen.

Sich lustig zu machen über die notgeilen Würstchen beiderlei Geschlechts im *Dschungelcamp,* den grenzwertigen Geschmack einer Verona Pooth, die stilbildenden Vollpfosten, deren Namen mir der Justiziar des Hauses Bertelsmann soeben wieder gestrichen hat, die verfressenen Restauranttester, die schmierigen Bachelors und die prolligen Juroren all der Castingshows, für die der sie ausstrahlende Sender wahrscheinlich eine Abwrackprämie kassiert, nicht zu vergessen ehemalige Unterwäschemodels und ungelernte Schmuck-designerinnen und aufgepumpte Charity-Ladys – Berufe, die es in analogen Zeiten nicht gab –, ist so witzlos dumm, wie Heidi Klum als Quäking-Queen oder Dieter Bohlen als Prolo-King zu bezeichnen. Niemand von Verstand käme ja auf die Idee, die Scorpions als Rocker zu bezeichnen, nur weil sie Gitarren und Schlagzeug bedienen. Niemand wird so dumm sein, der Stadt Köln anzulasten, dass dort die Geissens frei herumlaufen dürfen. Der Geißbock des 1. FC Köln, Mas-kottchen in schlechten und in guten Zeiten, ist im Übrigen nicht mit ihnen verwandt.

Der Begriff »Neue Medien« ist veraltet, seit alle, die mit denen aufgewachsen sind, heute schon 20 Jahre und älter sind. Dass sich jede Generation »für besonders hält, einfach nur, weil sie am Leben ist und sich infolgedessen auf die Ein-zigartigkeit ihres Platzes zwischen den Toten und den noch Ungeborenen berufen kann«, ist eine These des Philosophen Luciano Floridi. Er traut der heutigen Generation zu, sich in der kommenden 4. Revolution, so der Titel seines Buches, selbstverständlich locker in der digitalen Welt zurechtzufin-den. Immer sendebereit. Immer empfangsbereit.

Analoge Geister würden, wieder mal, lieber Goethes Faust zitieren: »Und siehe, dass wir nichts wissen können, dies will mir schier das Herz verbrennen«. Eine zeitlose Erkenntnis. Ist es nach dieser Logik, nichts Genaues wissen zu können, beispielsweise eine schlechte Nachricht, wenn IWF-Chefin Christine Lagarde sagt, dass durch einen politischen Regel-verstoß in der Krise die Eurozone gerettet worden sei? Oder ist es vielmehr eine gute, denn der Euro und der Schengen-Raum haben für Europäer eine persönliche Bedeutung. Den Verstoß gegen die Regeln des gültigen Stabilitätspakts spür-ten sie nicht. Der bleibt abstrakt. Leben aber ist konkret.

Und wie konkret: Sichtbar, spürbar, greifbar sind alltägliche Regelverstöße. Im Alltag beginnt Verrohung als Rücksichtslosigkeit. Die Mehrheit hat sich damit abgefunden, dass ungezogenes Benehmen kein Merkmal mehr ist nur für unerzogene Minderheiten, die es immer schon gab. Sondern, wie es blumig verwaschen heißt, in der Mitte der Gesellschaft angekommen ist.

Dies zu beklagen ist keine Alternative für Deutschland. Ein Rückzug in die privaten Elfenbeintürme wäre nichts weiter als Feigheit. Stattdessen ist Widerstand gegen den Zeitgeist der allgemeinen Verrohung eine Bürgerpflicht. Jetzt und erst recht jetzt. Mit allen Mitteln.

Denen der Tugend. Für die Schlachten gegen die Barbaren sind die christlichen Tugenden – Glaube, Hoffnung, Liebe – eher untauglich, auch mit den bürgerlichen wie Fleiß und Pünktlichkeit ist nichts zu bewirken in solchen Zeiten. Es müssten schon Tugenden sein wie Achtsamkeit, Vernunft, Tapferkeit, Entschlossenheit, Toleranz.

Mit denen bewaffnet sollte die Rückeroberung der Mitte gelingen.

Wetten, dass?

8

Von selbstverliebten Kindsköpfen und der Kopfgeburt Peter Pan

Es war einmal ... als Helden und Halunken noch nicht so zum Verwechseln ähnlich aussahen wie heute die vorgeblich Guten und die angeblich Bösen. Janusköpfige wie Mark Zuckerberg oder Jeff Bezos oder Larry Page können je nach Situation sowohl das eine als auch das andere in sich aktivieren. Das erschwert die Einordnung. In der Kindheit dagegen waren echte Helden erkennbar einzigartig. Märchen endeten stets mit ihrem Sieg. Dem Sieg des Guten. Und wenn sie nicht gestorben sind, dann leben sie noch heute ...

So wie Peter Pan.

Die Frau, die mir gegenübersitzt, hat ihn kühl wissenschaftlich analysiert. Er weckte ihre Neugier, weil sie verblüffend oft erlebt hatte, dass Peter Pan ausgerechnet in politischen Tischgesprächen ganz plötzlich auftaucht und als ewiges Kind im Manne bei den Erwachsenen mitreden will. Sogar unter Intellektuellen und in deren leidenschaftlich geführte Debatten mischt er sich ein. Was will das so unvermittelt hörbare Kind im Manne? Werden Männer denn nie erwachsen? Insbesondere die Vordenker und die Nachdenklichen müssten nun wirklich längst aus einem Lebensabschnitt herausgewachsen sein, in dem noch Zauberer und Feen ihre kindlichen Weltbühnen bevölkerten.

253

Doch in eigentlich Kindern eigener Trotzköpfigkeit bekennen sich gerade sie zu einem ansonsten untypischen Heldentum. Selbstverständlich auf hohem Niveau. Verpackt und getarnt in bedeutungsschwer klingenden Sinnfragen: Zähle Peter Pan etwa nicht zu den Guten? Gehörten Märchen etwa nur den Kindern? Brauche es etwa nicht gerade in unsicheren Zeiten Helden wie ihn? Sei es also in märchenhaft guten alten Zeiten nicht viel einfacher gewesen, Gut und Böse zu unterscheiden?

Die Frau heißt Susan Neiman, ist eine amerikanische Philosophin und Direktorin des Einstein-Forums in Potsdam. In dieser vom Land Brandenburg finanzierten Stiftung wird vor allem geredet, nicht geforscht. Miteinander und übereinander. Letzteres aber im besten Sinne und nicht in dem übler Nachrede. Es gibt Konferenzen und Symposien und Workshops und Vorträge. Das große gemeinsame Ziel aller Aktivitäten, in heutigen Zeiten wichtiger denn je, übersetzt in meinen Worten: Wie lässt sich die Demokratie auch intellektuell bestens verteidigen und wie macht man die Intellektuellen fit für den »Straßenkampf«, um mit den besseren Argumenten, gern auch mal massentauglich, den zu gewinnen? Dass kluge Köpfe, deren Gedanken sie eigentlich bewundernd folgt und mit kritischen eigenen anreichert, sich dennoch zu einem veritablen Kindskopf bekennen, verwunderte sie. Sie wollte deshalb wissen, warum »selbst gelungene Erwachsene« die Märchenfigur Peter Pan als ihren Heroen bezeichnen, als ihren unvergessenen Helden. Mag ja noch nachvollziehbar sein, wenn sie sich mitunter weinselig erinnern an ihre Kindheit und an ihre Jugend. Als sie selbst daran glaubten, Helden zu sein. Aber warum meinen die das auch noch nüchtern ernst, und warum entblößen sich ansonsten »gelungene Erwachsene«, wie Neiman sie bezeichnet, in solcher Heldenverehrung als ungezähmte, unzähmbare Kinder?

Unter dem Titel *Warum erwachsen werden?* hat sie eine »philosophische Ermutigung«, freiwillig erwachsen zu werden und sich abzusetzen vom Peter-Pan-Prinzip der ewigen Jugend, verfasst: »Weil es uns nicht gelungen ist, Gesellschaften zu schaffen, in die unsere Jugend gern hineinwachsen möchte, idealisieren wir die Phasen der Kindheit und Jugend. Die schädlichste Idealisierung ist die weitverbreitete Ansicht, die besten Jahre unseres Lebens seien die zwischen sechzehn und dreißig, wenn die Muskeln der jungen Männer und die Haut der jungen Frauen am schönsten erblühen.« Das aber bewirken hauptsächlich die in dieser Zeit verrückt spielenden, den Kopf verwirrenden Hormone, und für die Erklärung der natürlichen Triebe der Jugend braucht es keine Philosophen. Die Erkenntnisse von Evolutionsbiologen genügen. Ihr Buch wurde ein Bestseller.

Als die von ihr so genannten »gelungenen Erwachsenen« definiert sie rational geprägte Geister mit Eigenarten, Eigenheiten, Eigenschaften, an denen sie erkennbar sind. Unabhängig vom Alter seien diese Prototypen neugierig und politisch gut informiert, richten sich im Alltag nach einem moralischen Kompass, nehmen im Leben nichts als gottgewollt oder gar als Entscheidung einer irdischen Macht hin, tolerieren andere Meinungen und hinterfragen eigene. Gelungene Erwachsene wissen zwar, dass es nun mal keine andere Welt gibt als die, in der sie leben. Wissen aber auch, dass nicht eine fremde, abstrakte Macht schuld ist an Kriegen und Katastrophen, Terror und Hunger, sondern konkrete Mächtige. Menschen also. Dass die sich ändern müssten, um die Welt zu verändern. Sie selbst inbegriffen. Gelungene Erwachsene lassen sich von anderen Erwachsenen, insbesondere von ganz und gar nicht gelungenen, nichts vorschreiben. Sie akzeptieren nur, was ihnen als sinnvoll einleuchtet. Fällt eine Antwort auf die kindstypische Frage nach dem Warum unbefriedigend aus, werden sie störrisch. So wie Kinder eben. Falls es sich um besonders gelungene Exemplare der Spezies handelt, sind sie auf den verschiedenen Stationen zum Ziel Erkenntnis nicht einmal zu Zynikern geworden. Zynismus war zwar zu allen Zeiten die für Intellektuelle naheliegende Alternative, sich vor verständlicher Verzweiflung zu retten. Angesichts der globalen Zustände – Krieg, Terror, Hunger – wäre das heute erst recht angebracht. Was Susan Neiman jedoch nicht gelten lässt. Zu flüchten statt standzuhalten erlaubt sie weder sich noch ihren Freunden, den Philosophen. Ebenso wenig duldet sie Resignation, die Schwester des Zynismus. Im Gegenteil. Neugierig zu sein und unbeugsam zu bleiben gehört für sie zum Wesen gelungener Erwachsener.

Zu wissen, trotz guten Willens nichts Wesentliches ändern zu können, macht die Sehnsucht nach märchenhaften Figuren mit Zauberkräften nachvollziehbar, sympathisch, verständlicher. Peter Pan, dem einst alles gelang, kann zwar gelegentlich bei Tisch als Held die Runde aufmischen, weil er diese Sehnsucht verkörpert, aber sein Auftreten bleibt folgenlos. Ist schließlich nur eine Märchenfigur, eine Fantasiegestalt, ein überirdisches Wesen. Die »Kräfte, die unsere Welt bestimmen«, die Masters of the Universe, so Neiman, fürchten dennoch die zu Taten anstiftenden märchenhaften Helden. Denn deren kindliche Botschaften ließen sich in massentaugliche Manifeste für Erwachsene übertragen. Im Fall von Peter Pan würde dies beispielsweise heißen: »Dreams do come true, if only we wish hard enough. You can have anything in life, if you will sacrifice everything else for it.« Und die Verheißung, dass alles möglich ist, wenn man nur fest daran glaubt, dass sich

256

Träume eben doch verwirklichen lassen, hört sich für global aktive graue Herren verdächtig eindeutig nach Rebellion an. Das Idealbild vom Menschen, das Susan Neiman zeichnet, würde besser in jene Zeiten passen, als die Welt überschaubar klein schien, das Böse neben dem Guten lauerte und deshalb immer sichtbar war. Dagegen half es, tagsüber Gutes zu tun und des Nachts dem Bösen zu widerstehen. Gutmenschen verklärte beispielhaft für sein Weltbild Jean-Jacques Rousseau. Im Reich der modernen Aufklärer sind solche Typen nicht eingeplant. Da geht es nicht um eine bessere, sondern um eine besser vernetzte Welt, und dafür braucht es eher Programmierer als Philosophen, Hacker statt Helden.

Eine bessere Welt war schon vor der Epoche der Aufklärung denkbar, aber aufgrund bestehender Verhältnisse noch nicht umsetzbar in die Realität. Ersatzweise siedelten die meisten der damaligen Herrscher, ernannte und gekrönte, im Namen der ihnen treu verbundenen Kirche die beste aller möglichen Welten im Himmel und nicht auf Erden an. Das glaubten die Unmündigen und ergaben sich ihrem Schicksal. Jahrhundertelang funktionierte unter Androhung von Scheiterhaufen im Diesseits und Hölle im Jenseits eine Herrschaftspolitik der Verbreitung von Angst und Schrecken. Täglich von Gottes predigenden Dienern verabreichtes Mittel gegen mögliche Aufmüpfigkeit war die Religion. Es war eine probate Methode, Menschen mit Inquisition und Satan einzuschüchtern und untertänigst klein zu halten. Kirche und Staat waren sich – bis auf Ausnahmen wie beispielsweise bei den blutigen Konflikten im englischen Bürgerkrieg zwischen 1642 und 1651 – weitgehend einig. Das gelang im Großen und Ganzen für die Großen ganz gut, bis mit der Aufklärung in Europa ein Trend zum aufrechten Gang einsetzte und der politische Kniefall bei immer mehr gelungenen Erwachsenen aus der Mode kam.

Über Unmündige herrscht es sich heute für lupenreine Despoten noch bequemer. Sie verbreiten zum einen gleichfalls Angst und Schrecken, versprechen zum anderen aber Brot und Spiele. Erfunden haben sie diese Strategie zwar nicht – das konnten schon die jungen Römer im Altertum –, aber mit den Möglichkeiten des Internet verfeinert. In digital total aufgeklärten Zeiten wird – außer in totalitären Gottesstaaten wie etwa dem bei Gott nicht einmaligen Terrorregime des sogenannten Islamischen Staates – nur noch freiwillig das Knie gebeugt zum Gebet. Gott als solcher ist einfach nicht totzukriegen, selbst bei denen, die nicht an ihn glauben. Auch Atheisten wollen gern wissen, ob es Gott eventuell doch gibt. Nicht als Person mit grauem Bart und den beiden Erzengeln Gabriel und Michael zur Linken und zur Rechten. Sondern als moralische Instanz, zuständig für das Gleichgewicht zwischen *sein* und *sollen*. Religion schließt im Idealfall die herrschende Kluft zwischen *sein* und *sollen*.

Sogar Agnostiker, die sich lieber auf Kant berufen – »alles, was, außer dem guten Lebenswandel, der Mensch noch tun zu können vermeint, um Gott wohlgefällig zu werden, ist bloßer Religionswahn und Afterdienst Gottes« –, richten ihr Leben aus nach den zehn Geboten, wenn auch nicht immer nach allen. Andere Götter wie Tablet oder Smartphone haben sie griffbereit, Feiertage heiligen sie nicht, sondern feiern sie, und wenn sie begehren des Nächsten Weib, lassen sich heutzutage Ehebrüche diskret per SMS organisieren.

Sobald wir erwachsen geworden sind, ergeben sich gewisse Zwänge. Die müssen *sein*. Geld fürs tägliche Leben, für Miete, Essen, Kleidung zu verdienen ist notwendig. Dafür braucht es einen Job oder, im Fall des Fallens aus dem sozialen Netz, staatliche Leistungen. Das muss *sein*. Und was bedeutet auf diesem Spielfeld der Philosophie dann *sollen*? Erwachsene *sollen* sich, und hierbei bezieht sich Susan Neiman auf Helden der Aufklärung – Jean-Jacques Rousseau, René Descartes, Denis Diderot, Gottfried Wilhelm Leibniz, John Locke, Voltaire –, unter allen Umständen anständig, moralisch, mitfühlend verhalten.

Immanuel Kant, der unsterbliche Alte aus Königsberg, bewundernd den »bestirnten Himmel« über und das »moralische Gesetz« in ihm, verkündete das Grundprinzip der Ethik: »Handle nur nach derjenigen Maxime, durch die du zugleich wollen kannst, daß sie ein allgemeines Gesetz werde.« Was wegen analphabetischer Zustände nur wenige Mitmenschen verstanden. Der sogenannte Kant'sche Imperativ ist aktuell bis heute und wäre mit ein paar hilfreichen Schlägen auf den Kopf sogar denen vermittelbar, die sich mit anders Denkenden grundsätzlich so auseinandersetzen, dass sie ihnen die Köpfe einschlagen.

Wie könnte man Kants Maxime, die eindeutig aus analogen Zeiten stammt, auf digitale Felder übertragen? Einen passenden Algorithmus gibt es nicht, den wird es auch nie geben, einen zum Beispiel, der immer dann Alarm schlagen würde, wenn das moralische System eines an sich gelungenen Erwachsenen außer Kontrolle zu geraten droht. Algorithmen kennen keine Moral, keine Empathie. Selbstständiges, individuell geprägtes Urteilsvermögen, »also der Kern der bürgerlichen Freiheit und Eigenverantwortung, sind gefährdet, wenn wir immer mehr Entscheidungen an Apps delegieren«, erklärt der Historiker Andreas Rödder in einem Interview mit dem Wirtschaftsmagazin *Brand eins.* »Wir bezahlen diese Bequemlichkeit mit Entmündigung. Wenn aus Bürgern nur noch User werden und demokratische Öffentlichkeit durch Social-Media-Kommunikation verdrängt wird, hat das Folgen für die Demokratie.«Wie man im Jahr 2016 entsetzt erfahren musste, als dank brutalstmöglich gefälschter Postings via Facebook und Twitter ein Immobilienhai aus New York auf einer gesteuerten Schmutzwelle ins Weiße Haus gespült wurde.

Als Verheißung höherer Weihen führt Philosophie bekanntlich zur Weisheit. Das bezweifeln nur Hegelianer, erklärt die Philosophieprofessorin, aber mit denen wolle sie sich nicht weiter beschäftigen. Deshalb gehören Weisheit und Gelassenheit zu den wesentlichen Eigenheiten gelungener Erwachsener. Die reagieren sogar dann gelassen, wenn sie scheitern. Weil sie weise geworden sind und deshalb gelernt haben zu akzeptieren, dass Niederlagen, Scheitern, Verluste nun mal zum Leben gehören. Andererseits ist ihnen ebenso klar, dass es auch an ihnen persönlich liegt, die Kluft zwischen *sein* und *sollen* zu schließen. Denn die Religion als verbindliche bindende Macht hat in den vergangenen Jahrhunderten Kraft und Ausstrahlung verloren.

Indem sie weder resignieren noch verzweifeln, sondern immer wieder aufs Neue versuchen, die Welt zu verbessern, machen gelungene Erwachsene denen Mut, die bisher noch nicht so ganz gelungen sind. Behauptet Susan Neiman. Sinnbildlich schaffe das Peter Pan, weil er im Märchen Kapitän Hook nicht nur mit den vertrauten Mitteln bekämpft, fechtend, sondern ihn vorführt als Symbol des Bösen. Hook vertritt die autoritäre Welt der Erwachsenen. Seine Befehle müssen befolgt werden so wie in der Realität des 19. Jahrhundert die Anordnungen eines Familienvaters, eines Lehrers, eines Offiziers. Peter Pan aber, der Rebell, habe sich bekanntlich verweigert.

Der Konflikt zwischen Kindheit und Erwachsenenwelt, der früher stets zugunsten der Erwachsenen ausging, weil die über mehr Machtmittel verfügten – Arrest, Taschengeldsperre,

Schläge –, besteht noch immer. Doch mittlerweile können sich Kinder dank des ihnen leicht verständlichen Fortschritts auf Plattformen im Internet zurückziehen, von denen ihre Eltern noch nicht einmal ahnen, dass es die gibt. Geschweige denn wüssten, wie sie dahin kommen. Analog zu leben und dennoch die Möglichkeiten der digitalen Weltrevolution auszuschöpfen ist weise. Wäre keine Liebesheirat, sondern eine Vernunftehe. Das Internet nutzbringend zeitsparend einzusetzen im Beruf, im Alltag ist längst so selbstverständlich wie der allmorgendliche Griff zum Wecker. Der Austausch von Informationen geht per E-Mail einfach schneller. Doch nur Kommunikation von Angesicht zu Angesicht vermittelt menschliche Nähe. Die gibt es umsonst, und deshalb ist sie unbezahlbar. Das leistet kein noch so hochgerüsteter Computer. Die dafür notwendige Software ist im Gehirn installiert. Künstliche Intelligenz hat kein Bewusstsein. Besitzt keine Seele. Kann nicht träumen. Träume öffnen innere Welten, Google nur die äußeren. Das beste Smartphone des Menschen ist das Gehirn. Immer aufgeladen, immer ansprechbar, immer bereit. Denk-Sport hält die Gedanken auf Trab und in Form. Hoffmann von Fallersleben schrieb einst den Text für das vom jeweils herrschenden Zeitgeist unterdrückte Volk. Und das Volk sang dazu ein Lied:

Die Gedanken sind frei,
wer kann sie erraten
sie fliehen vorbei
wie nächtliche Schatten.
Kein Mensch kann sie wissen,
kein Jäger erschießen,
es bleibet dabei:
die Gedanken sind frei.

Wissen ist Macht. Deshalb behielten die Mächtigen einst ihr Wissen für sich. Je mehr Menschen aber mehr wissen und dieses Wissen miteinander teilen, desto mächtiger könnten sie sein, falls Mächtige ihre Macht missbrauchen. Es lebe das Internet, der globale virtuelle Marktplatz, auf dem sich aufmüpfiges Volk trifft. Von dort erhebt es seine Stimme, dort singt es seine Lieder, dort baut es seine virtuellen Barrikaden, von dort aus fordert es Freiheit. Wechselt so beflügelt vom digitalen Versammlungsort zu den realen Sammelplätzen, zum Beispiel auf den Tahrir in Kairo, den Maidan in Kiew, den Taksim in Istanbul. Ohne Facebook und Twitter und WhatsApp wären die menschenleer geblieben. Doch Facebook und Twitter haben zwar Millionen Follower, aber sie haben keine Soldaten. Als die wirklich Mächtigen zum Gegenschlag ausholten und die Plätze mit Gewalt räumen ließen, konnten die Weltmächte des Internet ihren Anhängern und deren Helden nicht mehr helfen.

Dass ausgerechnet Peter Pan, ein kindlicher, oft auch ziemlich kindischer Traumtänzer, in der Vorstellung gelungener Erwachsener überlebt, dass die sich sogar zu ihm bekennen, liege wahrscheinlich, meint Susan Neiman, an traditionellen Vorurteilen gegenüber dem Erwachsenwerden. Als da sind: Ende aller Träume. Resignation. Anpassung. Vorbei die Abenteuer. Schnarchiger Alltag. Erwachsen zu sein werde gleichgesetzt mit Pflicht statt mit Kür, allenfalls noch mit den Freuden der Pflicht, aber wer einigermaßen bei Verstand ist, weiß halt, dass es mit solchen Freuden nicht so weit her ist.

Auch die andere geliebte Kindheitsfigur wusste das. Pippi Langstrumpf aber, die geborene Anarchistin, bereitete sich bewusst auf die Zukunft in der Erwachsenenwelt vor. Hatte keine Angst, sondern nahm die Herausforderung begeistert an, während Peter Pan sich träumend davonstahl. Am dümmsten und deshalb ungeeignet für Sagenhaftes ist der Nahrung verweigernde deutsche Suppenkaspar, der im Kindermärchen lieber starb, statt seine Suppe auszulöffeln. Die heute lebenden Verstockten, blöd wie der Kaspar, hätten allerdings keine Probleme damit, erwachsen zu werden. Dann fühlten sie sich erst recht stark genug, mit den ihnen vertrauten Mitteln am gesellschaftlichen Leben schlagkräftig teilzunehmen.

Der Titelheld aus dem berühmten Kindermärchen empfand ein »Unbehagen angesichts der Aussicht aufs Erwachsenwerden«. Peter Pan weigerte sich in kindlichem Trotz, in die Welt der Erwachsenen hineinzuwachsen. Die schien ihm nicht erstrebenswert, die dünkte ihm langweilig. Er dagegen konnte nur als Kind, ausgestattet mit Zauberkräften, wie sie spezifisch sind für alle Märchen – denn ohne Verzauberhaftes wären sie nur sagenhaft –, in sein eigenes Reich fliegen. Von einem nächtlichen London-Trip Wendy und ihre beiden Brüder mitbringen ins Nimmerland, das *Neverland*, und dort mit der Elfe Tinker Bell und den verwunschenen Jungs, die ihre Eltern verloren hatten, Abenteuerliches erleben. Mit dem bösartigen, einarmigen, hakenhändigen Kapitän Hook und seinen Piraten kämpfen, Meerjungfrauen anhimmeln, sich mit Indianern befreunden.

Und wenn sie nicht gestorben sind...?

Nicht doch. Nur er und Glöckchen bleiben unsterblich und somit *forever young*. Peter Pan steckt seine Kindheit in die Tasche und fliegt davon, denn das ist alles, was er hat. Die anderen kehren zurück in die Welt ihrer Eltern und wachsen dort behütet nach festen Regeln auf. In Peter Pans Reich dagegen muss niemand älter werden und sich jemals altersgemäß würdig verhalten. Was den Bürgerkindern Wendy, John und Michael Darling, die mithilfe von Peter Pan und dem

263

Zauberstab von Tinker Bell vor der autoritären Strenge ihres Vaters geflohen sind, auf Dauer eintönig wird, weshalb sie zurückkehren in die Realität.

Solche märchenhaften Stoffe sind begehrt, wo Kinoträume produziert werden. In Hollywood. Walt Disneys *Peter Pan*-Zeichentrickfilm aus dem Jahre 1953 ist ein Klassiker. Kindgerecht aufbereitet. In analogen Zeiten floss selbst dann kein Blut, wenn sich Peter Pan und Hook und die Piraten bis aufs Blut bekämpften. In digitalen Computeranimationen fließt es farbig rot, und es rollen Köpfe. Vierzig Jahre nach Disneys Erfolg verfilmte Steven Spielberg den Mythos auf seine Art. Peter Pan, verkörpert von Robin Williams, ist bei ihm als ein Anwalt namens Peter Banning doch noch erwachsen geworden. Hat Familie, ist meist schlecht gelaunt und hat längst vergessen, dass er mal fliegen konnte. Der bösartige Hook allerdings, verkörpert von Dustin Hoffman, der lebt noch im Niemalsland, und der sinnt auf Rache. Denn einst hat er im Kampf mit Peter Pan seine rechte Hand verloren. Seitdem ragt stattdessen ein Haken aus dem Arm.

Der Bösfinger entführt Bannings Kinder und verschleppt sie ins Neverland. Wohin auch sonst. Auf taucht jetzt Tinker Bell, schöner denn je, denn Glöckchen hat die Gestalt von Julia Roberts. Sie lockt den verzweifelten Vater zurück in seine Kindheit. Ihr Zauberstab weckt in Banning wieder Peter Pan. Er kann wieder fliegen, er kann wieder kämpfen. Befreit seine Kinder, verpasst seinem Todfeind den entscheidenden Stich, woraufhin der nun endlich vom Krokodil verspeist wird. Mit seinen beiden Kindern kehrt Peter Pan zurück in die heimatliche Umgebung, nun wieder, wie es sich gehört, in der wirklichen Welt, in der Rolle des erwachsenen Peter Banning. Der endgültig seine Kindheit verlassen hat, aber sich erinnern kann an alle Abenteuer, die er jemals im Niemalsland bestand.

Kindheit braucht Heimat, einen sicheren Ort. Immer schon. Heimweh nach ihrer Heimat Familie hatten auch Wendy und ihre Brüder. Zwar fühlen sich schon die Jüngsten heute heimisch in den sozialen Netzwerken, dort finden sie im übertragenen Sinne Familienangehörige. Mitglieder einer großen, globalen Online-Familie. Aber keine verspürbare Nähe. Sobald sie die benötigen, sind sie im Netz verloren und heimatlos. Kindheit ist deshalb ein von Erwachsenen beschütztes Reservat, und falls die gelungen sind, von denen auch respektiert. Der Aufbruch aus diesen Schutzräumen ist in der Adoleszenz der erste Schritt in die Freiheit. In der Fremde beginnt die Suche nach einer eigenen Heimat. Jugendliche sind eigentlich Heimatvertriebene. Wer an Gott glaubt, dem ist wenigstens der Himmel ein erstrebenswerter, geschützter Aufenthaltsort, aber allen anderen auf Erden hilft das nicht, ihre Sehnsucht zu stillen. Heimat gibt es nur analog. Immer. Wehmütig aus dem Gedächtnis gerufen, bringt sie im Alter verklärend die Kindheit zurück. Weshalb die für Demenzkranke die letzte Heimat ist, an die sie sich erinnern können, bevor sie abstürzen ins Niemandsland.

Peter Pan steht in Form des Peter-Pan-Prinzips auch als Symbol gegen Konformität. Gegen geplantes Leben. Gegen Konventionen. Obwohl ihm seine Eigenschaften als »The Boy Who Would'nt Grow Up« bereits vor hundert Jahren von seinem Erzeuger James Matthew Barrie zugeschrieben worden sind, scheint er bestens ins 21. Jahrhundert zu passen. Was verkörpert aber jenes mit magischen Zauberkräften ausgestattete Wesen dort? Denn in der Realität kann niemand vor den Problemen einfach davonfliegen und die Welt denen überlassen, die sie erzeugt haben.

Zunächst einmal steht Peter Pan im Prinzip für Kindheit. In der alles denkbar scheint, weil für Kinder nichts unvor-

265

stellbar ist. Weil Kinder Zauberfeen oder fliegende Gleichaltrige oder Krokodile oder Piraten für reale Wesen halten. Die Praxis erst setzt ihnen Grenzen. Denn bestimmt wird ihre Welt von ihren Eltern. Wann gegessen wird. Wann geschlafen wird. Wann gelernt wird. Wann gespielt wird. Kinder stehlen sich träumend aus dieser Ordnung. Entscheiden dann endlich selbst. Wohin sie fliegen. Wo sie landen. Wer sie beschützt. Was passiert.

Zurück in der Realität, richten sich die im Traum bestandenen Abenteuer dennoch ein im Kopf. Werden dort archiviert als Erinnerung an real Erlebtes, obwohl die sich nur auf Geträumtes bezieht. Wieder einmal eine kreative Leistung des Gehirns. Dabei spielen unterschiedliche neuronale Netzwerke mit. Sie vereinigen sich in einem Standardnetzwerk und tun eigentlich normalerweise – nichts, ruhen sich aus für Träume. Egal ob die nachts im Schlaf ablaufen oder ob ein liebenswerter Taugenichts mal wieder den Tag verträumt und auf eigens geschaffenen Fernschnellwolken an Sehnsuchtsorte fliegt. Neuronen registrieren seine Blicke nach innen und speichern sie in seinem persönlichen Neverland, das niemand niemals erkunden kann.

Sobald die Realität wieder ihr Recht einfordert, sobald äußere Einflüsse wichtiger werden, stellt das Standardnetzwerk seine Aktivitäten ein. Ob genau dort Kreativität verborgen ist, wo sie entsteht, wann sie erblüht, was sie weckt, ist ein ungelöstes Geheimnis. Aber, wie Neurowissenschaftler hoffen, irgendwann lösbar. Ohne digitale Hilfsmittel wie Hirnscanner oder Computertomografie hätten sie allerdings niemals eine Chance.

Und das wäre selbst dann auch nur ein erster Fortschritt auf ein weiteres unbekanntes Feld der Evolution. Über alles, was in den Gehirnen von Tieren stattfindet, gibt es nur auf empi-

266

rischen Erfahrungen beruhende Vermutungen. Wenig steht fest. Delfine und Wale, Raben und Papageien, Ratten und Primaten und Schweine scheinen klüger zu sein als Pferde und Kühe und Ziegen und Schafe. Zeigen menschliche Züge der Empathie, beispielsweise dann, wenn Delfine diejenigen Wale aufs offene Meer geleiten, die sich scheinbar rettungslos in eine Bucht verirrt haben und zu stranden drohen. Die Hypothese, dass die Spezies mit den besten kognitiven Fähigkeiten im Tierreich wie Elefanten oder Affen oder Wale oder Delfine deshalb weiter sind als andere, weil sie wie der Mensch schon seit Urzeiten die Erde bevölkern und sich dort zurechtfinden mussten, um als Art zu bestehen, mutet überzeugend an. Aber lässt sich nicht durch Kommunikation mit den Probanden erhärten.

Kognitive Fähigkeiten hängen auch nicht ab von der Größe des Gehirns. Denn dann müssten Elefanten mit fünf Kilogramm Gehirnmasse den Menschen mit ihren durchschnittlichen 1,3 Kilogramm weit überlegen sein. Die Neuronen machen den Unterschied aus zwischen noch so intelligenten Tieren und selbst nicht gar so intelligenten Menschen. Die haben schätzungsweise 85 Milliarden von denen im Gehirn geballt versammelt, und diese Nervenzellen wissen, was sie tun und was nicht, und wenn sie regelmäßig beschäftigt werden, produzieren sie Geistesblitze in großer Zahl.

Echte Abenteuer erfahren angeblich nur Erwachsene. Sie dürfen machen, was sie wollen, und selbst entscheiden. Das beflügelt die Sehnsucht der Kinder. Die Welt der Erwachsenen wirkt für sie von unten betrachtet frei von allen Zwängen. Was sie tatsächlich niemals war und auch niemals sein wird, unabhängig vom jeweiligen Fortschritt der Technik, egal ob Buchdruck oder Internet, Krieg oder Frieden, reich oder arm, Glück oder Unglück. Die Erkenntnis, dass es keine

267

bessere Welt als die ihnen sich öffnende gibt und dass sie sich in der zurechtfinden müssen, wird Kinder erst dann überfallen, wenn sie selbst erwachsen geworden sind.

In drei Zeitsprüngen, mit sechzehn, mit achtzehn, mit einundzwanzig, mischten wir einst die damaligen Erwachsenen auf. Ab dem sechzehnten Lebensjahr schlug mir nicht mehr um 22 Uhr die Stunde. Bei Tanzveranstaltungen in sogenannten öffentlichen Räumen wurde ab dem zehnten Glockenschlag das Alter der Anwesenden von einmarschierenden Staatsdienern kontrolliert. Mich erwischten sie niemals. Sie konzentrierten sich auf die Tanzenden. Die Band auf der Bühne musste so lange Pause machen. Auf die Idee, dass unter den Musikern ein erst Fünfzehnjähriger am Schlagzeug saß, kamen sie nie. Ab achtzehn kaufte ich mir meine Zigaretten selbst, statt sie den Eltern zu klauen, und mit einundzwanzig durfte ich wählen gehen.

Bereits die gerade mal Dreißigjährigen sahen für uns alt aus. Im wehmütigen Abgesang auf gute alte Zeiten, in denen wir jung waren, verklären sich heute jedoch wieder einmal Binsen zu Weisheiten. Eine war damals besonders populär:»Trau keinem über dreißig.« Zwar ist das lächerlich, wurde aber dennoch als Parole ernst genommen. In unseren Augen gehörten über Dreißigjährige, obwohl kaum zehn, zwölf Jahre von uns entfernt, zu einer anderen Generation. Das war absurd. Aber so war es. Erst in der digitalen Welt wird in grotesken biografischen Zeitsprüngen gerechnet. Die jeweils nächste Generation zeugt sich im Zehn-Jahre-Rhythmus dort selbst.

Ihre Träume hatten die über dreißig damals am Eingang zur Erwachsenenwelt freiwillig abgegeben, um in bürgerlichen Salons, wo Karrieren, soziales Prestige und höhere Töchter vergeben wurden, nicht als widerborstig jung aufzufallen. Wer beim Schaulaufen dort leer ausging, bekam seine

268

Träume beim Abgang an der Garderobe nicht wieder ausgehändigt. Solche Verlusterlebnisse, solche Niederlagen wirken. Aus denen wächst Lebensklugheit. Heißt es. Ob sie denn ihr Leben trotz all ihrer Erfahrungen nochmals wiederholen würden, wenn sie die Möglichkeit hätten, fragt Susan Neiman ihre Leser rhetorisch. Hänge wohl davon ab, gibt sie selbst sich die Antwort, wann man gefragt hätte und wen: »Hätten Sie vor der Aufklärung gelebt, wäre Ihr Leben weitgehend von Ihren Vorvorvätern und deren Stellung als Sklaven oder Freie in einer Sozialstruktur bestimmt worden, die ebenso in Stein gemeißelt zu sein schien wie die von ihr geschaffenen großen Kathedralen.«

Erwachsen zu sein bedeute, sinnlose Sinnfragen gar nicht erst zu stellen. Zeitverschwendung. Beinhalte vielmehr, auf überbordende Hoffnungen und wahnsinnige Träume zu verzichten und »sich mit einem Leben abzufinden, das weniger abenteuerlich, interessant und bedeutsam ist, als man zu Beginn annahm«. Hieße aber noch lange nicht, deswegen Träume für immer begraben und im Kopf die Reisen zum Ende des Regenbogens abbrechen zu müssen. Peter Pan fliege, wenigstens als Prinzip, noch immer unsichtbar draußen umher und verweigere die Landung in der Realität.

Warum also sollten ihn Erwachsene nicht hin und wieder beim Flug zu den Sternen begleiten dürfen, und warum sollten sie sich dabei nicht kindisch benehmen, so, wie ihn Barrie schreibend charakterisiert hat: Aufmüpfig. Rebellisch. Verrückt. Dass es sich um Träume handle, wissen wir doch. Geschenkt. Dass die reale Welt nicht so ist, wie wir uns die in der Jugend Blüte ausgemalt haben, ist unstrittig, Der von der Werbung als *forever young* verkaufte Zeitgeist ist beim Blick in den Spiegel als faltig gewordenes Gespenst sichtbar. Gelungene Erwachsene schließen jedoch nicht wie Kinder die

Augen, um Realität auszublenden. Sie halten dem Anblick ihres natürlichen Verfalls stand.

Eine alterslose Mehrheit blickt lieber ihren Smartphones in die Augen. Der Stick, an dem die festgemacht sind, hält sie sowohl auf Distanz zur als auch im Mittelpunkt der überschaubaren Umgebung. Per Selfie scheint der Mensch autonom zu sein. Rückt sich sein Bild von sich selbst ins beste Licht und versendet es anschließend in die weite Welt. Manche Selfies schaffen es sogar in die TV-*Tagesthemen*. Zum Beispiel das der deutschen Bundeskanzlerin Kopf an Kopf mit einem syrischen Kriegsflüchtling, beide lächelnd der Zukunft zugewandt. Hartmut Rosa, Soziologe an der Universität Jena, interpretiert die Selfie-Manie als einen Versuch, sich und seine Beziehung zur Umwelt sichtbar für andere aufzuzeigen: »In der Regel sind Selfies ja an einem bestimmten Ort aufgenommen oder mit einem bestimmten Star«, der im oben erwähnten Fall nicht aus Hollywood einfliegen muss, sondern aus dem Kanzleramt in Berlin. Sein Buch nannte er *Resonanz*, womit er nicht nur den Resonanzboden Facebook oder Smartphone meinte. Sondern auch die Angst davor, nicht mehr andauernd angemailt, angepiepst, angesummt zu werden.

Der Narziss aus der griechischen Mythologie war eine Art analoger »Selfie-Fotograf«. Selbstverliebt blickt er sich im Teich an, in dem er schließlich ertrank. Digital Natives spiegeln sich in den Displays ihrer Smartphones. Holen sich im übertragenen Sinne das Ich zurück. Selbstverliebt wie einst der griechische Jüngling, aber ihre digitale Selbstdarstellung zwischen New York und Peking, Hamburg und Haiti ist nur ein spielerischer Egotrip. In Wahrheit eher kindisch, aber für die Produzenten der Sticks ein Millionengeschäft. »Hätten die vier apokalyptischen Reiter bereits Smartphones besessen«, schrieb einer der vielen hochbegabten »Streiflicht«-Sprachzauberer der *Süddeutschen Zeitung*«,»wären sie nicht mühselig übers Land geritten, um Schrecken und Pest zu verbreiten. Es hätte genügt, dass sie mittels einer Selfiestange eine Aufnahme von sich gemacht und an die Empfänger verschickt hätten.« Die Verklärung von Kindheit und Jugend wird aber ebenso als Machtinstrument von denen eingesetzt, die ihre Herrschaft zementieren. Solange Menschen nicht wie erwachsene Bürger handeln, müssen sich Politiker keine Sorgen um ihre Macht machen. Wachsames Engagement als erste Bürgerpflicht gilt ihnen allenfalls in Sonntagsreden als demokratischer Fortschritt. In Wirklichkeit sind aufmüpfige Erwachsene den meisten höheren Würdenträgern suspekt. Kinder lassen sich ablenken, beschäftigen, ruhigstellen mit Puppen, Bällen, Eisenbahnen, Baukästen. Also ist es naheliegend, Erwachsene bei Laune zu halten mit dem Spielzeug der digitalen Zeit. Smartphones. Tablets. Powerbooks.

Immer dann, wenn ich wieder mal meinen Blick vom Computerbildschirm hebe, nach einer besseren Formulierung suche, weil mein Lektor in seiner ungerührt gemeinen Art das verlangt hat, sehe ich im Bücherregal eine kleine Dampfmaschine. Meine Dampfmaschine. Ein Freund aus der Kindheit. Sie steht als Dekoration seit Jahrzehnten unbenutzt neben all den Büchern. Befeuert wurde sie einst mit kleinen weißen Brennstofftabletten namens *Esbit*. Das steht für »Erich Schumms Brennstoff in Tablettenform«, was ich damals nicht wusste und mich auch nicht interessiert hätte. Angezündet in einer kleinen Schaufel, begannen die zu glimmen und mussten sofort vorsichtig unter den bauchigen Zinkkessel geschoben werden. Es konnte Stunden dauern, zumindest übermittelt mir das die Erinnerung aus dem Vorderhirn, bis das Wasser im Kessel heiß genug war, um die über kleine Räder gespannten festen Schnüre in Betrieb zu nehmen, die wiederum einen Schlosser aus Blech zur Arbeit antrieben, woraufhin der mit einem Hammer rhythmisch auf den Amboss schlug. Hin und wieder zischte aus dem rechtzeitig geöffneten Ventil pfeifend überflüssiger Dampf. Mehr passierte nie. Meine Schwestern, die mit ihren Puppen lange Gespräche führten, hielten mich deshalb für ein ihrer Art fremdes Wesen. Wie fremd Wesen meiner Art tatsächlich waren und ein Leben lang bleiben würden, wussten sie noch nicht.

Die bei jeder sich ihnen bietenden Gelegenheit unmittelbar eingesetzte Autorität von Eltern, Lehrern, Hausmeistern wurde von uns irgendwann nicht mehr hingenommen, sondern lauthals infrage gestellt. Im Geiste Arm in Arm mit damals bekannten Propheten der antiautoritären Erziehung und lebensechten Helden, denen des Rock'n'Roll, denen von Steppenwolf, entsorgt:

Like a true nature's child
We were born
Born to be wild
We can climb so high
I never wanna die
Born to be wild
Born to be wild…

Das hört sich heute natürlich lächerlich an. Aber wichtig für unsere Zukunft, die inzwischen unsere Vergangenheit ist. Ein wildes Nein ließ sich ja nicht nur unterwegs als Easy Rider auf amerikanischen Highways anwenden, sondern sogar in deutscher Provinz erlernen. Es machte auch mehr Spaß als das gängige »Ja, aber«. Frühe Übungen machten uns stark für die dann folgende doch ziemlich weite Welt in der lebenslustigen freigeistigen Universitätsstadt. Die in einem verräucherten Saal einer bayerischen Kneipe ausgetragenen verbalen Schlachten zwischen überzeugten Neinsagern und ebenso von sich überzeugten Jasagern nannten wir hochtrabend *Debating Societies*. Eine demokratische Champions League. Gefordert wurde, das Gegenteil seiner eigentlichen Überzeugung rhetorisch und intellektuell zu vertreten. Nach jeder Rederunde gab es eine Abstimmung im studentischen Volk. Der Sieger durfte weitermachen, der Verlierer mit den anderen saufen. Es traten, typisch für den herrschenden Zeitgeist, jeweils nur Männer gegeneinander an. Unter denen, die gewannen, war ein gewisser Kurt Faltlhauser. Älter als wir und aus unserer Sicht ein verstockter Rechter. Er musste linkes Gedankengut verkaufen. Und er gewann. Danach umschwärmten ihn die anwesenden Mädchen. A winner takes them all. Als wir uns Jahrzehnte später bei irgendeinem Anlass trafen, er bayerischer Finanzminister, ich damals böswilliger Chefredakteur des *Stern*, sprachen wir lachend über alte Zeiten, als wir noch so verdammt jung waren.

In ihren Kindheitstagen war Peter Pan, der alles wollte und immer alles sofort, bloß eines nicht, nämlich erwachsen zu werden, auch Susan Neimans Held. Weil er antiautoritär und rebellisch und unkonventionell daherkam. Passend in Zeiten, als die Welt noch überschaubar gut und überschaubar schlecht war. Heute ist das Entsetzen anklickbar und das Grauen selbst aus entlegenen Weltgegenden jederzeit sichtbar. Was früher als Snuff-Video verurteilt wurde, nämlich Menschen im Todeskampf zu zeigen, wird heute auf YouTube oder Facebook allen zur gefälligen Ansicht übermittelt. Augenzeugen zücken ihre Smartphones und filmen Polizeigewalt und Sniper-Attacken auf Polizisten, ertrinkende Flüchtlinge oder sterbende Unfallopfer.

273

Zum Erwachsensein gehört deshalb eine moralische Verpflichtung, gegen Unrecht, egal wo auf der Welt und egal auf welche Art, zu protestieren. Auf den Straßen wie einst in den 60er-Jahren des vergangenen Jahrhunderts oder per Online-Petition im World Wide Web. Stets zu fragen, was nach Grundfragen der Kindheit klingt – Warum fliegen Flugzeuge? Warum singen Vögel? Warum sind Bananen krumm? Warum pfeift der Wind? Warum leuchtet der Mond? –, ist für Erwachsene deshalb kein kindisches Verhalten. Sie stellen mit ihrem *Warum* infrage, was ihnen als eherne Regel vorgesetzt wird oder was sie nicht verstehen.

Die Frage nach dem *Warum* war die Lebensfrage des Mannes, nach dem die prachtvolle gelbe Villa in Potsdam benannt wurde: das Einstein-Forum. Warum zum Beispiel fallen Körper im Vakuum gleich schnell, obwohl der eine ein Apfel und der andere ein Stein ist? Warum krümmen Himmelskörper die Raumzeit? Er war neugierig wie ein Kind. Wartete auf Geistesblitze, und falls ihn die ereilten, setzte er sie um in physikalische Formeln. Er war antiautoritär und unzähmbar kreativ. Er unterschrieb, auch das gehört zum Profil des Wissenschaftlers, im Oktober 1914 auch nicht den »Aufruf an die Kulturwelt«, in dem sich 93 deutsche Dichter, Denker, Gelehrte, Künstler, Wissenschaftler, Theologen solidarisch erklärten mit den deutschen Kriegszielen. Eine Art von geistiger Mobilmachung. Einstein dagegen setzte seinen Namen unter den pazifistischen »Aufruf an die Europäer«, der in Deutschland nicht gedruckt und verbreitet wurde. Ein Pazifist in kriegstrunkener kriegslüsterner Zeit, deshalb ein genial gelungener Erwachsener?

Susan Neiman, die das Einstein-Forum leitet, verweigert sich zwar Twitter und Facebook. Die kommen ihr nicht ins Haus. Denen wird sie sich nie anschließen. Selbst dann nicht, wenn sie nur so den neunten Kreis der Hölle des 21. Jahrhunderts verstehen könnte. Bei Dante dominiert dort die schlimmste aller ja eh schon schlimmen Sünden: Verrat. Heute dürfte diese Dependance der Hölle von Zeitfressern besetzt sein. Sie sind programmiert worden, Erwachsenen die Zeit zu stehlen, indem sie die abhalten vom Nachdenken. Dabei könnten gelungene Erwachsene auf Ideen kommen. Warum etwas faul ist in Staat und Gesellschaft. Warum die Zeit reif ist für Veränderung. Dann fehlt nur noch eine intravenös verpasste Dosis Mut, damit sich tatsächlich etwas ändert. Wer sich dagegen mit Updates für Smartphones und Tablets beschäftigt, hat keine Zeit für revolutionäre Gedanken. Die Erkenntnis, dass alles, was Digital Relatives bisher zeitraubend mühsam erlernt haben, per digitalem Update zu unnützem Trash wird, zu analogem Müll, wirkt lähmend. Wie wird ab jetzt was gespeichert? In welcher Cloud sind die über Jahre gepflegten Kontakte verschwunden? Susan Neiman betrachtet diesen technischen Fortschritt als global gesteuerten Wahnsinn mit ausgeklügelter Methode: »Die autoritären Mechanismen, zu denen der Absolutismus griff, um seine Untertanen unmündig zu halten, sind weitaus subtileren, aber auch machtvolleren gewichen.«

Und stützt sich in der Wortwahl dabei wieder einmal auf die klassische Definition der Aufklärung von Kant, wonach die »der Ausgang des Menschen aus seiner selbst verschuldeten Unmündigkeit« ist. Zu den Erben von Rousseau und Descartes, Leibniz und Kant, Goethe und Lessing zählten nicht nur Dichter und Denker, sondern auch merkwürdig aussehende Helden: Rock'n'Roll-Stars. Sie holten Jugendliche aus selbst verschuldeter oder auferlegter Unmündigkeit, und das allein mit ihrer Musik, denn der Anteil von Blöden ist unter denen genauso groß wie unter denen, die ihnen zujubeln.

Von den Guten unter ihnen sind viel zu jung gestorben Jimi Hendrix und Janis Joplin, Jim Morrison und Brian Jones, Kurt Cobain und Amy Winehouse, Michael Jackson und Prince. Sie bleiben unsterblich. *Forever young* wie T.Rex-Leadsänger Marc Bolan, der im Alter von nur neunundzwanzig Jahren tödlich verunglückte. Seitdem singt er im Niemalsland von den Kindern der Revolution. Aber solche Wunschkonzerte gibt es nur in der Fantasie:

Well you can bump and grind
If it's good for your mind
Well you can twist and shout
Let it all hang out
But you won't fool the children of the revolution
No you won't fool the children of the revolution
No no no.

Peter Pan bleibt unsterblich auch als krankhafte Erscheinung. Als Peter-Pan-Syndrom. Psychiater und Neurologen bezeichnen damit kindisches Verhalten von erwachsenen Männern. Typische Anzeichen für diese Krankheit sind penetrant auffälliges Macho-Verhalten, verbunden mit der Unfähigkeit zu längerfristigen Partnerschaften. Selbstverliebt zu sein statt sich zu verlieben. Michael Jackson war so ein altes Kind. Sein Reich war das *Neverland*. Dort starb er.

Das Peter-Pan-Syndrom tritt nicht bei Frauen, sondern ausschließlich bei Männern auf. Was logisch ist. Der Pychologe Dan Kiley, der den Begriff geprägt hat und das zugrunde liegende Syndrom definierte als Kind im Mann, das nicht aus seiner Haut heraus will, erfand für Frauen, die sich ihren Partnern gegenüber wie fürsorgliche Mütter gebärden statt wie begehrenswerte Zauberfeen, den Begriff *Wendy-Syndrom*. Sowohl das eine als auch das andere werden selten behandelt allein deshalb, weil sich die Betroffenen eindeutig als normal gelungene Erwachsene empfinden. Vergleichbar sind sie mit Autisten, bei denen Gehirnregionen untätig im Schatten bleiben, weshalb Wissenschaftler die psychischen Störungen ein *Schattensyndrom* nennen.

Gegen solchen Nachruhm, der seinen Namen missbraucht, kann sich Peter Pan twitternd nicht wehren. Er ist ja nur ein Märchenheld ohne Internet-Zugang.

9

Vom herzzerreißenden, wunderbaren Brimborium Liebe

Die unbeugsame Überzeugung, es werde ihnen irgendwann noch gelingen, das Geheimnis kluger Frauen zu enträtseln, Venus und Mars im Glück zu verbinden, macht auch kopfgesteuerte Männer zu wachsamen Träumern. Ungeachtet vieler bereits gescheiterter Versuche. Manche hofften, nächtens erschöpft einer Geliebten nahe liegend, das Mysterium soeben entschlüsselt zu haben, wurden aber am Morgen wieder verabschiedet. Was an ihrem Selbstbewusstsein nagte, denn im Moment des Erkennens dünkten sie sich unsterblich. Andere fanden beim Erwachen auf dem Laken einen handschriftlichen Verriss ihrer Leistungen vor, vergleichbar der Schulnote Sechs, oder ein digitales Ungenügend per WhatsApp auf ihrem Smartphone. Zwar hätten sie sich weidlich bemüht, lasen sie da, aber für eine Wiederholung würde es nicht reichen. Auch diese Liebhaber ließen sich tief getroffen hängen.

Seit der sexuellen Revolution in Form der Antibabypille, anfangs jungen Fräuleins nur aus der Hand eines verständnisvollen Arztes beschieden, nehmen Frauen die traditionell allein Männern zugestandenen Rechte auch für sich in Anspruch. Vor dem Gott Eros sind alle gleich. Der kleine Unterschied zeitigt keine großen Folgen mehr. Trotz ihrer naturgemäß unterschiedlichen genetischen und hormonellen Ausstattung sind sie in der aktiv betriebenen Liebe, wie sie sich lustvoll wann oder begehrend wo und egal mit wem anfühlt, im 21. Jahrhundert gleichberechtigt. Die einen sind so frei, wie die anderen es schon immer für sich ausnutzten. Theoretisch, ja. In den heimatlichen Seichtgebieten einer tätowierten Unterschicht, sowohl in den neuen als auch in den alten Bundesländern, sowohl bei den Nachbarn im Westen als auch insbesondere bei denen im Osten, dominieren nach wie vor die Macho–Prolos. Auf diesem Niveau ist die Einheit Europas gelungen. Sie sind nicht an der Lösung von Rätseln interessiert, sondern an möglichst vielen Einsätzen als Rammelböcke. Insbesondere dort, wo die Botschaften der Aufklärung oder die Grundsätze der Menschenrechte nie erhört worden sind. Egal, ob in arabischen Ländern, in ehemals zur Sowjetunion gehörenden Satellitenstaaten, auf dem Balkan, in Indien und Pakistan oder auf dem afrikanischen Kontinent – oft haben sich Frauen den sexuellen Wünschen stinkend-schwitziger Männerbünde zu fügen. Ob die sich dabei unter dem Kaftan auf ein ihnen angeblich von Allah verliehenes Recht berufen oder vergewaltigend auf das Recht der Stärkeren, ist für die Opfer gleichermaßen demütigend, grausam, tödlich.

In aufgeklärten Demokratien des Westens, in den Beletagen moderner Zivilgesellschaften, dürfen sich Frauen liebend so verhalten, wie es ihnen Männer von alters her vorgelebt oder angetan hatten.»Gefallene Mädchen« wurden in den ach so guten alten Zeiten zum festen Begriff, der zum Wortschatz des gemeinen Volkes gehörte. Sie wurden geächtet, aber sie blieben wenigstens am Leben. Gefallene Männer wurden zwar geehrt, aber sie waren tot. Hildegard Knef, emanzipiert bereits eine Generation vor Alice Schwarzer, hat den ewigen Reigen aus eigener Erfahrung einst so besungen:

Eins und eins, das macht zwei,
drum küss und denk' nicht dabei,
denn denken schadet der Illusion.
Alles dreht sich, dreht sich im Kreis,
und kommst du mal aus dem Gleis,
war's eben Erfahrung
anstatt Offenbarung –
was macht das schon.

Nichts mehr. In der Sprache der Ökonomie, wo Gefühle aufgrund erzielter Renditen nach ihrem Mehrwert beurteilt werden wie andere Waren auch, ist es so oder auch so eine Win-win-Situation. Entweder erzielen die sich im Kreis Drehenden einen kurzfristigen Lustgewinn und gewinnen dadurch eine Erfahrung fürs Leben dazu, oder aber sie wachsen paarweise zusammen. Liebe ist zwar noch immer am liebsten eine Himmelsmacht, aber ihre irdischen Heerscharen sind ausgewählt nach dem Zufallsprinzip. An der Rekrutierung hat sich auch in digitalen Zeiten nichts Wesentliches geändert. Algorithmen verheißen Glücksmomente, sobald die richtigen Zahlen in den zwischenmenschlichen Wahlomaten eingegeben werden. Doch selbst aufgrund von persönlichen Daten scheinbar bestens passende Vorlieben sind Nonvaleurs, falls zuvor ein *Coup de foudre* einschlägt. Bei solchen Blitzschlägen gibt es keine Vorwarnungen und keine sicheren Schutzräume. Genau deshalb lieben wir Alten sie so.

Marktforschungen, was im Zusammenhang mit romantischen Gefühlen merkwürdig anmutet, aber bestätigen, dass solche blitzartigen Zufälle schmerzlich enden können. Keine unbedingt neue Erkenntnis. Nachzulesen in Romanen, zu erleben im Theater, zu hören in Opern. Spontan geschätzt, ohne dabei Gewähr übernehmen zu können für die Richtigkeit der Schätzung, dürfte es sich bei der Mehrheit aller Dramen um unverstandene, unerfüllte, unlebbare Lieben handeln. Das Klagelied von der Vergänglichkeit der Liebe hat viele Strophen in allen Sprachen.

Wer kommerziell in die digitale Präsenz der als Liebe umschriebenen Triebe investiert, will irgendwann schwarze Zahlen sehen. Return of Investment in die Aktie Liebe. Startups wie Parship, Tinder, Once, Blinq, Hinge oder OkCupid haben auf Roadshows ihre Businesspläne vorgestellt und dabei offensichtlich erfolgreich die These widerlegt, dass eins und eins automatisch zwei ergebe und dass sich diese Konstellation nicht planen und kommerziell ausschlachten ließe. Eins und noch eins und noch eine und noch einer würden irgendwann am Ende doch zwei ergeben, widersprachen die Start-ups, und auf dem Weg dorthin könne man Gebühren verlangen, also Geld verdienen. Oder es könnte gar so aussehen, dass der eine oder die eine lieber allein bleibt und sich deshalb immer wieder befriedigend aus dem online verfügbaren Angebot bedienen lässt. Beides leuchtete den Investoren ein. Die Zielgruppe der Singles schien unerschöpflich zu sein. Mit dieser Vermutung liegen sie richtig und im Trend der Zeit.

Das Verlangen, geliebt zu werden und – in Goethes Worten – »zu lieben, Götter, welch ein Glück« verspricht denen Mehrwert, die Erfüllung anbieten. Weil Einsamkeit ein berechenbar großer *Human Factor* geworden ist, weil es allein in Deutschland sechzehn Millionen Singlehaushalte gibt, weil trotz aller Enttäuschungen die einen sehnsüchtig darauf warten, dass sie als einzigartig entdeckt werden, und die anderen sich nur auf das eine konzentrieren, auf Sex, hat sich der Umsatz von Dating-Börsen in nur zehn Jahren von 2004 bis 2014 mehr als vervierfacht, von jährlich 45 auf 192 Millionen Euro.

Das Geschäftsmodell Sehnsucht ist ein krisensicherer Wachstumsmarkt.

Glückssuche wird analog gedruckt in Kontaktanzeigen. Das in der *Zeit* zum Ausdruck kommende Begehren vorgeblich gebildeter Kreise unterscheidet sich durch gepflegtere Wortwahl von demjenigen derer, die sich in den Niederungen von Boulevardzeitungen auf die Suche begeben. Doch was sie antreibt, hat den gleichen Ursprung. Sie kokettieren zwar mit ihrer intellektuellen Nähe zu Mozart, dem Dalai Lama und Martin Walser. Aber auch auf diesem Jahrmarkt wird hemmungslos geschwurbelt:»Liebst Du den Duft von frisch gemähtem Gras und von Erde ebenso wie die Sonne auf der Haut und den Wind in den Segeln? Du kannst alleine sein, willst es aber nicht mehr? Ich bringe schrägen Humor, Toleranz, Sinnlichkeit und Schrulligkeiten mit – und Du? Bin 55, einfühlsam, spirituell, kunstschaffend, nicht rauchend, an gutem Sex interessiert, Fernsehfeindin…«*Bild*-Leser locken ihrer schlichten Art gemäß eher mit Vorlieben für Helene Fischer, Mario Barth oder Kerstin Gier. Sie haben größere Chancen, Gleichgestimmte zu finden.

Auf digitalen Märkten wird vordergründig nach optischen Merkmalen geurteilt und entsprechend geklickt. Augenscheinliche Schönheiten haben es dennoch schwerer. Mann traut dem Anblick nicht. Verdächtigt einen Weichzeichner namens Fotoshop. Clevere Sucher stürzen sich auf die weniger attraktiven Angebote, weil sie denen eher gewachsen sind und zudem dann bei Begegnungen dankbare Hingabe erwarten dürfen.

Was aber alle eint, ganz egal, welche Form sie nutzen, in einer scheinbar vom Schicksal der Einsamkeit gebeutelten Gemeinschaft, ist die Sehnsucht nach einer großen einmaligen Liebe. Das oft zitierte Klischee von der Frau oder dem

Mann fürs Leben, ähnlich ausgelaugt wie jenes von den baumelnden Seelen, ist aus solchen Träumen geboren. Die erblühten oder verblühten sowohl einst als auch jetzt, manchmal erfüllten sie sich, manchmal eben nie.

Es gibt immerhin dank technischer Neuheiten gewisse Fortschritte auf dem Weg zum Ziel. Früher konnten Königskinder nicht zueinanderkommen, weil ein Wasser zu tief war, heute twittern sie sich so lange zu, bis ein Fährboot ablegt. Inhaltlich aber hat sich auf den Dating-Plattformen im Internet nichts verändert. Nach wie vor gilt: Liebe ist Segen und Fluch, Lust und Verlust, Flug zu den Sternen wie auch Sturz in die Hölle. Nichts davon ist alt oder neu, analog oder digital, alles ist zeitlos und alle treffend. Männer, die Frauen suchen. Frauen, die Männer suchen. Männer, die Männer suchen. Frauen, die Frauen suchen.

Für Dichter und Denker ist Liebe so ergiebig wie der Tod. Eine ewig sprudelnde Quelle, aus der sie schöpfen, seit die Nachfahren von Eva und Adam nach deren fristloser Kündigung aus dem Garten Eden in eine Schrebergartenkolonie nach Bethlehem umziehen mussten. Sie ist, ganz egal, ob es ein Happy oder ein Unhappy End gibt, immer auch verbunden mit Romantik. Sex kann allerdings durchaus ohne romantische Schwüre Hochgefühle auslösen. Auch das war schon immer so. Heute wird offen über sexuelle Vorlieben, sexuelle Erlebnisse, sexuelle Möglichkeiten geschrieben und geredet und gebloggt.

Guter Sex ist wie ein gelungenes Menü in einem Gourmetrestaurant – Vorspeisen als Vorspiele, Hauptgänge als Stellungen –, dem am Tag danach, gleichfalls sättigend, wieder ein alltägliches Mahl in der Kantine folgen darf. Ein perfekt zubereiteter Loup de Mer vermag befriedigend zu sein wie ein Quickie im gegenseitigen Einvernehmen. Hochzeitsnächte lassen sich auch ohne Hochzeit erleben. Falls in der Morgendämmerung ein Vogel zu singen beginnt, ist es dann tatsächlich die Lerche und nicht eine romantisch zwitschernde Nachtigall.

Viele Ehen werden deshalb nicht etwa im Himmel geschlossen, sondern im Namen der Vernunft. Daher der Begriff »Vernunftehe«. Die hat sowohl merkantile als auch religiöse Ursachen. Beispielsweise, weil durch die Heirat ihrer Kinder zwei Bauern ihre angrenzenden Felder zusammenlegen und ertragreicher beackern konnten. Beispielsweise, weil Braut und Bräutigam von Kindesbeinen an nur Glaubensbrüder oder Glaubensschwestern zur Auswahl hatten. Beispielsweise, weil Väter von Braut und Bräutigam identische Geschäfte betreiben und mittels einer Heirat Konkurrenz ausschalten wollen.

Das ging sogar gut, bis der Tod sie schied, weil sich weder Mann noch Frau romantischen Vorstellungen hingaben, sondern ihre Ehe als Pflichterfüllung empfanden. Ebenso häufig geriet das Modell Vernunftehe in analogen Zeiten jedoch zur Vorhölle auf Erden. Hauptsächlich litten in der die Frauen. Dichter nahmen sich ihrer Verlorenheit an und gaben ihnen Namen wie *Nora* Helmer oder *Effi Briest*. In modernen Zeiten würden Nora und Effi und alle ihre ähnlich wie sie unterdrückten Schwestern nach dem besten Scheidungsanwalt suchen und mit dessen Hilfe ihren Despoten den Laufpass geben. Denn fortan nicht mehr im Unglück leben zu müssen ist bereits ein großes kleines Glück.

Jede dritte Ehe in Deutschland endet mittlerweile vor dem Scheidungsrichter. Zwar glauben laut einer repräsentativen Umfrage des Berliner Wissenschaftszentrums (WZB) und des Sozialforschungsinstituts Infas unter 3100 Deutschen unterschiedlichen Alters noch immer neunzig Prozent daran, Liebe sei des Menschen höchstes Gut. Aber dass solches Glück nur noch in einer Ehe zu finden sei, erwarten die meisten nicht mehr. Momente von ungetrübten Glücksgefühlen immerhin überleben gespeichert im Hippocampus. Anklicken für Reaktivierung lassen sie sich jedoch nicht.

Die Vorstellung von romantischem, ja, göttlichem Glück, die immer eine ganz private ist, stirbt offenbar erst mit dem Tod. Selbst vom Leben sichtbar tief gezeichnete Greise halten es für ein ihnen noch immer zustehendes Menschenrecht. Sie fühlen sich in Altenheimen als Hähne im Freigehege der sie begehrlich umschwärmenden Hennen. Was nicht an ihrer unwiderstehlichen Ausstrahlung liegt. Sondern allein der Statistik geschuldet ist. Männer sterben – unter anderem wegen ihrer längeres Leben erschwerenden Eigenheiten wie Saufen, Rauchen, Fressen – durchschnittlich fünf Jahre früher als Frauen.

Wer diesen Durchschnittswert überlebt, wird kurz vor Sonnenuntergang automatisch zu einem in seiner Altersgruppe seltenen Prachtexemplar, genießt Artenschutz wie der Wachtelkönig, ist für Witwen in nachwachsender Zahl der finale Traum ihrer bereits im Koma liegenden Sehnsucht. Solange sie nicht gestorben sind, lebt die Hoffnung, eine große Liebe doch noch zu finden. Von altersgemäßen Formen der zwischenmenschlichen Annäherungen allerdings will niemand Näheres wissen. Sex im Alter mutet an wie vergebliche Liebesmüh und riecht eher nach saurer Milch, als dass es nach Rosen duftet.

Immerhin verleiht die Romantik der Liebe Flügel. Eine nächtliche Gondelfahrt im Riesenrad des Praters zu Wien wirkt anregender als eine betreute Bustour durch Magdeburg. Ein Fado-Konzert in Lissabon stimulierender als ein Liederabend in Gütersloh. Eine Reise zum Ende des Regenbogens elektrisierender als ein Campingausflug in den Südharz. Keine überraschende Erkenntnis, sondern eine Binse aus der Abteilung »Sach bloß«. Es ließe sich im Umkehrschluss sogar das Gegenteil behaupten. Falls trotz unromantischer Beilagen wie Liedertafel, Bustour, Campingplatz am Ende des Tages eine Liebe noch immer duftet und noch immer schmeckt, hat sie im Alltag eine Überlebenschance. Braucht keine Flügel mehr, weil sie nicht mehr abhebt.

Denn falls romantische Vorstellungen bereits im Frühstadium von Beziehungen entzaubert, aber aufkeimende Annäherungen trotzdem nicht abgebrochen werden, könnte aus einem lässig begonnenen Flirt unter Freien eine Vereinbarung auf Festanstellung werden. Diese Form heißt Ehe oder weniger bindend Lebensabschnittspartnerschaft. Beides erfordere regelmäßige sogenannte Beziehungsarbeit, verkünden fest angestellte Ratgeber in diversen bunten Blättern, deren Chefredakteure über die Lieben ihnen nicht näher vertrauter Prominenter schwadronieren und ihre Ergüsse auch noch Leitartikel nennen. Ihre Verhunzungen von Liebe und ihre Vergewaltigung von Sprache erzeugen unter uns wachsamen Träumern so etwas wie Sodbrennen. Ähnlich dürfte es frei laufenden Straßenkötern ergehen beim Anblick ondulierter Pudel.

Der gebildete Glücksverkäufer Alain de Botton hatte mir in London nicht nur seine Idee von der Schule des Lebens erklärt, sondern mir auch Reste von noch immer vorhandenen romantischen Vorstellungen auszutreiben versucht. Eigentlich sei die Liebe erst in der Mitte des 18. Jahrhunderts von Poeten, Philosophen, Künstlern idealisiert worden. Zuvor war romantische Liebe keines ihrer Werke wert. Was heute als Liebe verklärt wird, funktionierte außerhalb adeliger Spielwiesen, auf denen es gar lustig zuging, als gottgefällige Methode, in ehelicher Gemeinsamkeit aufkommenden

Stürmen des Lebens besser gewachsen zu sein. Mal abgesehen davon, dass die Ehen wegen der geringeren Lebenserwartung auch nicht so lange dauerten wie heute.

Im Verlauf der folgenden Jahrhunderte habe sich, so de Botton, unter Liebenden auf der ganzen Welt romantisches Verhalten so verbreitet, dass heute ein chinesischer und ein finnischer Jüngling, beide aus Ländern stammend, in denen klassische Annäherungsmethoden der Latin Lover eher unbekannt sind, beim Date im Prinzip die gleichen Mittel einsetzen. Kerzenlicht. Geigen. Räucherstäbchen.

Bei dieser Vorstellung schien es nicht nur mich, sondern ebenso de Botton innerlich zu schütteln. Es kann zwar sein, dass er den ersten Anflug einer Erkältung verspürte. Aber seine Botschaft blieb unmissverständlich. Die romantische Vorstellung, in einer leidenschaftlich erblühten Zweierbeziehung, ausgerechnet in einer Ehe, würde es stets so bleiben wie beim Erstflug zu den Sternen, sei schlichtweg lebensfremder Nonsens. Dagegen spreche alle menschliche Erfahrung. Auch seine persönliche, auf die er selbstverständlich als Brite nicht näher einging. Dass Liebe und Sex eine romantische Einheit bilden würden – nichts weiter als eine idealistische Träumerei. Liebe ohne Sex gebe es nur im Märchen oder in den nachgelassenen Überlieferungen der Minnesänger, denen es offenbar nie gelang, die Keuschheitsgürtel der von ihnen angehimmelten adeligen Damen, deren kreuzritternde Gebieter sich im Nahen Osten herumtrieben, per Nachschlüssel zu öffnen.

Sex ohne Liebe dagegen sei nicht etwa die Ausnahme, sondern – *Let's face it!* – nun mal die Regel. Der sexuellromantische Komplex insgesamt nichts weiter als eine globale Werbekampagne des Kapitalismus, die Gesetze der Marktwirtschaft von Nachfrage und Angebot auch auf dem Markt

287

anzuwenden, auf dem Gefühle angepriesen werden. Die Lust ist real, die Sehnsucht illusionär. Das behaupteten, meint de Botton, alle Philosophen außer Plato. Liebe helfe gegen Einsamkeit, okay, in Einzelfällen durchaus vorstellbar. Doch meist sei es doch bitte sehr wohl eher so, dass auch zu zweit jeder oder jede allein ist. Und dass die Lust auf andere mit dem ehelichen Treuegelöbnis erlösche, sei noch so ein die Menschheit bewegender Irrglaube, der eine ganze Branche ernähre. Die der Therapeuten und Psychiater.

Das belegte de Botton sogar mit Zahlen: Nachdem im August 2015 Hacker die Kundendaten der US-Seitensprungplattform Ashley Madison ins Netz gestellt hatten – Name, Adresse, Zahl der Einsätze, bevorzugte Sexpraktiken –, konnte man in den Augen von Scheidungsanwälten schon förmlich Dollarzeichen erblicken. Mit Jahrgangschampagner stießen sie auf kommende rosige Zeiten an. Ungefähr dreißig Prozent der Männer, die sich vom Motto der Website hatten anziehen lassen – *Life is short, have an affair* –, darunter evangelikale Fundamentalisten und Moralprediger aller Art, waren nämlich verheiratet.

Im naiv-männlichen Glauben, allenfalls Gott werde sie in flagranti ertappen können, und der werde wie üblich seinen reuigen Sündern verzeihen, hatten sie sich darauf verlassen, dass ihre per Kreditkarte bezahlten außerehelichen Ausgaben gelöscht worden waren. Ashley Madison, von den anonymen Moralaposteln im Internet beschimpft als Herzensbrecher, Familienvernichter, Ehezerstörer, kassiert für jede vermittelte Affäre ein Honorar. Allerdings brachen die Umsätze nach den Enthüllungen ein, zumal bekannt wurde, dass neun von zehn Usern Männer waren, was den begründeten Verdacht nährte, dass die das Laken zumeist mit Professionellen geteilt hatten und Ashley Madison das auch gewusst habe.

De Bottons Fazit: Menschen würden niemals all das, was sie sich ersehnen, in anderen Menschen finden. Ganz egal, wie sehr sie die zu lieben glauben. Umgekehrt fänden auch die ihre Sehnsucht nur teilweise, nie ganz erfüllt. Das liege in der Natur des Menschen. So sei er nun mal ge-, so sei er nun mal beschaffen. Sich dessen bewusst zu sein, sich der Wirklichkeit nicht etwa träumerisch zu entziehen, sondern sich ihr gelassen zu stellen, bewahre andererseits vor Enttäuschungen. Weil keiner der Liebe Irrungen und Wirrungen rational erklären kann, ohne in Leerformeln zu verfallen, auch kein Philosoph und auch kein Neurologe, weil eben keiner weiß, warum sie plötzlich kommt und ebenso plötzlich wieder geht, auch keine Therapeutin und auch keine Wahrsagerin, weil Liebe nicht berechenbar ist und Algorithmen nichts zur Lösung beitragen können, weil es allenfalls gesellschaftlich bedingte Veränderungen gibt, weg von der romantischen hin zur partnerschaftlichen Liebe, kurzum: weil es halt nun mal so ist, wie es ist, machte das den dichtenden Trostspender Erich Fried unsterblich als Vater aller an einer sinnstiftenden Erklärung Gescheiterten:

Es ist Unsinn
sagt die Vernunft
Es ist was es ist
sagt die Liebe
Es ist Unglück
sagt die Berechnung
Es ist nichts als Schmerz
sagt die Angst
Es ist aussichtslos
sagt die Einsicht
Es ist was es ist

289

sagt die Liebe
Es ist lächerlich
sagt der Stolz
Es ist leichtsinnig
sagt die Vorsicht
Es ist unmöglich
sagt die Erfahrung
Es ist was es ist
sagt die Liebe

Sich zu wehren sei sinnlos, lautet Frieds lyrische Botschaft.
Wer das akzeptiere als unabänderlich, mache seinen Frieden
mit ihr. (Ein übler Kalauer, ich weiß. Mein geschätzter Lektor hat versucht, mir diesen Satz auszureden.) Fried traf den
Nerv derer, die sich von der Liebe geschlagen fühlten. Sie
ließ sich damals, als sein Gedicht zum Bestseller wurde, noch
nicht googeln. Der global erschallende Schlachtruf *Make Love
not War*, eine überaus geniale Botschaft an die damals jugendliche Zielgruppe, von uns zärtlich zupackend in Taten un-
gesetzt, wann auch immer sich die Gelegenheit ergab, holte
Fried herunter vom Podest der vom eigenen Unglück selig
betroffenen Deutschen. Viele fanden in den wilden Propheten des Rock'n'Roll ihre Helden, viele ihre Träume treffen-
der in deutschen Schlagern besungen.

Dass sich Erich Fried lautstark einmischte in die Politik
der Herrschenden, dass er, der jüdische Emigrant, dessen Vater von der Gestapo in Wien ermordet worden war, einer
der aufrechten Widerborstigen war, ein unbeugsamer kleiner
großer Held, der zeitlebens seine Stimme erhob gegen das
Verdrängen von Schuld oder die geheimen Kriege der CIA,
wird von seiner lyrischen Definition der Liebe überlagert.
Der Mann, dessen Herz links schlug, wo es auch politisch

verortet hingehört, und der mit der Kraft des Wortes die Welt verändern wollte, wird von Lehrern, die ihn einst in ihrer Jugend liebten für seine resigniert-lakonische Feststellung, mit der Liebe sei es nun mal halt so, wie es ist, den Digital Natives noch immer zwecks Interpretation anbefohlen. Deren verstörte Deutungen lassen sich anklicken. »Die Liebe gewinnt wohl immer oder so ähnlich... das Gedicht besteht ja fast nur aus Gegensätzen und vielen Wiederholungswörtern sowie enthält es keine Satzzeichen... Ich komm damit kein bißchen klar. Wir sollen Anapher, Alliteration, Symbole und Metaphern suchen. Ist da sowas enthalten... Es geht um ein junges Mädchen oder einen jungen Kerl, das schlechte Erfahrungen mit der Liebe gemacht hat... egal was der Verstand sagt, die Liebe ist stärker und somit läßt sich das Mädchen letztendlich ein weiteres Mal darauf ein...«

Aus dem Archiv der im Vorderhirn gespeicherten Erinnerungen steigen Bilder aus niemals gelöschter Vergangenheit. Flackernde Kerzen. Ein Gesicht. Im Hintergrund singt Leonard Cohen. Alles stimmig. Doch ob es stimmt, lässt sich nicht mehr überprüfen. Zu der Welt, in die jene mit diesen braunen Augen sich vor Jahren verabschieden musste, besteht keine Internet-Verbindung. Der Sänger besang, ach, Suzanne, Suzanne, in wehmütigem Abgesang, in melancholischen Tönen zwischen Dur und Moll, die vergebliche Suche nach Glück.

And just when you mean to tell her
That you have no love to give her
Then she gets you on her wavelength
And she lets the river answer
That you've always been her lover

Die Mädchen, die ihn einst anhimmelten, dürften inzwischen alt sein. Falls sie nicht wie der melancholische kanadische Poet bereits verstorben sind.

Für Glückssucher werden jährlich gefühlt eintausend Ratgeber verfasst – *Liebe lernen für Paare und Singles, In Liebe wachsen, Er steht auf dich: Sei du selbst und er wird sich verlieben, Die fünf Sprachen der Liebe, Garantiert Erfolg bei Männern: Bedienungsanleitung für die Single-Frau in Sachen Liebe, Wahre Liebe lässt frei, Liebe will riskiert werden, Wenn das Schicksal auf zwei Herzen trifft, Wie Sie Ihren Traumpartner finden* und so weiter und so fort –, deren Erzeugerinnen eine unerwiderte Liebe zur deutschen Sprache verbindet. Das mag auch eine üble Nachrede sein, denn keines dieser Bücher habe ich je gelesen. Die Titel bereits schreckten mich nachhaltig ab.

Politisch korrekt in seiner geschlechtsneutralen Abwägung möglicher Ausdrucksformen der Liebe ist das globale Lexikon des digitalen Zeitalters, Wikipedia. Sprache wird dort grundsätzlich nur als Tool benutzt, passend zum Sprachvermögen der Zielgruppe. Nähere Beziehungen zu Wortschätzen sind online nicht vorgesehen. Wer sich dennoch in sie verliebt, muss zurück ins analoge Leben und ihnen lesend den Hof machen.

Die Liebe ist, laut Wikipedia,»im Allgemeinen die Bezeichnung für die stärkste Zuneigung und Wertschätzung, die ein Mensch einem anderen entgegenzubringen in der Lage ist. ... kann unabhängig davon entstehen, ob es erwidert wird oder nicht. Nach engerem und verbreitetem Verständnis ist Liebe ein starkes Gefühl, mit der Haltung inniger und tiefer Verbundenheit zu einer Person, die den Zweck oder den Nutzen einer zwischenmenschlichen Beziehung übersteigt und sich in der Regel durch eine entgegenkommende tätige Zuwendung zum anderen ausdrückt.«

Hundert Jahre zuvor wurden von Wikipedias analoger Urgroßmutter, *Meyers Großem Konversationslexikon,* alle denkbaren sprachlichen Ausflüchte benutzt, um sich bloß nicht näher einzulassen mit dem geheimnisvollen Wesen, dennoch aber der Pflicht nachzukommen, zwischen den Einträgen für die schlesische Stadt *Liebau* und den Nebenfluss der Weichsel namens *Lieben,* damals alles auf oder in deutscher Scholle gelegen, auch *Liebe* zu erklären. Dem herrschenden Zeitgeist entsprechend unter Wahrung einer gesitteten Distanz, einer sittlichen Wortwahl und, wo es angebracht schien, zwischen den Zeilen mit spürbarem Abscheu. Einfacher zu erklären und frei von doppeldeutigen Assoziationen waren andere Formen der Liebe. Die zum Vaterland, die zu Eltern und Geschwistern, die zur Heimat und die zum Nächsten sowieso. Solche Lieben waren naturgemäß frei von Eros, Leidenschaft, Sex und somit jugendfrei.

Die jugendgefährdende Liebe wird im Gegensatz zu jenen Lieben definiert als »dem Haß entgegengesetztes Gefühl, das durch ein erstrebenswertes Gut in den Lebewesen erzeugt wird, und das in der Vereinigung mit jenem, sei es als herrschendes oder dienendes Glied, seine Befriedigung findet«. Selbstredend ist Glied als Bindeglied verwendet worden, mögliche andere Assoziationen, die heute naheliegender wären, verbieten sich im Erscheinungsjahr 1906. Sobald es nötig wäre, konkreter werden zu müssen, wird es stattdessen blumig. Denn die Eigenschaften, die den Wunsch der »Vereinigung, resp. des Besitzes erwecken, können in äußeren und inneren, körperlichen und geistigen Vollkommenheiten, Schönheit, Kraft und in solchen Vorzügen bestehen, die der liebende Teil vielleicht um so mehr bewundert, je weniger er sie selbst besitzt«.

Falsch sei es aber, jenen »unwiderstehlichen Drang zur Ver-

293

einigung« als eine geradezu elementare Kraft zu betrachten, eine alles überwältigende Liebe, wozu laut Plato eine »polare Verschiedenheit, ein möglichst großer Gegensatz« gehöre. Denn dann müssten »den Gottlosen die innigste Gottesliebe und den Barbaren die Liebe zur Kunst eigen sein«. Was aber, wie jedermann wisse, in der Realität nicht vorkomme. Es gab damals ja noch keine Möglichkeit, im Netz recherchierend Absurdes auf seinen Wahrheitsgehalt zu überprüfen.

Falls Personen des gleichen Geschlechts über Freundschaft hinausgehende Empfindungen füreinander hegen sollten, sei das eindeutig krankhafter Natur und deshalb »milder zu beurteilen, als es meist geschieht«. Flugs begeben sich die Liebe-Deuter danach wieder auf sicheres moralisches Terrain und beschreiben, was andere so treiben: Bei niederen Völkern werde das »Weib ohne Wahlfreiheit« verkauft. In Afrika seien »zärtliche Gefühle« nahezu unbekannt, denn da diene »die Vereinigung der Paare fast ausschließlich der Geschlechtslust«.

Dessen war sich hundert Jahre später auch Gloria von Thurn und Taxis gewiss, als sie von oben herab im deutschen Fernsehen ihr hoheitliches Wissen kundtat, wonach der Schwarze liebend gern »schnacksle«, wohingegen unter anständigen, vornehmlich katholischen Weißen Sex zum Kinderkriegen da sei, aber nicht zu »Jux und Tollerei«. Sie sprach dabei aus den Erlebnissen ihrer frühen Jahre. Dass Erfahrung nicht immer zur Klugheit führt, bewies sie selbst redend. Die ungezügelte Lust auf geschlechtliche Vereinigungen, ausgehend von triebgesteuerten Männern, was laut *Meyers* typisch sei für die meisten mohammedanischen Völker und besonders verbreitet bei den Türken, die das »das ganze Brimborium von Verliebtsein, Hofmachen, Schmachten und Unglücklichsein nicht kennen«.

Ach, das wunderbare, verführerische, geliebte, erlittene

Brimborium, ach. Oft betrieben und durchlebt, bis irgendwann die systemimmanenten emotionalen Berg- und Talfahrten gelassen akzeptiert worden sind als Wesen jener tausendfach beschriebenen unergründlichen Himmelsmacht.

Errötend folgt er ihren Spuren
und ist von ihrem Gruß beglückt;
das Schönste sucht er auf den Fluren,
womit er seine Liebe schmückt.
O zarte Sehnsucht, süßes Hoffen,
der ersten Liebe goldne Zeit!
Das Auge sieht den Himmel offen,
es schwelgt das Herz in Seligkeit;
O, daß sie ewig grünen bliebe,
die schöne Zeit der jungen Liebe!

Mit diesen vorgeblich passenden Zeilen aus der »Glocke« ließ sich zwar Eindruck schinden, aber keine leidenschaftlichen Gefühle wecken. Schiller war klugen Mädchen allzu vertraut. Sie kannten das Original. Er ließ sich nicht benutzen.

Zum Brimborium gehörten aber Zitate von Dichtern aus früheren Zeiten – Fleming, Opitz, Lenau, Brentano –, denn sie wirkten, aufgefrischt mit kleinen Veränderungen durch Bezüge auf aktuelle Situationen, mitunter als glückselig machende Türöffner. Sich wegen des geistigen Diebstahls zu schämen war angesichts der in Aussicht stehenden Freuden in dann schlaffreien Nächten keine Gewissensbisse wert. Zum Brimborium gehörten fluchtige Flirts ebenso wie rechtzeitige Fluchten, wenn es ernst zu werden drohte. Zum Brimborium gehörten in einem gebrauchten blauen Porsche-Cabrio ihre Haare im Sommerwind. Zum Brimborium gehörten Geheimnisse und die Kunst, sie zu bewahren vor fremden Blicken.

Auf diesem Schlachtfeld waren alle Mittel erlaubt. Die Taktik zur Erstürmung von unterschiedlichen Festungen musste je nach Bauweise immer wieder aktuell verändert sowie wegen der Konkurrenz dem Zeitgeist angepasst werden. Mal wehte der esoterisch, mal stürmisch, mal schickte er Pfeile, mal Speere. Wer zur Laute griff, während auf den Straßen die Revolution besungen wurde, ward nie erhört, denn die schönen Mädchen liefen bei den Wilden mit und ließen sich von denen fangen. Wer immer wieder leidvoll erfahren hatte, dass schönen Mädchen, auch klugen, unmittelbar die Knie weich wurden, sobald großkalibrige Kerle in ihr Blickfeld gerieten, es ihnen dann begehrend egal war, wie es bei denen im Inneren oder gar im Kopf aussah, musste unter der Maske cool wirkender Gelassenheit denen die Nächte überlassen. Sich so wund geschlagen zu bescheiden mit liebenswerten Wesen und deren inneren Werten war in einem von optischen Reizen bewegten Alter keine Option.

Benötigt wurde eine Strategie. Ideen wurden gebraucht, die andere nicht hatten. Dichtend ließ sich ans Ziel gelangen. Verdichtend wäre wohl das richtige Wort. Dabei half mein Beruf. In jedem Artikel, den ich damals schrieb, und ich schrieb viele, stand eine Zeile, die nur sie verstand. Nur die eine. Niemand sonst. Damit dieser eine Satz aber nicht gestrichen wurde von einem unverständigen Redakteur, dessen Funktion inzwischen mein schon erwähnter Lektor mit Leben erfüllt, musste er verständlich formuliert sein, sodass er irgendwie doch mit dem jeweiligen Thema im Einklang stand und deshalb im Text eben doch stehen blieb. Als besonders förderlich, einzigartig zu erscheinen, erwiesen sich Musikkritiken. Popsongs handelten zumeist von Liebe, und deshalb lag es nahe, sie um eigene Worte zu ergänzen, heiteren Gemüts, leichten Herzens, auf bestimmte Wirkung hin geschrieben. Das war irgendwann bei ihr als Taktik verbraucht, aber es gab ja immer wieder neue Spielfelder und andere Mitspielerinnen. Denn selbst bürgerliche Hochkultur war verkuppelnd hilfreich. Die Rolle des Octavian, genannt Quinquin, im »Rosenkavalier«, der während der Abwesenheit des Hausherrn der Feldmarschallin beischlafen durfte, ließ sich mit aktuellen Bezügen zu Spielstätten diesseits der Bayerischen Staatsoper interpretieren. Wegen des zu großen Altersunterschieds wurde im Original aus der klingenden Liebelei zwar keine Liebe, aber der jugendliche Held eroberte im dritten Akt eine Gleichaltrige. Das wiederum passte. Die auf der Bühne hieß Sophie, die in der Wirklichkeit nicht. Die Liebe, schreibt der französische Schriftsteller Michel Houllebecq, sei nun mal »ein Ideal, das sich außerhalb der Zeit situiert«, und weil es sich dort festgesetzt habe, sei es unvergänglich, »auch wenn es sich in der Wirklichkeit nur schwer materialisiert«.

Peinlich oft, sobald romantische Wallungen bei hoher oder niederer Minne vorübergehend den Verstand trübten, verfasste ich auf unschuldigen weißen Bögen fürchterliche Reime im Liebeswahn und ähnlich Grauenvolles bei Liebeskummer, mich wälzend im Unglück – ach Welt, ach Mensch, ach du lieber Gott. Die Gefühle sind längt erloschen, die sogenannten Gedichte verschollen. Manche Haikus könnten in Baumrinden geritzt überlebt haben. Aber die Bäume stehen zum Glück im Wald und nicht im Internet. Gebrochene Herzen heilen, so wie andere Brüche auch, am besten dann, wenn sie ruhiggestellt werden. Ganz ruhig. Keine Bewegung, no go. Alle Kontakte abgebrochen, keine Berührung an der verwundeten Stelle. So lange, bis alles, alles verheilt ist. Und alles von Neuem beginnt.

Sich zu verlieben wird im Englischen umschrieben mit »to

297

fall in love«. Ziemlich gut getroffen – diese Definition von eigentlich Undefinierbarem. Falsch übersetzt, aber dennoch richtig getroffen hieße das, in die Liebe zu fallen. Der tiefere Sinn steckt im Wort »fallen«, denn wer fällt, der kann sich etwas brechen. Im Temporallappen, wo Liebeleien neben Lieben gelagert sind unter *w* wie wichtig oder *u* wie unwichtig und nie verstauben, weil im Gehirn regelmäßig der Mehltau weggewischt wird, hauptsächlich im Schlaf, tauchen Wesen auf, Landschaften, Städte. Manche scheinen im Laufe der Zeiten in falsche Ordner geraten zu sein, passen nicht zueinander. Jene Augen gehörten doch nicht zu diesem Gesicht und diese Haarfarbe nicht zu jenem Mund, und in dieser Stadt waren wir doch nie. Oder etwa doch?

Liebesbriefe wurden in analogen Zeiten handschriftlich verfasst. Von berühmten Dichtern sind sie zur Freude der Philologen überliefert. Sogar kühl-rationale Denker wie Heidegger und Hannah Arendt schrieben einander Liebesbriefe. Auch die selbsthändig geschriebenen könnten noch auf irgendeinem Dachboden, in irgendeinem Keller in irgendeiner Truhe neben denen meiner Vorgänger oder Nachfolger liegen. Sie sind für die wortgewaltig einstmals Umschwärmten die Dokumente auch ihrer Vergangenheit, gehören auch zu ihrer Biografie. Wurden selbst dann nicht entsorgt, als der Schreiber als Liebhaber längst schon entsorgt war.

Weil die Liebe gestern heute morgen das »gesprächigste aller Gefühle« sei, behauptet Robert Musil in seinem unvollendeten Roman *Der Mann ohne Eigenschaften*, und zum großen Teil »ganz aus Gesprächigkeit bestehe«, ist der Mensch das »einzige sprechende Tier ... das auch zur Fortpflanzung der Gespräche bedarf«. Und falls ihm niemand zuhört, seine Liebe stumm leidet, schreibt der Mensch in ihrem Namen eben Briefe. Denn die verleihen ihr Ewigkeit.

Vor allem dann, wenn der eine vom anderen auf Zeit getrennt war. Im Krieg zum Beispiel. Die Briefe, die mein Vater an meine Mutter schrieb und meine Mutter an meinen Vater, lagen in der Schublade eines dunkelbraunen Sekretärs. Schon lange ruhen sie in ihrem gemeinsamen Grab. Zusammengebunden mit farbigen Kordeln. Keines ihrer Kinder hat sie gelesen, denn das hätte auch nach ihrem Tod die Privatsphäre unserer Eltern verletzt.

Bevor am Beispiel von Dating-Apps und -Plattformen die modernen Formen der Liebe erläutert werden, in denen romantische Gefühle keine Rolle mehr spielen, bevor von digitalen Kupplern erzählt wird, die ihren Followern online, egal zu welcher Zeit, jeden Wunsch nach Vereinigung erfüllen, muss ich mich erinnernd, wieder mal unsicher, ob es auch stimmt, zurück in Zeiten, in denen der Himmel entweder voller Geigen hing oder in denen sich »dunkle Gassen« reimten auf »bin verlassen«. Beide Zustände werden auf den digitalen Märkten vermieden, weil solche Gefühle die coole junge Klientel verstören würden. Im Internet ist Liebe entzaubert und reduziert auf das angeblich Wesentliche. Wer Lust verspürt, sich zu paaren, klickt auf gut Glück.

Persönliches also, in gebotener Nähe, aber mittlerweile aus sicherer Distanz. Mein Bild romantischer Liebe entstand aus einer bestimmten Perspektive zu bestimmten Zeiten und nicht zufällig, sondern aufgrund von bestimmten Vorstellungen. Die wiederum wuchsen deshalb in der Fantasie heran, weil man in jungen Jahren eben noch keine echten Erfahrungen hatte. Der Aussteiger in Eichendorffs *Aus dem Leben eines Taugenichts*, der lieber träumend in die Sonne blinzelte, als in der Mühle des Vaters zu schuften, der Geige spielte und schließlich aus der Provinz in die Welt ausbrach, schien deshalb trotz der uns schulisch verordneten Pflichtlektüre des romantischen deutschen Idealisten ein erstrebenswertes Vorbild für mich zu sein.

Ich erklärte mir treuherzig tumb den *Taugenichts* in jugendlichem Wahn zum Buch meines Lebens. Nicht etwa, weil der geigte und sang und auch noch durchs ewige deutsche Sehnsuchtsland Italien zog. Singen konnte ich zur Not auch selbst. Sondern weil er ein Bildnis erblickt hatte, bezaubernd schön, das in ihm nicht mehr zu löschen war bei Tag und bei Nacht, und weil er sich unsterblich in dieses Traumbild verliebte. Damit konnte ich mich identifizieren. Ohne Hoffnung auf Erfüllung seiner Sehnsucht trägt der Taugenichts das Bild der Angehimmelten im Herzen. Wandert liebeskummervoll durch Berg und Tal, schlägt sich auf ihren Spuren durch in Italien. Sie bleibt scheinbar unerreichbar. Er resigniert, gibt seine Träume auf, macht sich auf den Heimweg. Doch als der liebesleidende Gärtner die Verkörperung seines Wunschbilds im Schlosspark sieht und als er erkennt, dass sie nicht etwa eine Gräfin ist, sondern nur deren Zofe, also aus seiner sozialen Schicht stammt, und als auch sie ihm zulächelt, wird alles, alles gut. So wie es sich ziemt für romantische Erzählungen.

Dass es zu Lebzeiten unmöglich ist, das Geheimnis Frau zu lösen – obgleich es bei vielen Frauen ja gar keines gibt! –, ahnte ich damals noch nicht. Denn auch unter ihnen tummeln sich Frauscharen von Blöden, so wie es auf der anderen Seite Herrscharen von Dummys gibt. Der Kampf gegen globale Verdummung ist mittlerweile so notwendig wie der gegen die globale Klimaerwärmung. Aber das passt hier nicht her, das gehört in eine andere Geschichte. Damals war ich nur jung blaublumig romantisch verblödet. Selten unterbrochen von lichten Momenten.

Aber selbst heute würde ich hin und wieder noch liebend

gern erfahren, wie es dem Taugenichts mit der Liebe erging nach seinem romantischen Satz:»…und es war alles, alles gut«, und wie es überhaupt ist mit den Flügen hinauf zu den Sternen und wie es da aussieht. Ohne Eichendorff geht das allerdings auch. Oder nie. Obwohl jener biedermeierlichen Feld-, Wald- und Wiesen-Romantik entwachsen, war es dennoch des Taugenichts Reise in die Ferne auf der Suche nach Nähe, die als geheimes Verlangen blieb. Wissen zu wollen, wie es hinterm Horizont aussieht. Meine große Leidenschaft Neugier hat mich nie verlassen, und ich blieb ihr treu. Sie ist, im Spätherbst des Lebens, weniger auf Erfüllung denn auf Erkenntnis gerichtet. Aber falls wer auch immer vor dem finalen Sonnenuntergang mir einen letzten Wunsch erfüllen würde, falls ich also die Wahl hätte, so wäre es am Ende wohl ein letzter guter Satz. Einer, den mir keiner mehr streichen dürfte. Einzig denkbare Alternative, mit der ich leben könnte, wäre die Entschlüsselung der Schlusssequenz in Sofia Coppolas Film *Lost in Translation*. Bill Murray alias Bob Harris umarmt die junge Scarlett Johansson alias Charlotte, die vom Alter her seine Tochter sein könnte, flüstert ihr etwas ins Ohr und geht dann weg. Sie lächelt. Was hat er ihr zugeflüstert? Die Regisseurin hat es nie verraten. Wahrscheinlich war es, um nicht romantischen Vorstellungen zu verfallen, die Abflugzeit seiner Maschine von Tokio zurück in die Vereinigten Staaten.

Es vereinfacht das Leben, nicht alles zu wissen und manches nie, und dies ist die eigentliche Gunst, die Gott erweisen will, wenn er Menschen erwachsen werden lässt. Manchmal lässt er Romantiker sogar auf kleinen weißen Wolken in seine Nähe fliegen, in den Himmel. Auf Erden aber ist von ihm, falls ich ihn richtig verstanden habe, Glück als Dauergast nicht vorgesehen.

Andere Bücher, in denen ich mich suchte oder zu entdecken hoffte, prägten die verschiedenen Stationen im Leben. *Manhattan Transfer* war ein Wegbegleiter auf der Reise ins Erwachsenwerden. So wie John Dos Passos wollte ich schreiben können. Es blieb beim Wollen. Später, sehr viel später, förderte Marcel Proust die Zweifel daran, ob es so etwas wie eine große Liebe diesseits von Romanen überhaupt geben könne. Der Intellektuelle Swann fällt in Band eins in die Liebe zu Odette. Im damals gültigen Weltbild eine Halbweltdame. Eine sogenannte Kurtisane. Das durfte, das konnte nicht gut ausgehen.

Diese Episode innerhalb der unendlichen Suche in sieben Bänden, bis heute noch immer nicht bewältigt, ist eine lange Geschichte von Leidenschaft und Eifersucht und verständlich. Weil aber selbst bittere Erfahrungen niemals klüger machen, vermerkt Proust:»Man wäre für immer von jeder Romantik geheilt, wenn man in Ansehung derjenigen, die man liebt, bereits der Mensch zu sein versuchte, der man sein wird, wenn man nicht mehr liebt.« Ein denkwürdiger Merksatz. Rätselhaft. Schwer zu entschlüsseln.

Marcel Prousts kompliziertes Konstrukt ließ bereits analog nach ihrer eigenen verlorenen Zeit Suchende verzweifeln an ihrem und, um sich zu retten, auch an seinem Verstand. Auf den Smartphones der Digital Natives hat er erst recht keine feste Anlaufadresse. Die haben keine Zeit. Was sie suchen, ist Zeitvertreib. Was sie lieben, ist Sex. Ohne Umwege direkt zum Ziel.

Früher machten im Gegenteil gerade die Umwege das Spiel so faszinierend. Der erste Augenblick. Die erste Berührung. Das erste Treffen. Der erste Kuss. Vom Adagio über das Andante und Allegro bis zum Presto. Früher war am Anfang die Intuition und erst dann die Information. Früher baute sich das Ego nicht zuerst eine eigene Homepage, um seine Einmaligkeit anzupreisen, als ginge es um ein neues Waschmittel. Sondern begann vorsichtig, zögernd, gern tastend eine Expedition in die Seele des anderen, statt erst einmal die eigene zu entblößen. Früher lernten sich Menschen erst kennen, und dann erkannten sie sich, statt sich wie heute erst zu erkennen und danach die meistgestellte Frage nach One-Night-Stands zu stellen: »Sag mal, wie heißt du eigentlich?« Bei Tinder sind sogar One-Night-Stands aus der Liebe gefallen. Der Global Player der digitalen zwischenmenschlichen Suche nach Nähe bietet Sex bereits im Stundentakt. In den Klubs der verschiedenen Online-Dater sind angeblich einhundert Millionen Nutznießer eingetragen. Allein bei Tinder sollen es fünfzig Millionen sein. Die Zahlen beruhen auf veröffentlichten Erfolgsmeldungen der Unternehmen. Nachprüfen lassen sie sich nicht. Zumindest die angegebenen Altersprofile dürften stimmen. Denn Tinders Wirtstier heißt Facebook. Ausschließlich deren Mitglieder, in der für Sex and Drugs and Rock'n'Roll hauptsächlich relevanten Zielgruppe zwischen 18 und 35, sowohl Frauen als auch Männer, dürfen zum Tanz der Hormone bitten.

Tinder heißt übersetzt »Zunder«. Ein leicht zu merkendes Wort. Klingt zudem wie *tender*, wie »zärtlich«. Bei Tinder gibt es selten Zärtlichkeit. Da wird liebend gern gezündelt. Pfadfinder kennen das Prinzip von ihren nächtlichen Lagerfeuern, als sie zwei trockene Holzscheite so lange aneinanderrieben, bis ein Funke auf das bereitliegende Zeitungspapier übersprang und es entzündete. Das Beispiel lässt sich auf Tinder übertragen. Wenn sich zwei Körper beim Sex aneinanderreiben, dann entstehen zündende Funken, und wenn es vorbei ist mit der Leidenschaft, dann ist sie so erloschen wie das Feuer.

Wie viele später weltbewegende Ideen des digitalen Zeitalters entstand Tinder in Kalifornien, dem Biotop der Geistesblitzer. Genauer gesagt in der University of Southern California. Die junge Zielgruppe hatten die Gründer Jonathan Badeen und Sean Rad täglich vor Augen: Studentinnen und Studenten. Deren natürliche Bedürfnisse auch. Die strengen Campus-Regeln, gültig landesweit in den Vereinigten Staaten, bei denen bereits ein ansprechender Flirt zu einer sexuellen Belästigung degradiert und rigoros geahndet werden kann, hinderten sie frustrierend oft am praktischen Vollzug. Auf Mark Zuckerbergs digitaler Plattform ließen sich die Vorschriften umgehen. Zunächst theoretisch, denn ein gereckter Like-Daumen ist zwar unverfänglich, allerdings noch keine symbolische Einladung zu weiterführenden Aktivitäten. Als sich aber Wünsche mit der Tinder-App beim Schwanz packen ließen, lagen sie greifbar nah. Wer das jetzt vordergründig wörtlich nimmt, der sei auf das einzige Theaterstück Picassos verwiesen, zu ergoogeln unter Eingabe von »Wie man Wünsche beim Schwanz packt«, und soll sich anschließend seiner schmutzigen Gedanken und mangelnden Bildung schämen.

Das Geschäftsmodell Tinder ist ein denkbar simples. Wer auf Facebook ist, und wer ist das nicht – ich zum Beispiel –, lädt sich die App Tinder herunter, lässt sich dabei registrieren mit Vornamen und Alter und höchstens fünf Fotos für sein Profil, darf in wenigen Worten Eigenwerbung betreiben und kann anschließend seinen Marktwert auf der digitalen Fleischbörse testen. Analog hieß es noch dahinschmelzend im Mozart'schen Belcanto: »Das Bildnis ist bezaubernd schön, wie ich es niemals hab gesehen.« Digital malten sich alle ihr eigenes Bildnis selbst bezaubernd schön und stellten sich damit auf den Marktplatz.

Angebot und Nachfrage zu koordinieren funktioniert prinzipiell so, dass Tinderello oder Tinderella Gleichgetriebene suchen und dass die, falls sie interessiert sind an einer näheren, dann aber analogen Begegnung, sich ihnen öffnen. Anfragen erreichen alle, die in derselben Funkzelle suchend unterwegs sind. Falls er oder sie unattraktiv erscheinen, genügt ein Wischen nach links, und weg sind sie auf Nimmerwiedersehen. Falls sie verlockend wirken, werden sie nach rechts gewischt, und wenn die Gewischten ebenfalls in jene Richtung wischen, gibt es ein Match. Den Rest müssen die Gematchten unter sich ausmachen.

Sich für schnellen, unverbindlichen Sex zu verabreden, ohne zuvor reden oder gar bei einem klassischen Date, etwa im Restaurant, Geld ausgeben zu müssen, ist der eigentliche Kick. Es gelten Posting statt Poesie, Chat statt Charme, Resonanz statt Romantik. Je nach Lebensalter müssen die inzwischen zwei Millionen Tinder-Fans in Deutschland zwischen 1,99 und 19,99 Euro pro Monat überweisen. Alte zahlen mehr als Junge. Wie bei diesem Menschheitstraum auch im analogen Leben üblich. Die 68er-Parole »Trau keinem über dreißig!« hat im Internet überlebt.

Wenn Mann oder Frau nicht nur in ihrem Umkreis Gesellschaft für einsame Nächte suchen, sondern wo auch immer sie sich gerade befinden auf der Welt, wenn sie Premiumstatus wollen, wird zusätzlich ein altersunabhängiger Aufschlag von knapp zehn Dollar erhoben. Voraussetzung dafür, all die unterschiedlichen Kategorien von Economy Sex bis First Class Sex nutzen zu können, ist der Besitz von Smartphones mit dem handelsüblichen wischbaren Display. Nur auf dem kann das Spiel unter Gleichberechtigten beginnen. Wer laufend weggewischt wird, dessen Selbstwertgefühl mag zwar wie früher beim vergeblichen Versuch, sich einer Schönen flirtend zu nähern, auch jetzt gegen Null tendieren. Das bleibt aber im Unterschied zu den Niederlagen der Väter im digitalen Netz unentdeckt.

Die Sehnsucht nach der einen oder dem einen hat sich in der Dating-Society erübrigt, weil mehrheitlich – man schätzt bei neunzig Prozent der Mitglieder – nur das eine gesucht wird. Eine Generation, die aufgewachsen ist mit Freunden auf Facebook, die sie noch nie getroffen haben, scheint damit zufrieden zu sein. Gleichberechtigt im Spiel: junge Frauen wie junge Männer. Selbst bei einem Treffer wird nicht spontan entschieden, was immerhin noch ein kleiner *Coup de foudre* wäre, sondern es wird nur vorläufig gespeichert und dann erst einmal weitergewischt, um zu sehen, ob sich auf der Speisekarte noch etwas Besseres findet. Sex steht für Fastfood, für *eat it and quit it* unter Vermeidung von Völlegefühlen oder Magenknurren.

Das Ende der Liebe als eines romantischen Gefühlschaos bedeutet, nie erlebt zu haben dieses verdammte Herzklopfen vor dem ersten Rendezvous, nie empfunden zu haben diese vorfreudige Spannung, weil sie endlich gefragt hatte, ob man nicht noch auf einen Kaffee mit nach oben kommen wolle, nie unruhig ums Telefon geschlichen zu sein in der Hoffnung, dass es klingeln möge. Nie genauer erklären zu können, warum es diese und keine andere sein müsse. Zumindest damals und dort. Irgendwie war es in diesen Momenten anders als bei allen anderen, und damit war es einmalig, und dass die passenden Worte fehlten, machte nichts weiter aus, denn es gab Vorsänger aus England. Die Beatles.

306

Something in the way she moves
Attracts me like no other lover
Something in the way she woos me
I don't want to leave her now
You know I believe and how
Somewhere in her smile she knows
That I don't need no other lover
Something in her style that shows me

Bei Tinder oder OkCupid oder oder JCrush oder Once, das sich als Delikatessenladen gegen die digitalen Supermärkte positioniert mit dem Versprechen Qualität statt Quantität, haben wunderbare Gefühlsauslöserinnen keine Anhänger. Für selbst ein nur kurzes Gespräch besteht allenfalls noch vor Mitternacht eine Chance. Alles danach dreht sich alles andere ausschließend nur um das eine, nicht um die eine, nicht um den einen, und darum, an welchem Ort zu welcher Zeit das gemeinsame Match starten soll. Im US-Magazin *Vanity Fair* schilderte eine neunzehnjährige Studentin, als ginge es wie einst zur Schulzeit um ihr schönstes Ferienerlebnis, wie beeindruckt sie von der Coolness eines Matchboys war, der bereits nach neuen Matches auf seinem Smartphone suchte, während sie gerade begann, sich nach dem Sex wieder anzuziehen.

In der Schweiz hat sich die renommierte Eidgenössische Technische Hochschule (ETH) mit dem Dating-Portal Blinq sozusagen ins Bett gelegt und eine gemeinsame Website entwickelt. 500000 Fotos Prominenter wurden aus dem Netz geladen und dann Algorithmen mit der Frage auf sie angesetzt: Wer ist schön, was ist schön, wer ist es nicht? Schönheit entstand nicht mehr, wie früher gelehrt, im Auge des Betrachters, sondern nach Bewertung durch gefühlsfreie Algorithmen.

Die hatten, wie sich herausstellen sollte, ein anderes Schönheitsideal als der Mensch. Die Ergebnisse besaßen keine wissenschaftliche Aussagekraft. Was auch ganz im Sinne der Entwickler war. Es sei ein großer Spaß gewesen, nicht weiter ernst zu nehmen, denn die Attraktivität eines Menschen, egal ob bunter Hund oder ob graue Maus, ließe sich nicht durch neuronale Netzwerke bestimmen. Die Gründer von Blinq haben übrigens an der ETH studiert und nach ihrem Abschluss dort ihr Start-up gegründet. Noch verdienen sie nichts, noch sind sie auf den langen Atem der Investoren angewiesen. Noch ist ihr Spielfeld auf Bars und Klubs in Zürich beschränkt. Wenn sich dort zwei zublinken und ihre neue Bekanntschaft mit einem Aperol feiern, soll künftig Blinq von den Betreibern der Begegnungsstätten eine Vermittlungsgebühr bekommen.

Das Dating-Portal Hinge wiederum hat für sich eine Marktlücke auf dem offenen Fleischmarkt entdeckt. Wenn alle alles wischend erreichen können, wenn Gefühle verwischt werden als unnötiger Ballast, geht Hinge mit den Methoden der Old School auf Kundenfang. Hinge setzt auf romantische Gefühle wie einst in analogen Zeiten. Wer mehr als nur Sex und Hopp will, wird bei Hinge befriedigt. Der Name ist gut gewählt. In der Sprache des Handwerks verbindet ein *hinge* zwei mechanische Teile, die umeinander und miteinander rotieren. In einem überschaubaren kleinen Rahmen auf einer festgeschraubten Basis. Übertragen auf das gleichnamige Dating-Modell sind das die Zugehörigkeit zur gleichen sozialen Schicht und jeweils die Abstammung aus einem wohlhabenden Elternhaus. Klingt gut erzogen wohlanständig. Endet aber auch da, wo Tinder beginnt. Im Bett. Dort sind die höheren Töchter und Söhne zwar unter ihresgleichen, aber was sie bewegt, ist identisch mit dem, was auch die anderen treibt.

Allerdings verspricht Hinge auf seiner Homepage, länger anhaltende Beziehungen generieren zu wollen, bietet sowohl freundschaftliche Begegnungen an als auch romantisches Matchmaking. Ziel aber sei stets, nach dem Online-Einstieg langfristige Offline-Verbindungen zu schaffen. Man setze sich mit dieser Firmenphilosophie ab vom üblichen Massenmarkt der digitalen Kuppelei.

Das neben Neugier, der Mutter aller Schlachten, andere wesentliche Essential des Journalismus – glaube nichts, aber halte alles für möglich –, zu oft wegen des Zeitdrucks vernachlässigt, mit jedem denkbaren Schwachsinn als Erster online zu sein, zwingt zu Recherchen. Zu Kooperationen mit ausgewiesenen Experten. Neurobiologen beispielsweise müssten helfen können. Können sie aber nicht. Denn wäre es tatsächlich erforschbar mit seriösen Methoden, dann ließe sich ein Fall von Liebe simpel mit einem erhöhten Ausstoß von Dopamin im Gehirn erklären. Das ist zwar in der Tat so, sagt der Wissenschaftler, sage aber ansonsten nichts weiter aus.

Kluge Frauen, von denen es mehr gibt, als Männer ahnen, die aber unter ihren Geschlechtsgenossinnen auch keine Mehrheit haben, wissen von typischer männlicher Selbstüberschätzung, wonach sich selbst Quasimodos Söhne für die Enkel des Adonis halten. Deshalb geben sich solche Frauen instinktiv geheimnisvoll, unberechenbar, unlogisch kapriziös und machen sich nichts daraus, dass diese Eigenarten als nervig oder zickig gelten könnten. Sie sind früh ihren mädchenhaften Träumereien vom Märchenprinzen entwachsen, der ihnen seine Locke schicken möge fürs Poesiealbum.

Auf jeden Fall bevor Männer ihre Träume von Zauberfeen und Rosenreslis begruben. Einst liebten solche klugen Frauen Taugenichtse in erotischer Lendenstärke, hatten deren nächtliche Belegung leidenschaftlich genossen, aber instinktiv gespürt, die taugen nichts für den Alltag, denn im wahren Leben hören die Schmetterlinge im Bauch irgendwann auf zu flattern und setzen sich zur Ruhe – ein wesentliches Merkmal der Ehe, und wer das erkennt, hält sie deshalb aus. Diesen Satz würde Alain de Botton wahrscheinlich unterschreiben. Deshalb nahmen sie jene Männer, die ihrer eigentlichen Sehnsucht, gegen die Sonne blinzelnd, zumindest nahe kamen, ihr resigniertes Seufzen geschickt als Erfüllung ausgebend, in die Arme. Die meisten Erwählten fielen darauf rein, glaubten beglückt, der Märchenprinz zu sein, und merkten nie, dass sie eben doch nur Ersatzmannsbild waren. Allerdings das bestverfügbare auf dem Markt.

Romantiker stellen dennoch unbeirrbar die These auf, dass kein Mensch, den wir egal wann geliebt haben, uns je wieder völlig fremd sein wird. Wer es denn glaubt. Ich dagegen stelle mir lieber eine Show im Fernsehen vor, in der die Kandidaten ihre einstigen Lieben, die verteilt im Publikum sitzen, innerhalb einer gewissen Frist erkennen und benennen müssten. Sieger ist, wer sich an die meisten Fremden zu erinnern vermag.

Goethe ließ romantischen Gefühlen dichtend freien Lauf, als er, »geschwind zu Pferde«, den Liebenden auf seinem Ritt zur Geliebten in Wallungen versetzte. »In meinen Adern welches Feuer! In meinem Herzen welche Glut!« In seinem Roman *Die Wahlverwandtschaften* ist leidenschaftliche Liebe keine Himmelsmacht mehr. Sondern gepaart mit erdverbundener Vernunft. Die dort beschriebene unerlaubte Liebe endet bekanntlich tödlich. In seinen Zeiten durfte Ehebruch sogar im Roman nicht unbestraft bleiben. Aus Erfahrungen klug geworden, ging der Geheimrat aus Weimar davon aus, dass sich hinter emotionalen Beziehungen immer ein rationales System verbergen würde.

Als reitend durch die Nacht sein Herz erglühte, galt sein Begehren Christiane Vulpius. Als er die im fliegenden Wechsel einander nahe liegenden Paare der *Wahlverwandtschaften* beschrieb, hieß seine Liebe Wilhelmine Herzlieb, und die war damals erst neunzehn. Dass der Dichter in wilder Ehe lebte, sittenwidrig frei, erregte zwar die Gemüter der ihre eheliche Ordnung liebenden Spießerfrauen. Was den ewig nach Liebe suchenden alternden Geheimrat aber nur erheiterte.

»Jeder von uns ist die Liebe im Leben eines anderen«, beginnt in Andrew Sean Greers Roman *Die erstaunliche Geschichte des Max Tivoli* zweihundert Jahre nach Goethe eine andere kunstvoll gesponnene Liebesgeschichte. Ein guter erster Satz. Weil er die Neugier entfacht. Max Tivoli hat allerdings keine Wahl. Er kommt als alter Mann auf die Welt und wird als Baby sterben. Das Leben ist auf den Kopf gestellt. Die Liebe nicht. Doch die Frau, die er von Beginn an liebt und begehrt, ist entweder dann jung, wenn er alt ist, oder alt, wenn er jung ist. Nur ein einziges Mal sind sie altersmäßig auf Augenhöhe. Und sie erkannten sich im anderen. Aber jeder sei die Liebe im Leben eines anderen? Wie viele Lieben müsste es dann geben, und wäre es dann nicht erst recht unmöglich, die eine wahre zu finden? Digital Natives können bei der Suche nicht helfen. Das Gedächtnis ist analog. Und Fremden ist der Zutritt verboten.

Banaler Liebeskummer war in Fällen von Liebe stets ein treuer Begleiter. Herzweh ließ sich trotz gestiegener Erkenntnis dank immer gleicher Erlebensmuster nicht zähmen. Jederzeit bereit, schlagartig und ohne Vorwarnung Seelen in den Würgegriff zu nehmen. Kitsch wurde in Herzeleidtälern zur tröstenden Poesie des Alltags.

Viele Leben, die auch hätten gelebt werden können, sind erstarrt in der Erinnerung. Aber nicht vergessen. Können jederzeit erweckt werden. So ist der globale Smash-Hit von Adele zu erklären.

Hello, it's me
I was wondering if after all these years
You'd like to meet, to go over everything
When we were younger and free

Offenbar traf sie mit diesem Song eine geheime Sehnsucht von ziemlich vielen Menschen weltweit. Sie würden gern alte Schuld begleichen. Würden die Verletzungen, die sie in der Liebe anderen zugefügt haben, nachträglich heilen. Was wahrscheinlich längst vergessen sein dürfte bei denen, die sie einst blutend auf dem Schlachtfeld zurückließen. Aber das Gewissen der Sieger ist noch immer belastet, also erleichtern sie sich mit Adele. Die sang stellvertretend für sie und verschaffte ihnen Absolution.

In Frankreich würde das wohl nach Edith Piafs trotzigem »Non, rien de rien, non, je ne regrette rien« klingen. Liebe ist das oft genossene Menü des Lebens. Das steht immer wieder neu auf der Speisekarte. Lässt sich je nach Lage besser oder schlechter verdauen. Es gibt Regeln im Spiel so wie bei Tisch. Stimmt schon. Aber solange nicht andere verletzt werden, muss sich niemand an sie halten. Die französische Schauspielerin Julie Delpy, bei deren Anblick Max Frisch in jugendliches Schwärmen geriet, als sie in der Verfilmung seines *Homo Faber* mitspielte – weil sie das »Gesicht einer großen deutschen Romantikerin« habe –, bekannte in einem Interview mit der *Süddeutschen Zeitung*, dass sie mehr Männer mit ihrem Witz herumgekriegt habe als mit ihrem Aussehen. Im Übrigen möge man sich nicht durch das weltweit verbreitete Savoir-vivre-Image der Franzosen täuschen lassen, wonach die alle nur trinken und feiern und sich in wechselnden Liebeleien paaren.

Die Leichtigkeit des Seins trotz der normativen Kraft von verordnetem Faktischen gilt auch für banale Dinge des Lebens jenseits von Amour. Während in Westeuropa Süchtige per Gesetz gejagt wurden und unbelehrbare Raucher außerhalb von Restaurants, Kneipen, Bahnhöfen, Ämtern bei Wind und Wetter einen frühen Tod per Lungenentzündung riskierten, schloss sich Frankreich zwar der Kampagne *Pas fumer, No Smoking, Rauchen verboten* an. Weil es unbestreitbar ist, dass Rauchen der Gesundheit schadet und, wie auf den Zigarettenpackungen zu lesen steht, tödlich sein kann. Die Franzosen unterliefen aber leichten Mutes das Verdikt. In der Praxis sah das so aus, dass in den Restaurants die Nichtraucher den Rauchern die Aschenbecher nach hinten reichten, sobald die sie höflich darum baten.

Die Statistik vermeldete, dass sich in vielen Ländern Europas die Zahl jugendlicher Raucher deutlich reduzierte. In Frankreich war sie jedoch von 25 auf 27 Prozent gestiegen, unter den Siebzehnjährigen beträgt sie sogar 37 Prozent. Der Staat reagierte zwar pflichtgemäß. Verboten wurden freie Raucherzonen auf den Schulhöfen der Grande Nation. Wer rauchen wollte, musste auf die Straße gehen. Nach den Terroranschlägen von Paris im November 2015 aber forderten französische Lehrerverbände, das Schulhofverbot aufzuheben. Das Risiko, draußen von einer Kalaschnikow getroffen zu werden, sei zu groß.

Belegbar ist außerdem, dass junge Franzosen im Unterschied zu ihren Altersgenossen in anderen westeuropäischen Ländern zwar weniger Sport treiben, aber schlank sind und nicht hemmungslos saufen wie britische Teenager. Was wiederum, trotz aller nachweisbarer Gefahren durchs Rauchen,

313

ihr Leben im Vergleich zu dem ihrer Nachbarn offenbar nicht entscheidend verkürzt.

Oder hält sie etwa die Liebe so jung gesund am Leben? Dafür sprechen die Tradition und auch die aktuellen Erfolgszahlen des französischen Dating-Anbieters *Happn*, dessen Name sowohl eine Abkürzung von *Happiness* ist und der folgerichtig *Bonheur* genannt werden müsste im Land der Liebe. Als auch abgeleitet ist von *just happened*, gerade passiert. Die Application bedient sich der digitalen Weltsprache, und die ist nun mal die englische. Immerhin ist die Subline französisch gehalten: *Retrouvez qui vous croisez,* trefft oder findet die wieder, denen ihr gerade über den Weg gelaufen seid. Klingt romantischer als das *Wanna fuck?* von Tinder, aber dennoch mehr wie die Suche nach einer bezahlbaren Wohnung auf dem Immobilienmarkt.

Bereits zehn Millionen User nutzen den digitalen Amor. Happn liegen keine Algorithmen zugrunde, Happn will – Verweile doch, du bist so schön! – den Augenblick festhalten. Es werden nicht zuerst die Anpreisungen eitler Angeber übermittelt, sondern zunächst alltägliche Zufälle koordiniert, falls sich Augen-Blicke begegnen. An Straßenkreuzungen, in Cafés, in der U-Bahn. Es funktioniert nur im direkten Umfeld von 250 Metern, was dem gewollten Zufallsprinzip geschuldet ist. Mann folgt nicht mehr wie einst unauffällig in gehörigem Abstand einer unbekannten Schönen, sie stets im Auge behaltend, aber auch immer in der Gefahr, abzublitzen, sobald er sie anzusprechen wagt. Das erhöhte einst die Spannung, steigerte die Vorfreude, war aber stets auch begleitet von der Sorge, abgewiesen zu werden und dann peinlich errötend berührt dazustehen.

Ein Mitglied bei Happn schickt via Facebook das verschämt schüchterne Like-Zeichen in den digitalen Himmel.

Ein blaues Herz. Nur dann, wenn ein kleines Herz als Antwort zurückkommt, ein interessiertes *Return to Sender*, genannt *Crush*, ist der Weg frei, sich persönlich anzumailen, anzusimsen, in den analogen Flirt zu wechseln. Immer vorausgesetzt natürlich, dass sich auch die oder der Unbekannte ebenfalls auf Happn bewegt.

Die App für schüchterne Romantiker mischt deshalb romantische Restposten in ihr Business. Zumindest in Ansätzen. Überlässt es den Kunden, ob *Happn* nur die Abkürzung ist für kurze Momente von *Happiness* oder dafür, dass Liebe immer passieren kann, *it always happens*. Unverhofft. Unerwartet. Dass der Augenblick, der digital eingefangen wurde, für länger oder gar für immer verweilt.

Hängt wie gestern, als wir noch jung waren, offenbar also noch immer davon ab, ob er uns verzaubert, ob er uns berührt, ob er uns traut.

Und ob wir den Augenblicken vertrauen.

315

10

Vom plötzlich in Sichtweite auftauchenden Lebensende

Zwischen meiner Kindheit, die jetzt auftaucht aus der Vergangenheit, und der Gegenwart an diesem heißen Sommertag liegen gefühlt nur ein paar Jahre und zwei, drei Meter. Hinter dem Mann, der die Asche meiner Mutter trägt, die Urne mit beiden Händen fest umklammernd, als wollte er ihr am offenen Grab noch einen Seniorenteller servieren, bevor das Essen erkaltet, bin ich der Nächste. In jeder Hinsicht, in jeder Beziehung: zum einen rein physisch, für alle sichtbar, zum anderen im übertragenen Sinn als der Nächste, der dran sein dürfte, als der jetzt Älteste in der Familie. Unsere Schritte enden an jener Gruft, in der mein Bruder und mein Vater schon lange auf sie warteten. Sie besuchte zwar seit vielen Jahren beide fast täglich, weil sie ihr so fehlten, weigerte sich aber stets, für immer bei ihnen zu bleiben. Doch plötzlich hatte ihre Widerstandskraft herzschlagartig nicht mehr gereicht für ihr Leben.

Falls nichts Ungewöhnliches passiert – Krebs, Autounfall, Infarkt – und der Tod erst, wie es sich unter uns gehört, am Ende und nicht mitten im Leben zum letzten Tanz auffordert, müsste ich ihm zumindest altersbedingt dann Folge leisten. Ob noch Jahre vergehen, bis es so weit sein wird, oder ob es nur noch einen Monat dauert oder ob mir schon morgen die Glocken läuten, weiß ich nicht. Auch dürfte ich, bei allem, was der Mensch bislang glaubt, nie erfahren, wer dann meiner Asche folgen wird. Doch vielleicht gibt es in der anderen Welt ja längst Übertragungen im Livestream.

Das Großhirn, dem allenfalls in seiner Form nur einer Walnuss gleichenden Biotop von Gefühlen, Gedächtnis und Sprache, mit dessen neuronalen Fähigkeiten ausgestattet alle Menschen sowohl abstrakt als auch in Symbolen denken können, falls sie nicht selbst verschuldet bereits verblödet sind, sendet manchmal vorbeugend aus heiterem Himmel die Nachricht »Memento mori«. Diese SMS – Denk daran, dass du stirbst – wird von den Empfängern zumeist umgehend gelöscht. Die Endlichkeit zu verdrängen und totzuschweigen nützt jedoch nichts, denn der Tod gehört zu den natürlichen Bausteinen des Lebens und ist von Geburt an genetisch determiniert. Wann die zu bröckeln beginnen, die Schutzmauer zwischen Leben und Tod anfängt zu wanken, wann die gesamte Konstruktion in eine Schieflage gerät und in den Abgrund zu rutschen droht, hat der Architekt wohlweislich für sich behalten. Das ist in der Tat wohl auch ganz gut so.

Ein Aberglaube aus der Kindheit, der sich wie jeder Glaube dem Verstand entzog, weckt tröstliche Erinnerungen an vergangene Zeiten blauäugiger Unschuld. Als Kinder haben wir in die anbrechende Abenddämmerung reimend gerufen: »Kuckuck, Kuckuck, sag mir doch, wie viele Jahre leb ich noch?«, und danach gespannt bangend auf seine Antworten gewartet. Laut Volksmund, den wir in diesem Alter noch für eine verlässliche Quelle hielten, hatten wir angeblich noch so viele Jahre zu leben, so oft der Kuckuck rief. Laut zählten wir seine Rufe mit: »...sieben, acht, neun, zehn.« Das schien uns ausreichend. Zehn Jahre lagen in beruhigend weiter Ferne, schon bis zu den nächsten Schulferien dauerte es noch eine gefühlte Ewigkeit. Zeit war in diesen Zeiten noch eine abstrakte Größe. Sie ließ sich allenfalls spielend fassen. Jedes Kind wollte seine persönlichen Lebensdaten erfahren, also wurde das Spiel mit dem Tod so lange fortgesetzt, bis der Kuckuck schwieg und davonflog, um fremden Nestern seine Eier unterzujubeln. Sehen ließ er sich ja nie. Selbstverständlich wussten wir nicht, was mit »Kuckuckskindern« gemeint sein könnte. Es musste wohl mit jener geheimnisvollen fremden Welt zu tun haben, über die ältere Kinder schon tuschelten. Eltern behielten ihr Wissen noch für sich.

Die Aufklärung über ein paar ewige Dinge des Lebens wie Sex, Liebe, Tod lag damals noch allein in ihrem Ermessen. Sie allein entschieden, wann es so weit sein würde. Wer mit elterlichen Belehrungen zu spät kam, rannte zwar mitunter bereits geöffnete Türen ein, aber das behielten wir, um die Alten nicht in Verlegenheit zu bringen, lieber für uns. Seit Enthüllung unterhalb jedweder Gürtellinien jedoch bereits nachmittags versendet wird, wie heute selbstverständlich, brauchen Kinder dafür keine Elternsprechstunden mehr. Und im Netz lässt sich, begleitet von bewegten Bildern, alles erfahren und anschauen, wonach früher nicht zu fragen gewagt wurde. Ob das eher ein Fortschritt ist, weil er Erwachsene von lästigen analogen Pflichten befreit, oder nur ein Beispiel dafür, wie die digitale Freiheit ohne Grenzen alle bisher gültigen Schamgrenzen durchbricht, wird heftig diskutiert. Die einen sagen so, die anderen sagen so.

Fragen zur wahrscheinlichen biografischen Endstation kann man heute in Suchmaschinen eintippen. Ein Kinderspiel. Auch *Siri* wäre womöglich ein Ansprechpartner. Doch erstens haben den Glauben ihrer Kindheit die meisten Gealterten zum Glück beerdigt im Wissen, dass sie nichts wissen können. Zweitens gehört Vorsehung ins *Wörterbuch des Un-*

menschen, seit sich im Tausendjährigen Reich der regierende Kriminelle auf sie berief. Und drittens hätte *Siri* wie einst der Kuckuck eh keine Ahnung, was sie auf diese Frage antworten sollte.

Solche Gedankenspiele sind natürlich ein absurdes Monopoly. Leben lässt sich nicht auswürfeln oder durch Algorithmen ausrechnen. Wer in einer Parkstraße oder in einer Schlossallee wohnt, lebt deshalb zwar besser, aber nicht unbedingt länger als Schmuddelkinder aus der Bad- oder der Turmstraße. Geld allein macht bekanntlich nicht glücklich. Hier irrt der Volksmund mal nicht. Aber zumindest lässt sich das Alter angenehmer gestalten, wenn es finanziell abgesichert ist – und wenn es nicht nur todernst, sondern bei jeder Gelegenheit außerdem auf die leichte Schulter genommen wird. Für Altersvorsorge oder Glücksgefühle sind zudem alle Menschen selbst zuständig. Von der FDP adaptiert mit ihrem politischen Dreisatz »Trial and Error. Trial and Error. Trial and Erfolg«. Falls mehr als fünf Prozent der Wahlberechtigten verstehen, was mit dieser politischen Leerformel gemeint sein könnte, dürfen die Liberalen im nächsten Bundestag wieder mitspielen. Synthetische Glücksbringer dagegen werden verkauft als wohlfeiler Jungbrunnen. Über mögliche Nebenwirkungen der angepriesenen Säfte, Salben und Pillen wissen Ärzte oder Apotheker angeblich Näheres. Ihr guter Rat ist zwar teuer, aber wer den Botschaften glaubt, hält sie für preiswert.

Möglichst lange zu altern bedeutet logischerweise möglichst lange zu leben. Also ist vereinfacht gesagt Altern das Gegenteil von Sterben und das Alter somit eine einzige große Abwehrschlacht gegen den Tod. Da sich die Lebenserwartung in den vergangenen einhundertfünfzig Jahren nahezu verdoppelt hat – allein seit 1950 hat sie in Deutschland um satte fünfzehn Jahre zugenommen: Für Frauen beträgt sie derzeit dreiundachtzig, für Männer achtundsiebzig Jahre –, haben Pharmakonzerne solide Zukunftsprognosen und können langfristig planen. Gegen bestimmte Krankheiten wird es zwar nie ein Mittel geben, weil zum Beispiel bösartige Krebszellen unsterblich sind, also tödlich. Aber wer als pharmazeutischer Global Player vor allen anderen beispielsweise eine Substanz entdecken würde, um Demenz im Anfangsstadium zu stoppen, hätte angesichts der Alterspyramide einen Glückstreffer gelandet.

Hirnforscher haben untersucht, ob es beweiskräftige Indizien gibt für Glücksmomente im Alter, und ihre Erkenntnisse unter dem umständlichen, aber wissenschaftlich korrekten Titel »Befundlage zur Emotionserkennung bei Menschen im fortgeschrittenen Alter« publiziert. Die im limbischen System für Emotionen verantwortliche Amygdala, auch bekannt als Mandelkern, hatte bei den Testpersonen auf positive Bilder stärker reagiert als auf negative. In fachärztlicher Terminologie von Neurologen und Psychiatern wird das »Positivitätseffekt« genannt.

Von dem wegen seiner klugen Denkanstöße unsterblichen Friedrich Nietzsche stammt die allerdings banal anmutende Behauptung: »Was mich nicht umbringt, macht mich stärker.« Ein derart trotziger Glaube vermag Berge zu versetzen. Zusätzliche Fakten jedoch wären hilfreich. Die gibt es: In einer repräsentativen Telefonumfrage wurden 2010 vom renommierten Gallup-Institut 340 000 amerikanische Frauen und Männer zwischen achtzehn und fünfundachtzig nach ihrer Gemütslage befragt. Demnach nahm ihr allgemeines Wohlbefinden, erfasst in einem Stimmungsbarometer, ab dem fünfzigsten Lebensjahr in genau dem Maße zu, wie Angst und Sorgen abnahmen.

Nicht zu leugnen waren in der Statistik zwei über alle Altersgruppen hinweg stets relevant bleibende dunkle Wolken: Traurigkeit und sporadisch aufbrechende Depressionen. Die im Laufe eines langen Lebens erlittenen Niederlagen würden im Alter offenbar jedoch in Siege verwandelt und umgesetzt in heitere Gefühle. Weil in den zurückliegenden Jahrzehnten alles Umwerfende schließlich überlebt worden sei, verhindern solche Erinnerungen einen erneuten Ausbruch jener aufwühlenden Emotionen, die einst das Gleichgewicht von Kopf und Herz sprengten. Verpasste Chancen werden deshalb nicht mehr beklagt, sondern belächelt und die wenigen glücklichen Augenblicke, die es noch gibt, zum Verweilen eingeladen.

In diesem Sinne lebenskluge Alte unterdrücken bei aller heiteren Gelassenheit dennoch nicht ihre Angst vor dem, was ihnen bevorstehen könnte − Krankheit, Vereinsamung, Demenz. Sie ergeben sich nicht fatalistisch ihrem Schicksal, sondern haben akzeptiert, dass es ihnen nicht besser gehen wird als Äpfeln, die ja auch schrumpeln, wenn sie den Saft der Jugend verlieren. Stärken sich gegen das Unabwendbare mit Erinnerungen daran, dass »eine Bootsfahrt, der Wechsel der Jahreszeiten, der Flug der Löwenzahnsamen, Wagenspuren im Sand oder das Aufgehen einer Blüte«, wie es bildsprachig poetisch der Schriftsteller Stephan Wackwitz in einer Dankesrede für einen ihm verliehenen Preis ausdrückte, »für uns selbst viel wichtiger sind als der Quatsch und der Dreck der Haupt- und Staatsaktionen, der Kriege und Kabinettsumbildungen«. Der Wind blättere zwar die Seiten des Lebens um, aber im Unterschied zu uns könne er nicht lesen. Gedichte erinnern an die wahren Glücksmomente des Lebens.

Hört sich gut an, liest sich gut, aber ist leicht zu kontern mit Gedichten, in denen das Gegenteil, menschliches Un-

glück, lyrisch überhöht besungen wird. Wer gelassen altert –
das immerhin dürfte stimmen, so wird aus dem sanften Poeten
ein wohlgemuter Psychologe –, hat einfach mehr vom Rest
des Lebens. Generationen überspannend gilt das allerdings in
allen Altersgruppen, denn grundsätzlich haben alle Menschen
mehr vom Leben, egal wie jung oder wie alt sie sind, wenn
sie es mit stoischer Ruhe hinnehmen. In digitalen Kategorien ist es zudem keine feste Größe mehr, wer in biologisch
gemessener Reihenfolge zu welcher Generation zählt. Krea-
tivlingen mit guten Einfällen, ganz egal, ob jung oder ob alt,
gehört die Zukunft.

Innerhalb der biologischen Menschenalter, also jung – erwachsen – alt, gab es früher bereits viele sogenannte Generationen. Zu viele: Die Nachkriegsgeneration. Die Vätergene-
ration. Die 68er-Generation. Die Generation Golf und die
Generation X und die Generation Y und die Generation Z
oder gar die Generation, die von The Who besungen wurde,
also die ihre. Die Botschaft »hope I die before I get old«
klang cool, auch weil sie theoretisch blieb. Wer schon hätte
damals, als alle glaubten, für immer jung zu sein, früh sterben
wollen? Wer »My Generation«, behängt mit einem grauen
Pferdeschwanz, noch immer mitsingt, gilt heute als bemitlei-
denswerter, aber bereits unzurechnungsfähiger Mitläufer der
Generation Rollator.

Die Unterschiede zwischen denen, die vor Sonnenuntergang ihre Zukunft hinter sich, und jenen, die sie bei Son-
nenaufgang noch vor sich hatten, waren einst sichtbar nicht
nur in den Lebenslinien ihrer Gesichter, sondern auch in der
Mode, den Frisuren oder sogar in der Automarke. Wer Opel
fuhr statt VW oder Mercedes statt BMW, dürfte wieder CDU
gewählt haben. Wer sommers kurzbehost zu Sandalen weiße
Socken trug, dürfte zum Ältestenrat eines Schützenvereins ge-

hört haben, und Frauen, die mit per Haarfestiger gestählten Dauerwellen dem frischen Wind trotzten, hatten ihre einst verborgenen, aber ach so geliebten Triebe wohl schon einbalsamiert.

Alter lässt sich längst nicht mehr mit den Jahreszeiten vergleichen. Zwischen lebendiger Gegenwart und vorstellbarer Zukunft liegt heute keine Generation mehr. Zukunftsprognosen der Vergangenheit haben sich vielfach als Muster ohne Wert verflüchtigt, aber ihre Propheten gut ernährt. Fortschritt ist nicht planbar, vielmehr geschieht er nach dem Prinzip der Serendipität, des zufälligen Entdeckens, des Glückstreffers auf dem Weg, der eingeschlagen wird im Silicon Valley oder im ehemaligen Tal der Ahnungslosen in Dresden im dortigen Max-Planck-Institut.

Die weltweit fürs Glück Schlange stehenden User, die unbedingt als Erste die jeweilige digitale Neuheit anwenden wollen, sind altersunabhängig neugierig. Großmütter twittern und chatten und simsen, als stünden sie noch mitten im Leben statt kurz vor dem Wechsel auf ihre ewige Domain. E-Mails zu schreiben und zu lesen, selbstständig zu googeln, ohne Beistand der fünfjährigen Enkelin zu twittern, auf Facebook präsent zu sein gilt angesichts ihres Lebensalters als bewundernswerte Leistung. Beruht aber nur auf der Faustregel, dass Übung den Meister mache.

Die Realität sieht eher so aus, dass viele nicht einmal mehr offline am Leben teilnehmen können, weil ihre Rente kaum zum Überleben reicht, dass auch kostenloses WLAN im Heim kein Ersatz ist, weil es niemanden mehr gibt da draußen, der auf eine E-Mail antworten würde. Bei Recherchen im Niemandsland Alzheimer, wo glücklich ist, wer seine Biografie vergessen hat, nicht mehr sich quälen muss mit der Suche nach Spuren in seiner Erinnerungswelt, wächst die

323

Erkenntnis, dass die einst mitgesungene Hoffnung von The Who, zu sterben, bevor es dafür zu spät ist, die bessere Alternative ist. In Wahrheit aber weiß niemand, wie es im Inneren denen noch geht, die nicht mehr ansprechbar und sprachlos sind. Gesund sterben zu dürfen ist die letzte Serendipität im Leben.

Und bis dahin heißt es, sich die Selbstachtung zu bewahren. Die Kunst, würdig zu altern, muss allerdings wie jede Kunst erlernt werden. Dafür gibt es allen veröffentlichten Ratgebern zum Trotz keine allgemein gültigen Anleitungen. Es ist und bleibt eine höchst private Affäre. Mit der eigenen Vergangenheit aufzuräumen ist vergleichbar der Entrümpelung eines über Jahre vollgestopften Kellers oder Dachbodens. Sich ordnend festzulesen und festzuhalten an auftauchenden Bildern ist Teil des Lernprozesses. Die Entsorgung privater Souvenirs − Keller, Dachboden − oder das Löschen von Erinnerungen − Großhirn, Kleinhirn − ist zwar vor fremden Blicken geschützt. Doch eine persönliche Operation Sperrmüll muss ohne Hilfe von außen selbstbewusst durchgestanden werden. Mit Mut gegen Schwermut. Mit Gleichmut gegen Wehmut. Mit Gelassenheit gegen Weltschmerz.

Das kostet Zeit, aber Zeit ist im Alter kein relevanter Kostenfaktor mehr. Die gibt es bis auf Weiteres umsonst. Falls sie sinnvoll gefüllt wird, von welchen bislang brachliegenden Talenten und in welcher Form auch immer, scheint das Ende gefühlt so weit entfernt wie einst in der Kindheit. Aber sichtbar nah:

Ein Abend wie jeder andere. Vor einem Theater auf St. Pauli, jenem Hamburger Stadtviertel, wo Etüden mit zumeist osteuropäischen jungen Frauen zu festen Preisen an zumeist deutschstämmige alte Hornisten verkauft werden, deren Instrumente bei Hausmusik die hohen Töne zumeist nicht mehr schaffen, warten Musikliebhaber auf Einlass. Die Vorstellung ist ausverkauft. Beim ersten Klingelzeichen versammeln sich Schritt um Schritt auf der Bühne rund zweitausend Lebensjahre in den Gestalten von dreißig Sängerinnen und Sängern. Das Alter des Publikums liegt weit unter dem derer, die oben Aufstellung nehmen. Sie sind erkennbar alt. Sogar sehr alt. Ein Mann springt aus der Kulisse, was ihm leichtfällt, denn er liegt geschätzt fünfzig Jahre unter ihrem Altersdurchschnitt, stellt sich vor ihnen auf, hebt die Arme, alle holen noch einmal tief Luft, und dann beginnen sie gemeinsam zu singen.

Aber wie. Der Chor ist nicht irgendein Chor mit deutschem Volksliedgut, in dem am Brunnen vor dem Tore die Linde rauscht oder jenseits des Tales die Zelte stehen oder die bunten Fahnen wehen. Schön war ganz bestimmt mitunter auch deren Jugendzeit, und sie wissen auch, dass sie nie wiederkehrt. Aber das ist kein Grund zu jammern. Sie singen sich die Gegenwart vom Leib und nehmen dafür passend die Musik von heute. Der Chor heißt *Heaven Can Wait*, und sein Name ist Programm. Wem Gott will rechte Gunst erweisen, denen nimmt er den Rollator weg und den Schaukelstuhl und den Krückstock und die Stützstrümpfe und treibt sie und ihn noch ein letztes Mal vor sich her ins pralle Leben.

Hierher. Die meisten Chormitglieder sind begabte Laien, einige wenige ehemalige Könner. Musikalisch begleitet von jungen Profis, auf dass kein Ton auf der Reise ins Parkett seinen Klang verliert. Schlagzeug, Gitarre, Saxofon, Bass, Piano helfen über Klippen hinweg. Die Alten singen »Stayin' Alive« von den Bee Gees und »Viva la Vida« von Coldplay, messen sich mutig mit Adele und mit Deichkind und rocken bereits nach drei, vier Songs den Saal. Im Publikum tauchen Leuchtzeichen aus analogen Zeiten auf. Flackernde Feuer-

325

zeuge werden hochgehalten, aber sofort wieder gelöscht. Das Theater ist fast doppelt so alt wie die Älteste auf der Bühne und würde allzu leicht in Brand geraten.

Wer bei diesem denkwürdigen Ensemble mitmachen will, muss zunächst nicht vorsingen, sondern erst einmal eine Geburtsurkunde vorlegen. Mindestalter für die Aufnahme sind siebzig Lebensjahre. Erst danach wird geprüft, ob die Stimme noch über die Rampe hinausträgt und länger als zehn Sekunden den Ton hält. Wer es schafft, ist engagiert. Feste Gagen gibt es nicht. Die Einnahmen von Auftritten nach Abzug aller Kosten werden gerecht verteilt. Ist nie sehr viel, aber als Zugabe für die Rente willkommen. Wahrscheinlich würden sie auch umsonst singen oder sogar bezahlen, um mitmachen zu dürfen. Denn ihr neues Glück ist unbezahlbar.

Wie üblich in diesen Altersgruppen bilden Frauen die Mehrheit. Bewegen sich weniger hüftsteif als die Männer und scheuen bunte Farben einer zum leicht anrüchigen Theater passenden rosarot-schrillen Mode nicht, mit der sie draußen als merkwürdige Weibsbilder auffallen würden, die ganz offensichtlich aus dem Altenheim ausgebrochen waren und sich für ihre spontane Flucht im Fundus von der letzten Seniorenaufführung bedient hatten.

Zwischen den einzelnen Songs werden auf einer Leinwand groß ihre vom Leben gezeichneten Gesichter eingeblendet. Ihre kleinen Geschichten sprechen sie selbst. Bevor er in den Chor aufgenommen wurde, sagt einer, habe sein Tag darin bestanden, dass er sich morgens die letzten sieben ihm verbliebenen Haare von links nach rechts über die Glatze kämmte. Viel mehr passierte dann bis zum Abend nicht mehr. Jetzt ist es ihm egal, ob sie ihm zu Berge stehen oder ganz ausfallen. Er lebt wieder. Er wird gebraucht. Er fühlt sich so jung, wie er schon lange nicht mehr war.

Ähnlich wie ihm ging es allen anderen auch. Sie wirken berührend-anrührend jung. Die Älteste ist neunundachtzig. Auch ihre Stimme wird für den Chorsound gebraucht, sie bekommt sogar ein wehmütiges Solo aus dem Repertoire von Deichkind, trifft nicht jeden Ton genau, aber ist vergleichbar mit einem anderen Alten, der mit Songs wie »Wir sind stärker als der Tod und die Zeit« die Stadien zwar allein füllt, aber vom Alter her ins Ensemble passen würde – Udo Lindenberg.

Statt in Erwartung des Unvermeidlichen dahinzudämmern oder in Erinnerungen zu versinken an gestern, als sie noch jung waren, bewegen sie rockend die alten Knochen, holen ausdauernd täglich übend tief Luft und halten sich dadurch am Leben wieder fest. Die Musik ist ihr Seil. Ende zwar absehbar. Daran können sie noch so laut singend, noch so rhythmisch zuckend, noch so unwürdig frech den einst geliebten Tanz der Hormone nachahmend natürlich nichts ändern.

Aber die üblichen Schrecken des Alters, wie Julian Barnes sie in seinem wehmütigen Roman *Vom Ende einer Geschichte* beschrieb, haben sie sich bis auf Wiedervorlage von der Seele gesungen: »Man stellt sich vor, dass man einsam, geschieden, verwitwet ist, dass die Kinder einem entwachsen, Freunde sterben. Man stellt sich den Statusverlust vor, den Verlust des Begehrens und den Verlust des Status eines begehrenswerten Menschen. Vielleicht geht man noch weiter und denkt an das Nahen des eigenen Todes, dem jeder, selbst wenn er andere um sich hat, nur allein ins Auge sehen kann.«

Und wenn es die eine oder den einen dann ereilt, weil der Himmel nicht mehr warten will, weil auch die ewigen Chöre Nachwuchs brauchen, steht auf der irdischen Warteliste Ersatz bereit. Etwa hundert Namen hat der Dirigent Jan Christof Scheibe auf der verzeichnet. Manche wird er hin und wieder streichen müssen, weil sie unter ihrer erdgebundenen Adresse nicht mehr erreichbar sind. Aber die jetzt singen, hier und heute, die sind »Gekommen, um zu bleiben«, und wenn sie diesen Hit der Band Wir sind Helden nachsingen, klingt der aufmunternd trotzig. Der Chor *Heaven Can Wait* hat die menschliche Sehnsucht nach Unsterblichkeit bereits erfüllt.

Die Zeit mithilfe des medizinischen Fortschritts festzuhalten, sich der biologischen zu widersetzen, ist am Ende, das unabwendbar ist, nur Zeitverschwendung. Davon aber leben globale Konzerne. Der geriatrisch-industrielle Komplex ist ein Milliardengeschäft. Das zunehmende Lebensalter seiner Kunden ein scheinbar ewig ausschöpfbarer Jungbrunnen. Früher beschränkten sich die Angebote auf Kaffee- oder Butterfahrten, bei denen grenzwertige ehemalige C-Prominente, bekannt einst aus Film, Funk, Fernsehen und schon seit Langem nicht mehr nur per Zufall frei, Heizdecken oder Kochtöpfe oder Tischleuchten vertickerten.

Alles aus der Zeit gefallen. Mittlerweile werden Falten und Glatzen unsichtbar dank Botox und Toupets. Schönheitschirurgen verdienen sich goldene Nasen, weil sie bei Frauen wie bei Männern straffen, was an denen im Laufe ihrer Jahre hängen geblieben ist. Altenheime putzen sich Potemkin'schen Dörfern gleich als »Seniorenresidenzen« heraus. Viagraverstärkte Rentnerbanden werden mit Pauschalreisen nach Thailand gelockt, stoßen nach der Landung Brunftschreie aus wie junge Hirsche. Frauen verfallen dem Wahn, so jung zu sein, wie sie gestern waren, und fallen dabei auf Gigolos rein, die sie erst ausziehen und dann ausplündern.

Gegen das natürliche Nachlassen sowohl geistiger als auch körperlicher Fähigkeiten empfiehlt der Philosoph Otfried Höffe ein vierfaches L. Ein L für Laufen. Ein L für Lernen. Ein L für Lieben. Ein L für Lachen. Jedes der großen L erklärt sich von selbst. Ausnahme allenfalls das L, das für Lieben steht. Denn Kant-Experte Höffe plädiert mit diesen Lieben nicht etwa für eine Auferstehung jener Leidenschaften, die früher mal als göttlich, mal als teuflisch empfunden wurden. Sondern für eine altersfreundliche Betrachtung der Erinnerungen an durchlebte Lieben. Denen wehmütig nachzuträumen ist ein Privileg des Alters, eine Verwirklichung der Träume in dieser Welt aber nicht mehr vorstellbar. Nur noch jenseits in Eden. Dies zu wissen macht gelassen, und aus dieser Ruhe heraus wächst Kraft. Die Erlaubnis, vom Leben erschöpft sein zu dürfen, haben wir uns selbst erteilt. Sie hat mit amtlichen Rentenbescheiden nichts gemein, muss mit anderen nicht beantragt und nicht mit anderen abgestimmt werden und gehört somit zu den unveräußerlichen Menschenrechten des Alters.

Der Aphorismus, wonach jeder Tod ein großer Abschied sei, aber jeder Abschied wie ein kleiner Tod, passte zu jenem Sommertag, als meine Mutter ging. Von nun an würde es auf bestimmte Fragen keine Antworten mehr geben. Die hätte nur die uns jetzt Verlorengegangene geben können. Sie lebte zwar in der Erinnerung an sie fort, aber vom Tod war sie zum Schweigen verurteilt worden. Es handelte sich nicht um die ewigen Segen-oder-Fluch-Fragen des Lebens, um Sein oder nicht Schein. Die mag sich jeder selbst stellen und nach passenden Antworten suchen. Sondern um familiäre Lebensläufe. Unwesentlich für den Lauf der Welt, aber wesentlich für jede Familienbande.

Die einst zu ihren Lebzeiten bei alljährlichen Stammestreffen stöhnend ertragenen Eigenarten von inzwischen auch längst Verblichenen werden von Überlebenden in deren Erinnerung schönfärbend zu einzigartigen Momenten verklärt. Beispielsweise die bei runden Geburtstagen eines Familienmitglieds unvermeidlichen Auftritte jenes Großonkels, der nach dem Hauptgang aufzustehen pflegte, an sein Glas klopfte, um Silentium bat, denn er betonte gern seine humanistische Bildung, und anhob, die Welt aus seiner Sicht zu deuten. Bei der Erstaufführung hatten ihm noch alle zugehört. Seine Tischrede hätte ja witzig, heiter, undeutsch sprudeln können. Aber sie dauerte zwanzig Minuten, und witzig war sie an keiner Stelle. Erschwerend kam hinzu, dass er die letzten drei Sätze seiner Suada sang, statt sie zu sprechen. Bei *Heaven Can Wait* hätte er keine Chance gehabt. Schon beim nächsten Jubiläum hinderte ihn plötzliches Unwohlsein am Auftritt. Als vorbeugende Maßnahme, eingedenk der unvergessenen Performance vom vorherigen Jahr. hatten ihm nähere Verwandte immer dann unauffällig klare Schnäpse ins Bierglas geschüttet, sobald er wieder dem Ruf seiner Prostata folgend aufs Klo musste. Alle sahen das. Auch seine Töchter, auch seine Söhne. Alle aber schwiegen und geleiteten den dann schon merklich Schwankenden fürsorglich noch vor dem üblichen abschließenden Eisbecher auf sein Zimmer, damit er sich erholen konnte. Am anderen Morgen wurde er allseits gelobt für seine wie immer wunderbar warmen, durchgeistigten Worte, bis er selbst sich an die zu erinnern glaubte. Wenige Monate danach traf ihn der Schlag. Zwar saß er noch bei gegebenen Anlässen mit der Sippe zu Tisch, doch Reden halten konnte er nicht mehr.

Solche Ereignisse lassen sich nicht googeln. Weil sie privat sind, persönlich erlebt und nur verstanden wurden im Kreis der Familie oder guter Freunde. Derartige Geschichten beginnen mit »Weißt du noch?«. Wenn diejenigen, die daraufhin wissend nicken und Eigenes hinzufügen, weniger werden, dann erst beginnt das eigene Altern. Nein, nicht die Alterung. Dieser Begriff trifft zu für Häuser. Für Bäume. Für

Steine. Nur Menschen *altern*, und falls es sich um gute Gewächse handelt, werden sie dabei sogar besser. Frank Sinatra verglich den Zustand des Alterns einst mit sehr gutem Jahrgangswein, der in alten Eichenfässern reift und sich dann klar und lieblich ins Glas ergießt.

But now the days are short,
I'm in the autumn of the years
And now I think of my life
as vintage wine
From fine old kegs
From the brim to the dregs
It poured sweet and clear
It was a very good year.

Selbst dieser sentimentale Schlager des charismatischen Entertainers lässt sich philosophisch überhöhen. Mit Voltaire, der, außergewöhnlich für seine Zeit, vierundachtzig Jahre alt wurde, also ungefähr doppelt so alt, wie die damalige durchschnittliche Lebenserwartung betrug:»Für Unwissende ist das Alter wie der Winter, für die Gebildeten Weinlese und Kelter.« Übersetzt in die Neuzeit heißt das: Die einen blättern in den Büchern ihres Lebens, die anderen schauen auf RTL wortkargen Bauern oder halbdebilen Schwiegermüttern bei der Suche nach Frauen zu.

Das anfängliche Bild vom Seniorenteller ist übrigens nicht zufällig gewählt. Weil der dem Anlass entsprechend schwarze Kombi nicht ansprang und weil der Mann mit der Asche die Trauergemeinde nicht warten lassen wollte, hatte er kurz entschlossen für den Transport einen Wagen bei einem benachbarten Catering-Service ausgeliehen. Laut Werbung an dessen Seitentüren wurde mit dem sonst»Essen auf Rädern« ausgeliefert. An Alte, an wen denn sonst. In dem brachte er die Urne, in der meine Mutter ruhte. Ich musste lachen. Sie hätte bestimmt mitgelacht, denn sie liebte das große L, das Lachen. Obwohl ihr das Leben Tiefschläge versetzt und sie zu Boden geworfen hatte, rappelte sie sich immer wieder kurz vor dem K.o. auf und lachte sich dann das Sterben vom Leib. Unser Leben, auch mein Leben, wurde nach ihrem Tod, dem sie sich bis zum letzten Moment hartnäckig verweigert hatte, bald wieder vom Alltag bestimmt. Anfangs noch stockend, wenn ich die so oft gewählte Telefonnummer wieder einmal spontan automatisch eingab und erst im letzten Moment abbrach. Es gab keinen Anschluss mehr unter dieser Nummer. Mehr und mehr erstarb auch diese Gewohnheit. Der Tod verlor seinen erlebten Schrecken, wurde zwar akzeptiert als von nun an persönlicher ständiger Begleiter, aber mit ins Haus durfte er noch nicht, musste draußen vor der Tür warten. Den Kreis des Lebens sollte er kraft seines Amtes erst dann schließen dürfen, wenn nur noch eine einzige kleine Lücke klafft bis zur Endstation. Erst dann also, wenn von oben betrachtet die Welt eh nur noch als eine Bühne erscheint, auf der jetzt Nebendarsteller die Hauptrollen spielen. So wie Shakespeare sie in *Wie es euch gefällt* zeitlos treffend beschrieb:

Das greinende Kind. Der weinerliche Bube. Der Verliebte, der »wie ein Ofen seufzt«, mit Jammerlied auf seine Liebste. Der Soldat, bis in die Mündung der »Kanone suchend die Seifenblase Ruhm«. Der Richter mit rundem Bauch mit spruchblasigen »Allerweltssentenzen«. Der hochnotpeinliche Alte, dessen jugendliche Hose »wohl geschont ’ne Welt zu weit für die verschrumpften Lenden« sei. Von dieser Art gibt es, seit die Altersnahrung Viagra erfunden worden ist für verschrumpelt schwache Lendenträger, heutzutage in bunter

Mischung bekanntlich mehr denn je. Am Ende lässt William der Große tiefe Männerstimmen, quäkend wie einst als Kind, aus dem Mund von Lord Jacques die Geschichte gnadenlos realistisch beenden: »Der letzte Akt, mit dem die seltsam wechselnde Geschichte schließt, ist zweite Kindheit, gänzliches Vergessen, ohn' Augen, ohne Zahn, Geschmack und alles.« Heutige Alte wehren sich mit allen Mitteln gegen den letzten Akt. Die einen, indem sie Golf spielen, Kreuzfahrten buchen, die anderen, indem sie, gebeutelt von präseniler Bettflucht, vom frühen Morgen bis in den späten Abend auf der Couch sitzend im Fernsehen das Leben von anderen betrachten. Das macht weder die noch jene glücklicher. Schlichtweg nichts zu tun allein reicht nun einmal nicht zum Glück. Schlafen, sagen die scheinbar Tapferen, aber mehr als ein lächerlicher Spruch ist es am Ende eben nicht, schlafen können wir doch noch lange genug, wenn wir tot sind. Darüber lacht der Tod, unhörbar.

Schlaf aber, ganz normaler analoger Schlaf, möglichst mehr als nur sechs Stunden pro Nacht, altersgebräuchliche Mittagsruhe nicht mitgerechnet, ist überlebensnotwendig. Sterben zu müssen, wenn der Schlaf entzogen wird, so wie Ratten oder Fliegen, die, im Labor wachgehalten, elendig zugrunde gehen, lässt sich auf Menschen nicht übertragen. Zwar kann chronische Schlaflosigkeit zum Tod führen, zwar kann ein Mensch aus Müdigkeit sterben, aber, falls es sich nicht um eine unheilbare seltene Erbkrankheit handelt, nur dann, wenn die Schlaflosigkeit folternd erzwungen wird. Das Gehirn dreht zwar nach drei Tagen ohne Schlaf durch und verfällt in Wahnvorstellungen, aber der Körper hält bis zu zehn Tage ohne Schlaf am Leben fest. Nur Meerestiere und Vögel haben mehr vom Leben. Sie schlafen mit nur einer Gehirnhälfte, die andere bleibt wach. Deshalb tauchen Wale oder Delfine immer mal wieder kurz aus ihrem Schlaf auf und holen frischen Atem. Deshalb schlafen Vögel während ihrer Langstreckenflüge. Immer wachen Blicks mit dem offenen Auge, das verbunden ist mit der schlaflosen Hälfte ihres Gehirns.

Menschen schlafen mit geschlossenen Augen. Wie tot. Doch der Schlaf ist nicht, wie oft beschrieben, der legitime Bruder des Todes, sondern eine Schwester des Lebens. Das Gehirn schläft während des Schlafs nie, sondern räumt nachts auf, was tagsüber liegen geblieben ist. Spült die Nervenbahnen von Schadstoffen frei. Löscht Unwesentliches und speichert Wesentliches. Schafft mit elektrischen Nervensignalen Platz für Träume und beschützt vor dunklen Gedanken.

Kalt ist der Abendhauch.
Verschon uns, Gott! Mit Strafen,
Und lass uns ruhig schlafen!
Und unsern kranken Nachbarn auch!

Wieder eine aus der Kindheit auftauchende Erinnerung. Der gute Mond ging ach so stille, und auch wenn wir damals nicht alles verstanden, was Matthias Claudius sich ausgedacht hatte – Warum waren wir eitle arme Sünder? Hatten wir nicht erst gestern unsere Sünden gebeichtet? –, so sangen wir doch zum Einschlafen Strophe um Strophe mit.

Als wir älter wurden, sammelten wir das Leben ein in Namen und mit Telefonnummern. Im analog erstellten Adressbuch standen bis zur Midlife-Crisis, beschrieben von denen, die sich ihre persönlichen Befindlichkeiten nicht anders hatten erklären können und sie erfolgreich zum biologischen Rhythmus erklärten, nur zwei, drei kleine Kreuze, waren nur zwei, drei Namen durchgestrichen. Jahr um Jahr wurden es mehr. Die Toten blieben zwischen den Lebenden eingebettet.

Wer über ihnen im Register stand, war noch immer erreichbar, gleichfalls die unter ihnen Eingetragenen. Weil sie bei der jährlichen Aktualisierung der alphabetischen Listen nicht gelöscht, sondern im Verzeichnis ihren einst zugewiesenen Platz behalten hatten, schien es, als würden die Durchkreuzten nur schlafen und könnten jederzeit wieder geweckt und angerufen werden. Sie blieben bei der Weiterfahrt im Rückspiegel deshalb noch lange sichtbar.

Im digitalen Zeitalter werden alle Kontakte auf Smartphones oder auf Tablets gespeichert. Wer auf Facebook lebt, bekommt dort sogar nach dem Ableben noch einen gereckten Like-Daumen. Einen virtuellen Gedenkstein. Die sogenannten Freunde, mit denen sie einst ihr Leben teilten, in guten wie in schlechten Zeiten, mit unwesentlichen Mitteilungen oder wesentlichen Erkenntnissen, teilen sich jetzt an diesem Denkmal gegenseitig ihre Erinnerungen mit. Der Tod konnte sie im Internet nicht scheiden.

Facebook hat für den Fall des Ablebens einen Algorithmus mit dem Auftrag programmiert, die wie zu Lebzeiten des just verblichenen Mitglieds eintreffenden guten Wünsche zum Geburtstag automatisch zu stoppen. Mit Verstorbenen derart digital in Verbindung zu bleiben mutet für Digital Relatives pietätlos an. Weil sie an andere Erinnerungsformen gewöhnt sind. Etwa gelegentlich in der realen Welt einen Blumenstrauß auf ein Grab von Freunden oder Angehörigen zu legen. An Geburtstagen, die im Stein eingraviert sind.

Wer sein Leben mit anderen auf sozialen Medien teilt, lässt Freunde auch im Jenseits nicht allein. Sie sind erst dann aus ihrer Welt, wenn sie durch ein einfaches Klicken für immer verschwinden. Es scheinen sich analoge Denk- und Handlungsweisen in der digitalen Welt erhalten zu haben. Als wäre es ein unmoralischer Akt, die Vergangenheit auszuradieren, zu der die Verstorbenen einst gehörten. Das Twitter-Profil von Robin Williams, der im August 2014 Selbstmord beging, hat zwei Jahre nach seinem Tod noch immer fast anderthalb Millionen Follower.

Durch einfaches Scrollen wird Gewesenes auf dem Display gegenwärtig. Fotos. Videos. Namen. Die heute knapp Dreißigjährigen haben bereits ihre Kindheit selbsthändig gespeichert, weil sie in der digitalen Aufklärung aufgewachsen sind. Und wie für ihre Mütter und Väter verbinden sich auch für sie mit Fotos und mit Namen lebendige Erinnerungen. Sie bleiben jung, die bleiben jung. Alt sind heutzutage nur jene, die lebenssatt zufrieden sind mit dem, was sie gelernt haben, statt sich wieder hungrig auf die Schulbank zu begeben und Neues zu lernen. Die bewusst Gealterten sind deshalb so jung, wie sie es im Innern noch immer zu sein glauben. Ein Blick in den Spiegel würde zwar sinnlich Gegenteiliges beweisen. Mit diesen Augen-Blicken aber sind sie gut befreundet und per Du. Schiffschaukeln sich nicht an Erinnerungen hoch in die Lüfte, sondern überlassen die emotionalen Achterbahnen denen, die nicht nur gefühlt, sondern auch tatsächlich noch jung sind.

In einer ihrer stets wundersam inkorrekten »Liebes Leben«-Kolumnen in der *Süddeutschen Zeitung* schrieb Franziska Storz einmal »Die Generation meiner Eltern ist lässiger als meine eigene. Als mich jetzt – bei einem Mehrgenerationenurlaub in Südfrankreich – vier Freunde meiner Eltern feixend auf frisierten Fahrrädern überholten, da wusste ich außerdem: Die werden einfach nicht alt. 70 ist das neue 50. Die Senioren ziehen uns Junge ... in nahezu jeder Kategorie ab: Tischtennis, Kontostand, Karriere, Promille, Sexualpartner. Meine Leute, alle so zwischen 35 und 45, fühlen sich daneben bieder und müde.« Und sie kam zu dem Schluss, dass 35 das neue 70 sei: »Nur ohne Rente.«

Eine repräsentative Studie des Instituts für Demoskopie Allensbach im Auftrag des Versicherungskonzerns Generali bestätigt die lakonische 35 = 70-Formel der Autorin. Befragt wurden viertausend Deutsche zwischen 65 und 85, die in Veröffentlichungen oder Versendungen als ältere Mitbürger verniedlicht oder in symbolischen Fotos sowohl analog als auch digital vorgeführt werden am Rollator, am Stock, am Gängelband genervter, unterbezahlter Pflegekräfte. Obwohl sie wissen, dass Verfall ihr täglich Brot ist, fühlen sie sich zehn Jahre jünger, als sie sind, wollen gefordert und nicht in Töpferkursen gefördert werden, sitzen lieber gemeinsam mit Gleichaltrigen im Konzertsaal statt Tauben fütternd allein auf einer Parkbank.

Der technische Fortschritt ermöglicht es, schon jetzt erleben zu können, was analog eines Tages alltäglich werden könnte. Wie hilfreich es ist, beim natürlichen Altersprozess per Knopfdruck und Sensoren digitale Krücken zu benutzen. Konkret erfahrbar in einer sogenannten »Ermüdigungswohnung« in Berlin-Marzahn, dienstags geöffnet von 10 bis 12 Uhr, donnerstags von 15 bis 17 Uhr, bei vorheriger Anmeldung unter www.ermüdigung.de. Eine Zeitreise. Einmal alt sein, bevor man tatsächlich alt sein wird. Erleben, wie sich Alter dann anfühlt. Zunächst wird der Proband in einen Altersimulationsanzug gesteckt, den »Age Man«. Kein einmaliges Muster, sondern ein Erfolgsmodell des Sanitätswarenunternehmens OTB, verkauft beispielsweise an Krankenhäuser zur Ausbildung von Medizinern, die sich einer Zukunft namens Geriatrie verschrieben haben, oder auch an Automobilfirmen und Konzerne aus der Lebensmittelbranche, die sich auf die Bedürfnisse zukünftiger Kunden rechtzeitig einstellen wollen. Denn die werden immer älter.

Die Sicht ist künstlich eingeschränkt, wie sie im eigenen

Alter eingeschränkt sein wird. Der Helm schluckt Geräusche von außen, wie sie auch in der Wirklichkeit einmal nur noch unvollständig wahrgenommen werden. Ellbogen und Kniescheiben sind mit festen Gelenkmanschetten so eingeschränkt, wie es später Arthrose oder Rheuma zum Normalzustand machen. Simuliert wird Alltägliches: Wie lässt sich so eingeschränkt rechtzeitig das Klingeln der Straßenbahn hören, bevor es das Letzte sein wird, was man im Leben hört? Wie das Hupen eines Autofahrers, bevor einen das Schicksal auf die Motorhaube nimmt? Wie lassen sich so behindert die Schnürsenkel zubinden, ohne dass man den Halt verliert oder dass die morschen Knochen brechen? Wie lässt sich lesend und sehend die Welt noch erkennen und verstehen?

Kleine Helfer aber stehen bereit auf Knopfdruck. Auf den Boden projizierte Lichtspuren, die nachts den Weg vom elektrisch verstellbaren Bett ins Bad weisen. Wer dabei auf die Matte fällt, die vor dem Bett liegt, löst automatisch einen Alarm aus. Der Herd stellt sich selbst auf null, wenn auf ihm nichts mehr brutzelt oder kocht. Falls schon lange der Kühlschrank nicht mehr geöffnet worden ist, piept es im Rechner des zuständigen Pflegedienstes, und es wird nachgeforscht, ob nur ein Fehler im System verantwortlich ist oder ob der Tod auf seinem Rundgang vorbeigeschaut hat. Ein elektrischer Kleiderlift, der automatisch je nach Jahreszeit die dann nicht benötigte Ausstattung in ein oberes Fach des Schrankes verstaut und auf Knopfdruck im nächsten Frühjahr wieder herabsinken lässt usw. Eine Wohnung altersgerecht um- und aufzurüsten kostet je nach Gesamtfläche 30000 bis 40000 Euro. Ein selbstbestimmtes würdiges Alter muss man sich also leisten können.

Die »Profitmaschine Google« (*Der Spiegel*) unter dem Dach ihrer Holding Alphabet, zu der auch YouTube gehört und die das Smartphone-Betriebssystem Android produziert, hat Vor-

338

ausschau zum Geschäftsprinzip gemacht. Erfolgreich, wie die veröffentlichten Zahlen ausweisen. Fast 75 Milliarden Dollar Umsatz waren es im Jahr 2015, und die Rendite von fast dreißig Prozent treibt Anlegern Tränen des Glücks in die Augen, denn der Gewinn von Alphabet, hauptsächlich erzeugt durch Google, lag bei 23 Milliarden Dollar. Der Gewinn wird investiert in die Zukunft. Die erforschen bei Google in Kalifornien Tausende von IT-Experten, Medizinern, Biologen. Es gibt keine Beschränkungen, denn wer in anderen Unternehmen als Irrer bezeichnet würde, ist für Google ein irre spannender Typ. Was anfangs wie Science-Fiction klang, ist irgendwann vielleicht doch plötzlich marktreif. Das selbstfahrende Auto zum Beispiel. Zwar ist Google nicht auf der Suche nach der Quelle für die ewige Jugend, denn sie sind dort ja nicht tatsächlich irre, aber per Zufall – Serendipity! – etwas zu finden, was das wirkliche Leben verlängert, das Altern möglichst lange hinauszögert, würde einen irren Gewinn bringen.

Auf Reisen durchs Leben gab es immer wieder Zwischenhalte auf Umsteigebahnhöfen, sobald eine bestimmte Station erreicht wurde. Immer dann, wenn im Alter die Neun umsprang zu einer Null. Vom Neunzehnjährigen zum Zwanzigjährigen: Dieser erste bewusst erlebte Wechsel ins nächste Lebensjahrzehnt war begleitet von noch ungebrochenem Optimismus, denn jetzt erst, nicht wahr, würden die wahren, die großen, die eigentlichen Abenteuer des Lebens beginnen. Von neunundzwanzig auf dreißig hatte die Zukunft zwar bereits zehn Jahre hinter sich. Die Tage aber waren noch immer wolkenlos hell unendlich. Kleine dunkle Wolken zogen auf beim Zeitensprung von neununddreißig auf vierzig, doch auch jetzt waren gefühlt alle noch immer knapp über Mitte dreißig.

Erst beim Einstieg ins siebte Lebensjahrzehnt, also von

neunundfünfzig auf die sechzig, was anmutete wie Endzeit, war der Abstieg nicht mehr zu leugnen. Zur Feier des Tages hingen an den Wänden des Restaurants Fotos aus der Jugendzeit. Seht her, so sah der Jubilar, dem nicht so recht zumute war nach Jubel, mal aus, gestern, als wir alle auch noch jung waren. Sogenannte runde Geburtstage haben verstörende Auswirkungen. Die logisch nicht zu erklären sind. Denn an einem Dienstag noch neunundfünfzig zu sein und über Nacht am Mittwoch sechzig ändert objektiv betrachtet tatsächlich ja am Alltag nichts. Gar nichts.

Aber gefühlt eben doch. Es ist zwar ein Meilenstein auf dem noch vor uns liegenden Weg. Aber statt sich auf dem sitzend auszuruhen, gelassen zurück- und nach vorn zu schauen, sich sowohl rückblickend zu erinnern als auch Atem zu holen für die Reststrecke, ist der *Turning Point* sechzig die vielleicht letzte Chance, doch noch damit zu beginnen, wovon immer nur geredet wurde. Vorsätze umzusetzen, die bisher nur wolkige Absichtserklärungen geblieben waren, verkündet zumeist in trunkenen Silvesternächten, vergessen wieder im Zustand der Nüchternheit.

Jetzt aber, jetzt, sollen Träume verwirklicht werden, jetzt endlich. Geht doch, oder etwa nicht? Manche trainieren für den ersten Marathon ihres Lebens und versuchen so, der verrinnenden Zeit davonzulaufen. Andere schwören ihren Lastern ab, mit denen sie bisher doch ganz gut gelebt hatten. Artgenossen geben sich der Lächerlichkeit preis, weil hinter ihren schon etwas gebeugten Rücken über ihre pubertären Illusionen gelästert wird, sie könnten noch immer mithalten beim großen ewigen Reigen.

Alles nur Illusionen, dichtete Gottfried Benn. Ihr ändert euch nicht mehr, und ihr ändert auch den Lauf der Welt nicht. Sie ist, wie sie ist, sagt der Zyniker und widerspricht dem Poeten Erich Fried, der die Liebe zur ewigen Himmelsmacht erklärte. Für Benn blieben »Nur zwei Dinge«:

Durch so viel Formen geschritten,
durch Ich und Wir und Du,
doch alles blieb erlitten
durch die ewige Frage: wozu?

Das ist eine Kinderfrage.
Dir wurde erst spät bewußt,
es gibt nur eines: ertrage
– ob Sinn, ob Sucht, ob Sage –
dein fernbestimmtes: Du mußt

Ob Rosen, ob Schnee, ob Meere,
was alles erblühte, verblich,
es gibt nur zwei Dinge: die Leere
und das gezeichnete Ich.

In diesem verzweifelt dunklen Sinne, dieser rabenschwarzen Erkenntnis folgend, würde der selbst gewählte, selbst entschiedene Abschied aus der Welt per Selbstmord eine logische Konsequenz sein. Doch wer begriffen hat, dass Rosen, Schnee, Meere, dass alle Formen des Daseins nichts weiter sind als die normalen Stationen des Lebens, mal himmelhochjauchzend empfunden, mal zu Tode betrübt, erlebt, Benn zum Trotz den Mittelfinger zeigend, auch das Gegenteil. Eine gelassen heitere Sicht auf die Welt. Weil es nur diese eine gibt. Liebe und ähnliche Abstürze auf Nebengleisen gehören dazu. Der Fahrplan lässt sich in Moll besser studieren als in Dur. Aber beide klingen, eine jede Tonart zu ihrer Zeit, gleichermaßen gut.

So gut, wie sie am Anfang des ersten Kapitels mit dem privaten Rückblick auf die Kindheit begonnen haben, waren die guten alten Zeiten in Wahrheit natürlich nie. Das ist ein romantischer, wenn auch verständlicher Irrglaube. Persönliche Erinnerungen an real Erlebtes aber können das Vergangene lebendiger aufleben lassen und es so besser erklären, als Wikipedia das vermag. Vorletzte Worte neigen ihrem Zweck entsprechend zwar zur Verklärung. Aber sie dürfen das, denn sie genießen unter uns Artenschutz. Wer ihnen bis jetzt und hierher bis ans Ende gefolgt ist, hat sich von ungefähr siebzehntausend Nervenzellen für immer verabschiedet. So viele braucht es, um dreihundertvierzig Buchseiten zu lesen. Ein Verlust, der für Digital Natives erschreckend anmutet und sie in der Überzeugung bestätigen wird, dass sie mehr von ihrem Leben haben, wenn sie sich beschränken auf die Lektüre von Breaking News auf ihren Smartphones oder Tablets.

Ist aber als Entschuldigung dafür, warum sie keine Bücher mehr lesen wollen, nicht tauglich. Denn im Gehirn, auch in dem ihren, sind schließlich jene 85 Milliarden Nervenzellen tätig, die Neuronen, und die wollen beschäftigt werden, Tag und Nacht, und zwar in jedem Menschen. Wie sich der im Alltag verhält, was ihm einfällt und was nicht, was er lernt oder auch nicht, hängt von deren Aktivierung ab. Sie sind untereinander verbunden mit ungefähr hundert Billionen Schaltstellen, den Synapsen. Werden die Neuronen angeregt, zum Beispiel durch eine Beschäftigung wie lesen, speichern sie das Erlesene. Da täglich auf natürliche Weise achtzig- bis neunzigtausend Nervenzellen sterben, wie es in der Blaupause des Lebens steht, ist die Lektüre eines Buches in dieser Hinsicht also leicht zu verschmerzen.

Es bleiben noch Milliarden Nervenzellen übrig. Ausreichend für viele Bücher. Für viele Geschichten. Bis ins hohe

342

Alter. Wer sie liest, der trotzt dem Leben Zeit ab. Bis zum Ende seiner eigenen Geschichte, die auf Seite 15 begann... *als im Frühling, Vivaldis Primavera summend oder brummend, Bienen und Maikäfer über Blumenwiesen schwebten, als durchweg alle Sommer barfüßig waren, im Winter stets reichlich Schnee für Schlittenfahrten und Schneeballschlachten lag...*

LITERATUR

Barnes, Julian: *Vom Ende einer Geschichte*, München 2011

Botton, Alain de: *Wie Proust Ihr Leben verändern kann – eine Anleitung*, Frankfurt a. M. 2009

Botton, Alain de: *Versuch über die Liebe*, Frankfurt a. M. 2013

Botton, Alain de: *Die Nachrichten – Eine Gebrauchsanweisung*, Frankfurt a. M. 2015

Davis, Katie/Gardner, Howard: *The App Generation. How Today's Youth Navigate Identitity, Intimacy, and Imagination in a Digital World*, Yale University Press 2013

Dornes, Martin: *Macht der Kapitalismus depressiv? Über seelische Gesundheit und Krankheit in modernen Gesellschaften*, Frankfurt a. M. 2016

Eichendorff, Joseph von: *Aus dem Leben eines Taugenichts*, München 1997

Floridi, Luciano: *Die 4. Revolution. Wie die Infosphäre unser Leben verändert*, Berlin 2015

Frank, Niklas: *Dunkle Seele, feiges Maul. Wie skandalös und komisch sich die Deutschen beim Entnazifizieren reinwaschen*, Bonn 2016

Gelernter, David: *Gezeiten des Geistes. Die Vermessung unseres Bewusstseins*, Berlin 2016

Greer, Andrew Sean: *Die erstaunliche Geschichte des Max Tivoli*, Frankfurt a. M. 2004

Harrisson, Robert Pogue: *Ewige Jugend. Eine Kulturgeschichte des Alters*, München 2015

Illouz, Eva: *Warum Liebe weh tut. Eine soziologische Erklärung*, Berlin 2012

Katzer, Catarina: *Cyberpsychologie. Wie das Internet uns verändert*, München 2016

Levitin, Daniel J.: *The Organized Mind. Thinking Straight in the Age oft Information Overload*, Cambridge, Mass., 2015

Monro, Alexander: *Papier. Wie eine chinesische Erfindung die Welt revolutionierte*, München 2015

Neiman, Susan: *Warum erwachsen werden?*, Berlin 2014

Polt, Richard: *The Typewriter Revolution: A Typist's Companion for the 21st Century*, New York 2015

Rosa, Hartmut: *Resonanz. Eine Soziologie der Weltbeziehung*, Berlin 2016

Rose, David: *Enchanted Objects. Design, Human Design and the Internet of Things*, New York 2015

Rushkoff, Douglas: *Throwing Rocks at the Google Bus: How Growth became The Enemy oft Prosperity*, New York 2016

Rusbridger, Alan: *Play it Again – Ein Jahr zwischen Noten und Nachrichten*, Zürich 2015

Schumacher, Björn: *Das Geheimnis des menschlichen Alterns*, München 2015

Scott, Laurence: *The Four-Dimensional Human. Ways oft Being in the Digital World*, London 2015

Shaw, Julie: *The Memory Illusion. Why You Might Not Be What You Think You Are*, London 2016 (dt.: *Das trügerische Gedächtnis. Wie unser Gehirn Erinnerungen fälscht*, München 2016)

Solomon, Bud: *Der Wurm in unserem Herzen*, München 2016

Spitzer, Manfred: *Digitale Demenz. Wie man uns und unsere Kinder um den Verstand bringt*, München 2014

Spitzer, Manfred: *Cyberkrank. Wie das digitalisierte Leben unsere Gesundheit ruiniert*, München 2015

Turkle, Sherry: *Alone Together – Why We Expect More from Technology and Less from Each Other*, New York 2011 (dt.: *Verloren unter 100 Freunden. Wie wir in der digitalen Welt seelisch verkümmern*, München 2012)

Turkle, Sherry: *Reclaiming Conversation. The Power oft Talk in a Digital Age*, New York 2015

Welzer, Harald: *Die smarte Diktatur*, Berlin 2016

Winkler, Heinrich August: *Geschichte des Westens*, München 2014